“绿十字”安全基础建设新知丛书

工伤保险政策知识

“‘绿十字’安全基础建设新知丛书”编委会　编

中国劳动社会保障出版社

图书在版编目(CIP)数据

工伤保险政策知识/《“绿十字”安全基础建设新知丛书》编委会编. —北京：中国劳动社会保障出版社，2014

（“绿十字”安全基础建设新知丛书）

ISBN 978-7-5167-0803-3

Ⅰ.①工… Ⅱ.①绿… Ⅲ.①工伤保险-基本知识-中国 Ⅳ.①D922.55

中国版本图书馆 CIP 数据核字(2014)第 029461 号

中国劳动社会保障出版社出版发行

（北京市惠新东街 1 号 邮政编码：100029）

*

新华书店经销

北京地质印刷厂印刷 三河市华东印刷装订厂装订

787 毫米×1092 毫米 16 开本 15 印张 290 千字

2014 年 2 月第 1 版 2014 年 2 月第 1 次印刷

定价：38.00 元

读者服务部电话：（010） 64929211/64921644/84643933

发行部电话：（010） 64961894

出版社网址：http://www.class.com.cn

编　委　会

内容提要

工伤保险是社会保险的一个重要组成部分。实行工伤保险，能够保障工伤职工的医疗及其基本生活、伤残抚恤和遗属抚恤，在一定程度上解除了职工和家属的后顾之忧，体现出国家和社会对职工的保护与尊重，对于广大生产作业在一线的职工，特别是对于那些事故发生率较高、危险性较大行业的职工来讲，工伤保险可以说是“保护伞”。党和国家历来重视对职工的保护，早在1951年2月，政务院就颁布实施了《劳动保险条例》，确立了中国的工伤保险制度；1996年，劳动部根据劳动法的有关规定发布实施《企业职工工伤保险试行办法》；2003年4月，国务院颁布了《工伤保险条例》，自2004年1月1日起施行。2010年12月，国务院颁发第586号令，对《工伤保险条例》若干条款进行了修改，并自2011年1月1日起施行。

学习和了解有关工伤保险知识是十分必要的。在生产作业中难免会发生各种意外，发生工伤事故后，可以知道如何进行工伤认定、工伤鉴定、职业病鉴定，如何享受工伤待遇。在本书中，对工伤保险的历史发展过程及其演变作了介绍，对《工伤保险条例》进行了讲解，对工伤事故与职业病预防及职业病鉴定作了介绍。此外，还对工伤保险争议的调解仲裁、工伤保险争议诉讼作了介绍，还运用大量事例作了分析。

本书层次清楚，叙述深入浅出，适合作为班组职工和基层管理人员的学习和培训用书，也适合作为安全生产管理人员的培训教育用书。

前　言

党中央、国务院高度重视安全生产工作，确立了安全发展理念和“安全第一、预防为主、综合治理”的方针，采取一系列重大举措加强安全生产工作，目前，以《安全生产法》为基础的安全生产法律法规体系不断完善，以“关爱生命、关注安全”为主旨的安全文化建设不断深入，安全生产形势也在不断好转，事故起数、重特大事故起数连续几年持续下降。

“十二五”时期，是全面建设小康社会的重要战略机遇期，是深化改革、扩大开放、加快转变经济发展方式的攻坚阶段，也是实现安全生产状况根本好转的关键时期。安全生产工作既要解决长期积累的深层次、结构性和区域性问题，又要积极应对新情况、新挑战，任务十分艰巨。随着经济发展和社会进步，全社会对安全生产的期望不断提高，广大从业人员安全健康观念不断增强，对加强安全监管、改善作业环境、保障职工安全健康权益等方面的要求越来越高。

2003—2013年十年间，国务院先后发布了许多重要的安全生产法律法规，国家安全监管总局也制定了一系列安全生产监管规章，开始逐渐形成比较完善的安全生产法律法规体系。企业也迫切需要按照国家安全监管总局制定的安全生产“十二五”规划和工作部署，按照新的法律法规、部门规章的精神和实际需要的新知识丛书。

由于这些变化，我们在2003年出版的“‘绿十字’安全生产教育培训丛书”的基础上，根据新的法律法规、部门规章组织编写了“‘绿十字’安全基础建设新知丛书”，以满足企业在安全管理、安全教育、技术培训方面的要求。

本套丛书内容全面、重点突出，主要分为四个部分，即安全管理知识、安全培训知识、通用技术知识、行业安全知识。在这套丛书中，介绍了新的相关法律法规知识、企业安全管理知识、班组安全管理知识、行业安全知识和通用技术知识。读者对象主要为安全生产监管人员、企业管理人员、企业班组长和员工。

本套丛书的编写人员除安全生产方面的专家外，还有许多来自企业，其中大部分人对企业的各项工作十分熟悉，有着切身的感受，从选材、叙述、语言文字等方面更加注重班组的实际需要。

在企业安全生产工作中，人是起决定作用的关键因素，企业安全生产工作都需要具体人员来贯彻落实，企业的生产、技术、经营等活动也需要人员来实现。因此，加强人员的安全培训，实际上就是在保障企业的安全。安全生产是人们共同的追求与期盼，是国家经济发展的需要，也是企业发展的需要。

“‘绿十字’安全基础建设新知丛书”编委会

2014 年 1 月

目　录

第一章 工伤保险概述

工伤保险是社会保险的一个重要组成部分，它通过社会统筹建立工伤保险基金，对保险范围内的劳动者因在生产经营活动中所发生的或在规定的某些情况下遭受意外伤害、职业病以及因这两种情况造成死亡或劳动者暂时或永久丧失劳动能力时，劳动者或其遗属能够从国家、社会得到必要的物质补偿，以保证劳动者或其遗属的基本生活，以及为受工伤劳动者提供必要的医疗救治和康复服务。工伤保险保障了受伤害职工的合法权益，有利于妥善处理事故和恢复生产，维护正常的生产、生活秩序，维护社会安定。

第一节 工伤保险的特点、作用与原则

工伤保险是一种社会保险，这一特点注定了它与属于商业保险的人身意外伤害保险具有完全不同的目的。工伤保险不以营利为目的，是政府实施的一项社会保障措施，是在企业职工发生工伤事故或职业病导致负伤、致残、死亡后，对受害者或其遗属提供的医疗保障和基本生活保障等。因此，工伤保险是维护企业生产正常进行和保障职工合法权益的“保护伞”。

一、工伤保险的概念、特点与作用

1. 工伤保险的概念

工伤保险又称职业伤害保险，是指劳动者在工作中或在规定的特殊情况下，遭受意外伤害或患职业病导致暂时或永久丧失劳动能力以及死亡时，劳动者或其遗属从国家和社会获得物质帮助的一种社会保险制度。

工伤保险的概念包含以下两层含义：一是工伤发生时劳动者本人可获得物质及治疗等帮助，二是劳动者因工伤死亡时其遗属可获得物质帮助。

工伤保险是通过社会统筹的办法，集中用人单位缴纳的工伤保险费，建立工伤保险基金，对劳动者在生产经营活动中遭受意外伤害或职业病，并由此造成死亡、暂时或永久丧失劳动能力时，给予劳动者医疗救治以及必要的经济补偿的一种社会保障制度。这种补偿既包括医疗、康复所需费用，也包括保障基本生活的费用。

2. 工伤保险的特点

工伤保险有四个基本特征：一是强制性，它是指由国家立法强制一定范围内的用人单位、职工必须参加；二是非营利性，以保障工伤职工权益为目的，社会保险经办机构经办工伤保险业务，为工伤职工服务，不收取费用；三是保障性，劳动者在发生工伤事故后，对劳动者或其遗属发放工伤待遇，以保障其生活；四是互助互济性，是指通过强制征收保险费，建立工伤保险基金，由社会保险机构在人员之间、地区之间、行业之间调剂使用基金。

工伤保险与其他社会保险的不同之处，主要体现在以下几个方面：

（1）工伤保险对象的范围是在生产劳动过程中的劳动者。由于职业危害无所不在、无时不在，任何人都不能完全避免职业伤害。因此，工伤保险作为抵御职业危害的保险制度适用于所有职工，任何职工发生工伤事故或遭受职业疾病，都应获得工伤保险待遇。

（2）工伤保险的责任具有赔偿性。发生工伤，意味着劳动者的生命健康权、生存权和劳动权受到影响、损害甚至被剥夺。因此，工伤保险是基于对工伤职工的赔偿责任而设立的一种社会保险制度，其他社会保险是基于对职工生活困难的帮助和补偿责任而设立的。

（3）工伤保险实行无过错责任原则。无论工伤事故的责任归于用人单位还是职工个人或第三者，用人单位均应承担保险责任。

（4）工伤保险不同于养老保险等险种，劳动者不缴纳保险费，全部费用由用人单位负担，即工伤保险的投保人为用人单位。

（5）工伤保险待遇相对优厚，标准较高，因工伤事故的不同而有所差别。例如，造成一般伤害（未达到残疾）的赔偿项目包括医疗费、伤者住院期间的伙食补助费、生活护理费、工伤期间的工资、交通食宿费等。再如，造成伤残的赔偿项目包括医疗费、伤者住院期间的伙食补助费、生活护理费、工伤期间的工资、交通食宿费、辅助器具费、一次性伤残补助金、伤残津贴、一次性工伤医疗补助金、一次性伤残就业补助金等。

（6）工伤保险作为社会福利，其保障内容比商业意外保险要丰富。例如，造成死亡的赔偿项目包括丧葬补助金、一次性伤亡补助金、供养亲属抚恤金等。

3. 工伤保险的作用

实行工伤保险的目的，就是为了保障因工作遭受事故伤害或者患职业病的职工获得医疗救治和经济补偿，促进工伤预防和职业康复，分散用人单位的工伤风险。

工伤保险的作用主要体现在以下几个方面：

（1）工伤保险作为社会保险制度的一个组成部分，是国家通过立法强制实施的，是国家对职工履行的社会责任，也是职工应该享受的基本权利，工伤保险的实施是人类经济和社会发展的标志与成果。

(2) 实行工伤保险保障了工伤职工医疗及其基本生活，在一定程度上解除了职工和家属的后顾之忧，工伤补偿体现出国家和社会对职工的尊重，有利于提高职工的工作积极性。

(3) 建立工伤保险有利于促进安全生产，保护和发展社会生产力。工伤保险与生产单位改善劳动条件、防病防伤、安全教育、医疗康复、社会服务等工作紧密相连。对提高用人单位和职工的安全生产意识，防止或减少工伤和职业病，保护职工的身体健康有重要作用。

(4) 工伤保险保障了受伤害职工的合法权益，有利于妥善处理事故和恢复生产，维护正常的生产、生活秩序，维护社会稳定。

工伤事故和职业病带来了严重的经济损失和人员伤亡。经济损失通过恢复生产，经过一定时间是可以弥补的。而人员伤亡的后果，在较长时间里却难以消除，如医疗康复、生活抚恤和子女供养等问题需要长期解决。工伤职工为生产经营单位和社会创造了财富，而自己却付出了身体的损害、鲜血甚至生命，他们及其亲属是十分痛苦的，如果不能在经济和物质上给予帮助，提供相应的保障，不仅影响社会稳定，也会影响职工的生产积极性，进而影响生产经营单位的经济效益。在市场经济条件下，生产经营单位都具有风险性，一旦生产经营单位经济效益不好或亏损破产，工伤职工及供养直系亲属的长期抚恤难以保证，就会给工伤职工及供养直系亲属的生活造成严重影响，不利于社会稳定。

二、工伤保险遵循的原则

1. 无过失责任原则

无过失责任是指劳动者在各种伤害事故中，只要不是受害者本人故意行为所致，就应该按照规定标准对其进行伤害补偿。只要事故发生，无论雇主或雇员是否存在过错，无论责任在谁，原则上受害者都可以得到赔偿，即无过错赔偿。一些国家在建立工伤保险制度时，摒弃了民法中的损害赔偿举证责任，确立了无过错赔偿原则。一旦发生意外，不追究过失，无条件地进行经济补偿。不追究个人责任并不意味着不追究事故责任；相反，对于发生的事故必须认真调查，分析事故原因，查明事故责任，吸取教训。需要指出的是，无过失责任原则只适用于生产性工伤事故，而能否得到工伤赔偿，关键是要区分伤亡事故是过失责任还是故意行为，只有属于前者才能享受工伤待遇。

那么，过失或故意指的又是什么呢？从法律角度讲，所谓过失，是指行为人应当预见自己的行为可能发生危害社会或自己的结果，但因疏忽大意而没有预见，或者已经预见而轻信能够避免的一种心理态度。过失有两种类型：一是疏忽大意的过失，二是过于自信的过失。所谓故意，是指行为人明知自己的行为会发生危害社会或自己的结果，并且希望或者放任这种结果发生的一种心理态度。故意也有两种类型：一是直接故意，其特征是行为人明知自己的行为会发生危害社会的结果，或者对危害结果的发生抱着希望的态度，即直接追求此种结果的发生；二是间接故意，其特征是行为人明知自己的行为会发生危害社会的结果，或者对危害结果的发生抱着放任的态度。也就是说，对危害结果的发生采取听之任之、满不在乎的态度。

总之，只有过失责任才能得到工伤赔偿，而无论是直接故意或间接故意行为，都不能享受工伤待遇。

2. 损害补偿原则

工伤保险以减免劳动者因执行工作任务而导致伤亡或职业病时遭受经济上的损失为目的。一旦发生事故，劳动者付出的不仅是经济收入损失，而且是身体与生命的代价。因此，工伤保险应坚持损害补偿原则，即不仅要考虑劳动者维护原来本人及家庭基本生活所需要的收入，同时还要根据伤害程度、伤害性质及职业康复等因素进行适当的经济补偿。这种补偿按残疾等级和劳动能力丧失情况，或工亡后有无供养对象等情况，给予一次性补偿或长期补偿。例如，达到一至四级残疾、完全丧失劳动能力的，除了领取一次性补偿（如一次性伤残补助金）外，还可定期享受伤残抚恤金（残疾退休金）待遇；被评定为五至十级的，在其合同期满终止合同或本人要求辞职时，可发给一次性医疗补助金和就业补助金；因工死亡的遗属可发给一次性工亡补助金和定期的供养亲属抚恤金。

3. 待遇标准从优原则

工伤保险是对劳动者为企业付出的身体损失进行补偿，在待遇给付标准上，一般是按照从优原则确定的，较非因工负伤或疾病等项目的待遇优厚。而且只要是因工负伤、残废或患职业病，则无论年龄和工龄长短，伤残残情或等级相同就可享受同等的待遇。因此，在给付待遇之前，必须严格区分工伤和非工伤。前者是由执行公务或在工作生产过程中，为社会或为集体工作而受到的职业伤害所致，与工作和职业有直接或密切关系；后者则与职业无关，完全是个人行为所致。意外事故实行无过失责任原则并非取消因工和非因工的界限。必须严格区分因工和非因工的界限，明确因工伤事故发生的费用应由工伤保险基金来承担，而且医疗康复待遇、伤残待遇和死亡抚恤待遇均要比因疾病和非因工伤亡待遇优厚。这样有利于对那些为国家或集体做出贡献者进行褒扬抚恤。

4. 工伤预防、补偿和康复相结合的原则

为保障工伤职工的合法权益，维护、增进和恢复劳动者的身体健康，必须把经济补偿和医疗康复以及工伤预防有机结合起来。工伤保险最直接的任务是经济补偿，保障伤残职

工和遗属的基本生活。同时要做好事故预防和医疗康复，保障职工安全与健康。

预防、补偿、康复三者结合起来，形成“三位一体”的社会化服务体系，是工伤保险发展的必然趋势，这有利于安全生产和事故防范，可以减少工作场所中工伤事故和职业病的发生。因此，世界各国均把加强安全生产、减少事故发生和一旦发生事故要及时治疗、促进劳动者早日康复并使之重新走上工作岗位，看成与经济补偿同等重要的工作来抓。目前我国的工伤保险制度改革，已经从单纯经济补偿向与事故预防、医疗康复及职业康复相结合的方式转变，这是现代工伤保险的巨大进步。

5. 评定伤残和职业病等级并以此确定待遇的原则

不同的工伤残情和职业病等级，所享受的工伤待遇是不同的，这是补偿的合理性原则。因此，各国在制定工伤保险制度时，都制定了伤残和职业病等级标准；我国也不例外，由劳动能力鉴定机构负责鉴定确认。

6. 个人不缴费原则

工伤保险费由企业或雇主缴纳，职工个人不缴费，这是工伤保险与养老、医疗等其他社会保险项目的区别之处。由于工伤职工在生产中创造社会财富的同时，付出了鲜血乃至生命，所以企业或雇主和社会保险经办机构负担补偿费用，在各国已形成共识。

此外，工伤保险还具有与养老、医疗、失业、生育等社会保险项目相同的原则，主要有风险分担与互助互济原则、集中管理原则等。

三、实施工伤保险的意义

1. 工伤保险的发展变化

工伤保险是由雇主责任制发展而来。最初，工人负伤由自己负责，工伤后的生活困难，求助于慈善机构救济。社会化大生产后，工伤事故日益增多，慈善机构已难以解决这个问题，而工伤已成为工业化国家的社会问题。这时民法规定，工人在工作中受到伤害，可以向法院申诉，要求雇主赔偿损失。1884 年，英国颁布了《雇主责任法》。此后，其他国家在《工厂法》的有关条文中也规定了雇主赔偿责任，这就是“雇主责任制”模式。一般规定，凡是证明工伤是由雇主或第三者造成的，雇主或第三者必须承担赔偿责任。为了避免繁重的赔偿诉讼事务，由国家颁布法律强制实施雇主责任制，劳工部门监督执行，商业保险公司必须向劳工部门交纳保证金，以便保险公司破产时，可以用这笔基金支付工伤待遇。

在英国颁布《雇主责任法》后不久，德、法等国按照“职业风险”理论建立了以分担风险和筹集基金为特征的工伤社会保险制度。世界上最早实行工伤社会保险模式的是德国俾斯麦政府，其于1884年就通过了《工人灾害赔偿法》。

目前世界各国的工伤保险有两种模式：一种是工伤保险制度，另一种是雇主责任制度。相比较来说，工伤保险制度优于雇主责任制度。

2. 实施工伤保险的意义

工伤事故和职业病会带来严重的经济损失和人员伤亡。经济损失通过恢复生产，经过一定时间是可以弥补的。而人员伤亡的后果，在较长时间里却难以消除，如医疗康复和生活抚恤问题需要长期解决。工伤劳动者为生产单位和社会创造了财富，但也付出了鲜血乃至生命，他们的后顾之忧得不到适当解决，必然影响劳动者的生产情绪和社会安定。不管社会制度如何，职业伤害都构成了各国的劳动保障问题和社会问题，因此，实施工伤保险具有非常重要的意义。

实施工伤保险的意义，主要体现在以下几个方面：

（1）实施工伤保险使赔偿标准相对统一。工伤保险制度是国家一项基本的劳动保障政策和社会政策，工伤保险法规也是劳动法的重要组成部分，它明确规定了工伤保险范围、待遇的支付项目和标准。众所周知，处理工伤事故是一项难度很大的工作，特别是在赔偿标准上容易引起争议。实行工伤社会保险，执行统一的待遇标准，一方面可以防止因不同企业效益好坏等原因而使赔偿标准过分悬殊，另一方面也可以防止受害者“漫天要价”的过分要求。

（2）实施工伤保险保证强制赔偿，维护劳动者的合法权益。工伤保险是社会保险的一大险种，具有强制执行的特性。而工伤事故是因劳动引起的，企业或雇主应赔偿劳动者的损失。但是，如果不采用工伤社会保险的方式，企业或雇主可能会推卸责任，不赔偿或少赔偿劳动者的损失。

（3）实施工伤保险有利于均衡不同企业的负担。工伤事故的发生与劳动的工种（岗位）以及不同生产部门有直接关系，一些从事危险行业生产的企业，其工伤事故较多，如果完全依靠企业自身解决，负担很重，实行工伤社会保险以后，可以将少数企业的负担均衡于全体企业，较好地解决了企业、单位之间工伤待遇负担畸轻畸重的问题。

（4）实施工伤保险可以与改善企业劳动条件、对职工进行安全生产教育、预防伤亡事故发生和医疗康复等工作结合起来。这有利于保护劳动者的健康和安全，减少事故，减少损失，促进安全生产和社会经济的发展。

（5）实施工伤保险有利于工伤事故的善后处理，提高企业和其他用人单位参加工伤社会保险的积极性，减少工伤事故处理的难度，这对于工伤事故后恢复生产和工作秩序，维护社会安定具有重要作用。

从我国工伤保险实施情况来看，2009年全国认定工伤人数95.3万人，申请劳动能力鉴定人数 46.7 万人，工伤保险基金支出 156 亿元，全年享受工伤保险待遇人数达 130 万人，各项工伤保险待遇普遍提高。截至 2009 年年底，全国工伤保险参保人数达 14 896 万人，比上一年增长 8%；其中农民工为 5 587 万人，比上一年增长 13.1%。工伤保险对于保障劳动者权益，提高劳动者的保障水平发挥了重要作用。

第二节　工伤保险的历史发展过程及其演变

工伤保险作为社会保险制度的一个组成部分，是国家通过立法强制实施的，是国家对职工履行的社会责任，也是职工应该享受的基本权利，工伤保险的实施是人类经济和社会发展的标志和成果。目前，全世界有 164 个国家建立了工伤保险制度。

一、工伤保险范围的发展与变化

1. 工伤保险范围的发展

工伤保险范围有一个逐步发展变化的过程。工伤保险制度建立初期，仅包括工业上的意外事故，后来才把由于工作原因造成的职业病也包括进来。历史上最早的工伤保险法案是 1884 年德国工伤保险法案，当时仅以工伤意外事故作为工伤保险事故，1925 年修正工伤保险法时才将 11 种职业病列入保险范围。1921 年国际劳工大会通过的《关于工人赔偿（包括农业工人）公约》（第 12 号）中把工伤事故定义为："由于工作直接或者间接引起的事故为工伤事故。"这里的"直接或者间接引起"是指工伤事故必须与工作或者职业的时间和地点相关。在工伤保险事故的范围内，有些并非是直接的工伤事故，如许多国家把职工在上下班途中发生的意外事故也算作工伤。

职业病虽非事故，但是因为从事一定的劳动而蒙受疾病，给劳动者造成了损害，后来也纳入了工伤保险的范围。职业病从广义上讲是指劳动者在生产劳动过程中和其他职业性活动中，因接触职业性有毒有害环境而引起的疾病。但在工伤保险中所称的职业病，通常是指通过国家法律明文作出规定的法定的职业病类型。最早把职业病纳入职业伤害补偿范围的是 1906 年英国职业补偿法修正案，将 6 种职业病列入可赔偿的范围之内。以后，欧洲其他国家也陆续把职业病列入赔偿范围。1964 年国际劳工组织《职业伤害赔偿公约》（第 121 号）把 15 种疾病列入职业病范围，到 1980 年被国际劳工组织列为职业病的疾病已经达到 29 种。现在世界各国的工伤保险制度中，都把职业病包括在工伤保险范围之内。

2. 工伤保险对象范围的发展

早期的工伤保险的对象范围，只涵盖那些靠工资收入从事有危险工作的工人，即只对某些经济活动领域企业的职工，而且有些国家还把一些小企业排斥在工伤保险范围之外，后来才逐步扩大范围。目前世界各国有扩大工伤范围的趋势。在发展中国家，工伤保险的限制在减少，有权享受待遇的人在增加；一些工业化国家，现已把从事经济活动的人和从事非经济活动的人同样包括在一个工伤保险制度中，有的国家已把个体经营者、学生、教师也包括进来，甚至还包括家庭雇工、家庭教师、家庭保姆等，只要因工作受到伤害，均包括在工伤保险的范围之列。

二、工伤赔偿方式的发展变化

1. 工伤索赔案件的出现

在工作中受到伤害的情形并不是工业化以后才出现的，而是与劳动相伴随的，劳动中总是存在受伤害的风险。在不同的发展阶段和不同的国家中对伤害的补偿有多种形式。工伤保险是其中的一种方式，迄今已有 100 多年的历史了。现在，它是对工人的人身伤害进行补偿的最主要的形式。

在前工业化社会中，尽管也存在因工作而发生的伤亡，但是在手工作坊式的小工厂里，雇主也要和其他雇员一起从事劳动，在当时的环境中，事故的预防、处理和赔偿由公民之间私下进行。工业化之后，由于不同阶层的人的利益冲突和相互斗争，很难完全指望个人的怜悯和同情。所以，在工业化进程加速的时候，开始有雇员因工伤索赔而状告雇主的案件。起诉雇主对于雇员来讲并非易事，这意味着以后在这个地区可能再没有其他雇主愿意雇用“制造麻烦”的工人。再加上当时的法官和陪审员都是从社会的中上层人士中选任，工人在工伤赔偿案件中胜诉的概率很小。所以，在发生首例诉讼后，并没有相应的一系列类似案件发生。这种状况一直延续到 19 世纪 50 年代。

2. 工伤索赔案件中的三项规则

处理工伤索赔的事件中，在首例诉讼索赔案的基础上确立起来三项规则，即“共同劳动、共同过错、对自愿者不构成侵权”的规则。其中“共同劳动规则”是指，如果雇主也和工人同样地承担劳动，他就无须为工人在工作中发生的伤亡负责。在首例诉讼索赔案的审判中，审理法官认为，如果判决让原告雇员胜诉会在以后引发大量的类似的诉讼。后来这一规则影响到了美国。法官判决认为，发生在雇主与共同劳动中的雇员伤亡，雇员不能要求雇主进行赔偿。“共同过错规则”的实行，导致许多工人失去了索赔的权利。

随着社会的发展和生产规模的不断扩大，新的技术和设备引入生产中，没有相应的安全保障，而且工作时间也延长了，事故和职业病频繁地发生，原有的三项规则已经不再适用，处理工伤索赔急需新的规则。而且随着工会力量的壮大，主张工人应该和其他人员享有同等待遇的观点占了主导地位。如果雇主不应该承担非本身过错而发生的损害，那么雇员同样也不应该对非本身的过错发生的损害承担责任。这就引发了对工作中发生的意外事件的责任承担问题的讨论。在以后的时间中，对三项规则作了修正。英国在 1880 年通过了《雇主责任法令》。该法令只是作了小部分的调整。它在四种特定的情况下取消了“共同劳动规则”的适用，而且这个法令对海员以及从事家务劳动的劳动者并不适用。但这样的修正由于没有从根本上解决问题，从它一颁布起，就有再进行修改的要求，直至后来确立了“无过错责任”原则，即雇主不论在工伤事故中有没有过错，都必须对工人进行补偿。体现这样规则的法案一直沿用到 20 世纪中期，后被职业伤害补偿方案取代。在工伤事故中侧重保护工人利益的观念被保留了下来。

3. 工伤保险制度的建立

在工伤事故的处理中补偿不追究过失的规则，体现了保险的观念。工伤保险有强制的和任意的两种类型。前者是指凡从事法律规定的适用工伤保险的行业，其雇主必须加入保险。强制又可以分为两种：一是只强制加入保险，不强制使用设备；二是既强制加入保险，又强制使用设备。后者是指法律只规定劳动者在发生工伤事故时，有权向雇主索赔的范围和程度，雇主可以决定是否加入保险。

20 世纪 40 年代，社会保险方案运用到了工伤领域中，逐渐形成比较固定的制度。在事故发生以后，如果工人以雇主或者保险公司为被告进行起诉，当事人之间必然要发生争议。工人因为受伤这一事实，本身就应该享有一种社会权利，他可以到政府的某个部门去请求权利，该部门应该严格公平地执法。工人也可以请求工会的帮助，或者采用其他方式来解决纠纷。因此，需要建立为在工伤事故中受伤的人员提供补偿的制度。此外，其他社会救助还应该依据工伤提供特别的补偿等。

4. 工伤保险的发展趋势预测

从工伤保险的整个发展历程中可以看出以下一些规律，而且在今后的发展中也会遵循这些规律。

（1）从工伤保险的覆盖范围看，呈现出一种逐渐扩大的趋势，受益人从企业逐渐扩展到了农业、自雇者等。

（2）认定工伤的范围逐步扩大。工伤保险所包括的事故范围在扩大，这一点从职业病的认定上可以看出来。

（3）就工伤保险的效果来看，突出地体现出对受害人迅速恢复的追求，特别是在工伤发生的初期，要对受害人提供及时的和较为充分的补偿。

（4）就整个工伤保险制度的发展来看，随着社会经济发展水平的不断提高，逐步注重对受害人，特别是因工伤致残者同时提供补偿和康复服务。

第三节　我国工伤保险制度的发展

我国工伤保险建立比较早，新中国成立后开始逐步建立。1996 年 10 月开始实施的《企业职工工伤保险试行办法》（劳部发［1996］266 号），贯彻了工伤保险与事故预防相结合的指导思想和改革思路，把过去企业自管的工伤补偿制度，改革成为社会化管理的工伤预防、工伤补偿、职业康复三项任务有机结合的新型工伤保险制度。2004 年 1 月 1 日开始实施的《工伤保险条例》，为建立和发展工伤保险制度确立了法律框架。2010 年 12 月 20 日，国务院公布了《关于修改〈工伤保险条例〉的决定》，在工伤保险覆盖范围、工伤认定、工伤保险待遇和工伤预防等方面作了较大的改变，这些变化促进了工伤保险制度的完善。

一、工伤保险制度的改革与立法

工伤保险是绝大多数国家优先考虑建立的社会保险制度，在社会保险体系中占有重要地位。我国在 1951 年制定的《劳动保险条例》中即规定了工伤保险待遇，对保障企业职工合法权益、安定社会和促进经济发展发挥了积极作用。但之后一直没有进行补充和修改，工伤保险存在着明显的制度缺陷，比如覆盖范围窄、缺乏社会互济和分散风险的功能、工伤认定标准模糊、赔偿标准过时、伤残等级鉴定缺乏统一标准等。

20 世纪 80 年代中期之后，在部分地区开始了工伤保险改革试点。1996 年 8 月，在总结各地试点经验的基础上，劳动部发布了《企业职工工伤保险试行办法》，同年 3 月，国家技术监督局也颁布了《职工工伤与职业病致残程度鉴定》（GB/T 16180—1996），标志着对多年沿用的工伤保险制度开始了全面改革。

《企业职工工伤保险试行办法》对工伤保险的实施范围、工伤认定、待遇项目和支付标准、工伤保险基金和缴费制度、政策监督及组织实施等作出了基本规定，强调要把工伤保险与工伤预防、工伤康复、工伤补偿相结合；实行社会统筹，变“企业保险”为社会保险，在全社会范围内分散工伤事故风险；突破了工伤保险仅适用于国有企业和集体企业的局限，把工伤保险覆盖面扩大到各类企业及全体职工；规范了工伤待遇项目和标准；实行工伤保险与安全生产相结合，实行差别费率和企业浮动费率；制定了工伤和职业病致残程度鉴定标准。

《企业职工工伤保险试行办法》的颁布和实施，推进了工伤保险制度的改革，逐步规范了各地的改革办法，统一了企业职工工伤保险待遇标准，在一定程度上解决了伤残待遇和死亡待遇偏低的问题，标志着我国探索和建立符合社会保险通行原则的工伤保险工作进入了一个新的阶段。但是，《企业职工工伤保险试行办法》作为一个部门规章，其内容较为原则，可操作性较弱，存在立法层次低、覆盖范围有限等问题。

2004 年 1 月 1 日，国务院颁布的《工伤保险条例》开始施行，这是自 1951 年制定、1953 年修订颁布《劳动保险条例》之后，第一次制定的专门的、具有法律效力的工伤保险法规，对于推进工伤保险改革，规范工伤保险制度，解决工伤保险争议至关重要。《工伤保险条例》从法律上实现了《劳动法》赋予劳动者的工伤保险待遇权利，增强了工伤保险待遇权的行使与保护机制，为建立健全比较完善的社会保障法律体系奠定了基础。

二、工伤保险制度改革亟待解决的问题

1. 建立工伤保险制度的必要性

据统计，2000 年年底全国从业人员总数为 71 150 万人，其中在第二、第三产业就业的非农劳动者多达 37 575 万人，而与工业社会相伴而生的工伤保险在试点地区所覆盖的人口仅为 4 350 万人。

《工伤保险条例》自 2004 年 1 月 1 日实施以来，我国工伤保险事业取得了显著进展。截至 2010 年 11 月底，工伤保险参保人数达 1.61 亿人。到 2009 年年底，工伤保险基金累计结余 400 多亿元，全国累计有 1 000 多万人次享受了工伤医疗待遇，有 400 多万人享受了工伤保险津贴、抚恤等待遇。此外，还普遍建立了工伤认定、劳动能力鉴定和待遇发放一条龙的服务体系。

总体上讲，我国工伤事故及职业病发生率长期偏高，潜在的职业病人数庞大，职业危害和职业病已经成为影响劳动者健康，或使劳动者过早丧失劳动能力的最主要因素。因此，在基本养老保险、失业保险、医疗保险、城镇最低生活保障等制度基本得到确立并在迅速扩展覆盖面的情形下，工伤保险作为工业社会中的一项最基本的社会保险制度，应当成为现阶段新型社会保障制度建设的重点。

2. 确立以工伤赔偿为主的理念

我国工伤保险现阶段还不能简单照搬发达国家“预防为主”或“预防、保险、康复三结合”的理念，因为发达国家之所以能够按照这些原则来完善自己的工伤保险制度，是因

为其工伤保险制度早已成熟并强制性地全面推行了多年，如德国1884年在世界上率先建立了工伤保险制度，至今已有100多年的历史。而且，这些国家有发达的经济和社会共识支撑，有完善的预防、康复机制配套。而在我国，在经济发展仍较落后、劳动力资源过剩的条件下，整个社会重视对劳动者的保护不够，更缺乏相应的工伤预防、康复机制的配套。目前，对多数劳动者来说，如果连起码的工伤赔偿都不能实现，那么通过工伤保险制度来一并解决工伤预防与工伤康复问题就是一种奢望。因此，在现阶段乃至相当长的时期内，都应该坚持以工伤赔偿为主的理念来确立工伤保险制度。确立以工伤赔偿为主的建制取向的好处在于，政策目标较为单纯，能较好地解决最现实、最核心的工伤赔偿问题；既可以有效地维护劳动者的职业安全保障权益，又不会给雇主带来更大的负担；既可以保证工伤保险机构迅速推进该项制度，又可以使各种工伤和职业病纠纷获得化解。因此，这种理念是符合我国国情并能够基本满足现实需要的合理取向。

3. 实现全面覆盖和提高统筹层次

工伤保险保障的是劳动者在工作中的意外伤害风险与职业病风险，这些风险在不同行业和不同工作岗位上的分布是不同的，而生产布局的区域性也决定了工伤风险在不同地区之间也会存在着较大差异。如果不按照社会化原则建立工伤保险制度并尽可能在更大范围内分散工伤风险，则风险集中的行业或地区就会出现工伤保险财务危机，进而损害这一制度的稳健性与完整性。因此，应采取一切可能采取的有力措施，提高工伤保险统筹层次，实现全面覆盖，这既是维护所有劳动者职业安全权益必须达到的目标，也是实现工伤风险在更大的人群范围内分解的必要条件。同时，应建立和完善权威、公正的工伤鉴定机构，为处理工伤事件提供鉴定服务。

4. 实行雇主“无过错责任”原则

随着19世纪劳动法逐渐从民法中剥离以及20世纪“社会本位”立法的兴起，为更好地体现人本主义思想和保护弱者的理念，西方各国在工伤立法中确立了反映现代人权观的“无过错责任”原则。即对于雇员在工作中所受到的事故伤害，雇主不论有无过错都应对此负责；只有在法定的极个别情形下，雇主才得以免责。在工伤待遇方面，各国也都实行“无条件赔偿”的办法，只要职业性伤害不是雇员自己故意所为，雇主就必须承担经济赔偿责任。“无过错责任”原则的确立和推行，客观上保障了劳动者的切身利益，解除了劳动者在工伤事故和职业及健康保障方面的后顾之忧，同时加重了雇主的责任，使雇主对工伤保险也有了要求。我国在工伤保险制度中依照国际惯例，奉行无过失责任原则具有必要性和必然性。

三、《工伤保险条例》的创新和突破

《工伤保险条例》是我国工伤社会保险制度体系建设中的重要立法，它由一个部门规章上升为国务院行政法规，其权威性大大提高，是具有法律效力的行政法。相对于过去的规定，《工伤保险条例》具有以下创新和突破。

1. 扩展了工伤保险制度的适用范围

从权利主体角度看，凡是中华人民共和国境内的各企业的职工和个体工商户的雇工，均享有工伤保险待遇的权利。即与用人单位存在劳动关系的各种用工形式、各种用工期限的劳动者，均有依照条例规定享受工伤保险的权利。不管劳动者与用人单位是否签订书面劳动合同，不管劳动者的用工形式如何、用工期限长短，所有的劳动者包括临时工、农民工、合同工都享有工伤保险的权利。从义务主体角度看，各类企业、有雇工的个体工商户都应当依照条例为本单位全部职工或者雇工缴纳工伤保险费。“各类企业”涵盖了投资者所有制性质和企业组织方式各不相同的各类企业，既包括个体工商户、农村集体所有制企业、城镇集体所有制企业、私营企业，也包括股份有限公司（含上市公司）、有限责任公司、国有企业、个体独资企业、合伙企业，以及其他民办的企业化经营的事业单位，所有企业的所有职工均享有工伤保险的权利。《工伤保险条例》特别指出，“职工”是指与用人单位存在劳动关系（包括事实劳动关系）的各种用工形式、各种用工期限的劳动者。也就是说，“职工”将不再是国家正式职工的专称，而是指所有的与用人单位存在劳动关系的包括农民工在内的人员。在民营企业、个体、私营企业务工的农民，也都属于法律规定范围内的“职工”。新的《工伤保险条例》取消了过去正式职工与非正式职工在工伤保险问题上的差别，规定用工单位的所有劳动者都有权享受工伤保险待遇，体现了法治社会的理性精神。

2. 解决了工伤保险费的缴纳主体问题

《工伤保险条例》规定了用人单位应当按时缴纳工伤保险费，职工个人不缴纳工伤保险费。工伤保险费用由雇主一方承担，这是世界通行的做法，它将过去由工人承担的事故后果转为由雇主一方承担。工伤保险与养老、医疗、失业保险的不同之处在于，后者强调雇主、雇员双方共同分担劳动风险，由双方缴纳社会保险费用，而工伤保险则由雇主一方单独缴纳保险费用。

3. 解决了工伤保险基金的来源和安全性问题

《工伤保险条例》规定，工伤保险基金由用人单位缴纳的工伤保险费、工伤保险基金的利息和依法纳入工伤保险基金的其他资金构成。工伤保险基金存入社会保障基金财政专户，用于工伤保险待遇、劳动能力鉴定以及法律、法规规定的用于工伤保险的其他费用的支付。任何单位或者个人不得将工伤保险基金用于投资运营、兴建或者改建办公场所、发放奖金，或者挪作其他用途。此外，对于提供虚假工伤诊断证明，规定了严厉的处罚；对于骗取工伤保险待遇、骗取工伤保险基金支出的，规定了明确的法律责任；对于用人单位瞒报工资总额或者职工人数的，规定由劳动保障行政部门责令改正，并处瞒报工资数额 1 倍以上 3 倍以下的罚款。这些具体规定从根本上保障了劳动者权益，解决了工伤保险基金的来源和安全性问题。

4. 进一步明确了工伤认定的标准

《工伤保险条例》强调了工伤认定的条件是“因为工作”所受到的伤害和职业病，应当认定为工伤。

(1) 2011 年 1 月 1 日实施的修订后的《工伤保险条例》，对认定为工伤的情形作了进一步修改和完善。规定职工有下列情形之一的，应当认定为工伤：

1）在工作时间和工作场所内，因工作原因受到事故伤害的。

2）工作时间前后在工作场所内，从事与工作有关的预备性或者收尾性工作受到事故伤害的。

3）在工作时间和工作场所内，因履行工作职责受到暴力等意外伤害的。

4）患职业病的。

5）因工外出期间，由于工作原因受到伤害或者发生事故下落不明的。

6）在上下班途中，受到非本人主要责任的交通事故或者城市轨道交通、客运轮渡、火车事故伤害的。

7）法律、行政法规规定应当认定为工伤的其他情形。

(2) 规定职工有下列情形之一的，视同工伤：

1）在工作时间和工作岗位，突发疾病死亡或者在 48 小时之内经抢救无效死亡的。

2）在抢险救灾等维护国家利益、公共利益活动中受到伤害的。

3）职工原在军队服役，因战、因公负伤致残，已取得革命伤残军人证，到用人单位后旧伤复发的。

对于劳动者因为故意犯罪、醉酒或者吸毒、自残或者自杀的，则不能认定为工伤，不属于工伤保险的保护范围。

5. 在工伤鉴定方面，引入了医疗卫生专家参与劳动能力鉴定的制度

《工伤保险条例》规定，国务院劳动保障行政部门负责全国工伤保险工作。县级以上地

方各级人民政府劳动保障行政部门负责本行政区域内的工伤保险工作。劳动保障行政部门受理工伤认定申请后，根据审核需要可以对事故伤害进行调查核实，用人单位、职工、工会组织、医疗机构以及有关部门应当予以协助。劳动保障行政部门工作人员与工伤认定申请人有利害关系的，应当回避。《工伤保险条例》规定，劳动能力鉴定委员会建立医疗卫生专家库。列入专家库的医疗卫生专业技术人员应当具有医疗卫生高级专业技术职务任职资格，掌握劳动能力鉴定的相关知识，具有良好的职业道德。这一规定，对于确保工伤鉴定的权威和公正具有重要意义。

6. 在工伤争议处理制度中，规定了用人单位的举证责任

《工伤保险条例》规定，职工或者其直系亲属认为是工伤，用人单位不认为是工伤的，由用人单位承担不构成工伤的举证责任，而不是由劳动者承担构成工伤的举证责任。由于多种因素限制，劳动者往往举证非常困难，导致大量的工伤争议。《工伤保险条例》规定，职工或者其直系亲属认为是工伤，而用人单位不认为是工伤的，也就是出现工伤争议后，将由用人单位承担举证责任，即由用人单位收集各种相关证明，从而证明不认为是工伤的主张成立。这一规定，对于受伤的劳动者来说是一种保护。同时明确企业举证责任，也有利于提高工伤争议处理的效率。

7. 理顺了工伤保险关系，划分了工伤保险责任

《工伤保险条例》对于企业破产、无照经营、借调职工等特殊情况下工伤保险关系的认定，工伤保险责任的划分作出了明确规定，为处理工伤保险争议提供了法律标准。《工伤保险条例》规定，用人单位分立、合并、转让的，承继单位应当承担原用人单位的工伤保险责任。企业实行承包经营的，工伤保险责任由职工劳动关系所在单位承担；职工被借调期间受到工伤事故伤害的，由原用人单位承担工伤保险责任，但原用人单位与借调单位可以约定补偿办法。企业破产的，在破产清算时优先拨付依法应由单位支付的工伤保险待遇费用。无营业执照或者未经依法登记、备案的单位以及被依法吊销营业执照或者撤销登记、备案的单位的职工受到事故伤害或者患职业病的，由该单位向伤残职工或者死亡职工的直系亲属给予一次性赔偿，赔偿标准不得低于条例规定的工伤保险待遇。

8. 对工伤职工劳动关系的终止问题作出了新规定

目前，由于工伤保险和残疾人康复就业制度尚未建立和完善，职工一旦出现工伤并被确认部分丧失劳动能力，即使劳动合同期限届满，用人单位也不得终止其劳动合同，并须按照国家有关规定为伤残职工提供医疗待遇。由于缺乏合理、完善的工伤赔偿、补偿机制，现行工伤处理方法强调用人单位要与工伤职工保持劳动关系，这种捆绑式的规定不符合客

观规律，在实践中也出现了许多问题。《工伤保险条例》根据职工伤残等级，确定了不同的处理方法。职工因工致残被鉴定为一级至四级伤残的，保留劳动关系，退出工作岗位，享受工伤保险待遇。因工致残被鉴定为五级、六级伤残的，保留与用人单位的劳动关系，由用人单位安排适当工作。难以安排工作的，由用人单位按月发给伤残津贴。经工伤职工本人提出，该职工可以与用人单位解除或者终止劳动关系，由用人单位支付一次性工伤医疗补助金和伤残就业补助金。因工致残被鉴定为七级至十级伤残的，劳动合同期满终止，或者职工本人提出解除劳动合同的，由用人单位支付一次性工伤医疗补助金和伤残就业补助金。

四、《工伤保险条例》修订之后更加完善

《工伤保险条例》的实施，对工伤保险事业的发展，保障职工的工伤权益，分散用人单位工伤风险，维护社会和谐稳定发挥了重要作用。但是，随着我国社会经济的快速发展，现行的工伤保险制度也逐步显现出了一些不足和欠缺，比如覆盖范围还不够宽、保障水平还不够高、保障功能还不太全等，需要对《工伤保险条例》进行修订和完善。《工伤保险条例》自 2006 年启动研究修订工作以来，历经 4 年多的时间。其间，2009 年修订稿面向全社会广泛征求了意见。

2010 年 12 月 20 日，国务院公布了《关于修改〈工伤保险条例〉的决定》。修订后的新条例增加了 3 条，修改了 22 条，其中实质性的修改有 15 条。在现行工伤保险制度的基础上，对保障范围、待遇水平、权益维护和预防功能等方面的规定进行了修订和完善。修订工作本着以人为本、简化程序、提高待遇、便民利民的原则，同时注意了与《社会保险法》等其他法律制度的衔接统一。

新的《工伤保险条例》（以下简称新《条例》）对旧《条例》的修改，主要体现在 7 个方面，即扩大了工伤保险的适用范围；调整了工伤认定范围；简化了工伤认定、鉴定和争议处理程序；提高了部分工伤待遇标准；加大了对不参保单位的处罚力度；加强了对未参保工伤职工的权益保障；减少了由用人单位支付的待遇项目，增加了由工伤保险基金支付的待遇项目。

1. 扩大了工伤保障范围

新《条例》对制度适用范围和工伤范围进行了调整，工伤保险制度覆盖范围扩大。

旧《条例》规定，各类企业、有雇工的个体工商户应当参加工伤保险，为本单位全部职工或者雇工缴纳工伤保险费。2005 年，劳动和社会保障部、人事部、民政部、财政部颁布的《关于事业单位民间非营利组织工作人员工伤有关问题的通知》（劳社部发［2005］36

号）将事业单位、非营利组织分为三类：不属于财政拨款支持范围或没有经常性财政拨款的事业单位、民间非营利组织，参加统筹地区的工伤保险；依照或者参照国家公务员制度管理的事业单位、社会团体的工作人员，执行国家机关工作人员的工伤政策；这两种以外的事业单位、民间非营利组织，可参加统筹地区的工伤保险，也可按照国家机关工作人员的有关工伤政策执行，具体办法由省级人民政府根据当地经济社会发展和事业单位、民间非营利组织的具体情况确定。

在这样的制度体系下，仍存在一些人员的工伤待遇无法获得有效保障的现象，例如律师事务所聘用的律师、会计师事务所聘用的会计师，虽然与用人单位之间存在劳动关系，但无法参加工伤保险，工伤权利无法获得有效保障。居民委员会、村民委员会的工作人员或聘用人员也存在这样的问题。而像教育这类由财政拨款的单位，有的地方要求参加工伤保险，有的地方虽不要求参加工伤保险但要求按照条例的标准支付工伤待遇，有的地方则既不参加工伤保险又不按照条例的标准支付工伤待遇，导致地方差异过大，不利于制度的统一。

针对这种状况，新《条例》明确规定，除公务员和参公管理的事业单位、社会团体的工作人员因工作遭受事故伤害或者患职业病，具体保障办法由国家主管部门另行规定外，其他企业、事业单位、社会团体、民办非企业单位、基金会、律师事务所、会计师事务所等组织和有雇工的个体工商户都应当参加工伤保险，为本单位全部职工或者雇工缴纳工伤保险费。这样规定，使工伤保险扩展到最广范围的职业人群，有利于工伤保险制度体系的统一。

除了覆盖范围的扩大，新《条例》还扩大了工伤认定的范围，将原先的上下班途中机动车事故工伤扩大为非本人主要责任的交通事故以及城市轨道交通、客运轮渡和火车事故伤害。根据新《条例》，非机动车交通事故如因电动自行车、电动三轮车发生的交通事故也将纳入工伤范畴。这一改变，惠及了更多的职工群众，既体现了社会公平原则，也符合实践发展的需要。

当然，并不是在上下班途中所有的交通事故都可以认定为工伤。根据立法意见，交通事故是指《道路交通安全法》所称的在道路上发生的车辆交通事故，在上下班途中因本人主要责任造成的交通事故伤害，如无证驾驶、驾驶无牌证机动车、酒后驾车等，由于具有相当的主观故意且社会危害性较大，一般将被排除在工伤范围之外。因此，事故发生后，需经交通管理等部门作出“非本人主要责任”的认定；同时，“上下班途中”应理解为“合理时间”和“合理路线”。这些规定在很大程度上化解了实践中发生的复杂争议。

2. 提高了工伤待遇标准

2010年7月19日，国务院颁布《关于进一步加强企业安全生产工作的通知》（国发

[2010] 23号)，要求从2011年1月1日起，依照《工伤保险条例》的规定，对因生产安全事故造成的职工死亡，其一次性工亡补助金标准调整为按全国上一年度城镇居民人均可支配收入的20倍计算，发放给工亡职工近亲属。新《条例》贯彻了这一要求。

在此之前，一次性工亡补助金标准为48～60个月的统筹地区上年度职工月平均工资。2009年全国一次性工亡补助金平均不足11万元，有的地区只有五六万元，待遇较低。新标准全国统一，实现“同命同价”。根据2009年城镇居民人均可支配收入计算超过34万元，考虑增长率，2011年一次性工亡补助金将超过36万元，是原标准的2～6倍。

与此同时，新《条例》提高了一次性伤残补助金标准，一级至四级、五级至六级和七级至十级伤残职工的一次性伤残补助金标准分别上调，增加了3个月、2个月、1个月的本人工资。一级至十级伤残职工的一次性伤残补助金标准分别为27个月、25个月、23个月、21个月、18个月、16个月、13个月、11个月、9个月、7个月的本人工资。这里的本人工资是指工伤职工因工作遭受事故伤害或者患职业病前12个月平均月缴费工资。用人单位瞒报缴费基数，实际缴费工资低于应缴费工资的，用人单位应当补充支付工伤职工少得的一次性伤残补助金。

新旧《条例》一次性伤残补助金标准比较：一级至四级增加3个月的本人工资，五级至六级增加2个月的本人工资，七级至十级增加1个月的本人工资。详见表1—1。

表1—1　　新旧《条例》一次性伤残补助金标准比较表

<table>
<tr><th rowspan="2">伤残等级</th><th rowspan="2">计算基数</th><th colspan="3">一次性伤残补助金标准</th><th rowspan="2">支付主体</th></tr>
<tr><th>旧《条例》</th><th>新《条例》</th><th>增加数</th></tr>
<tr><td>一级</td><td rowspan="10">本人工资（本人工资是指工伤职工因工作遭受事故伤害或者患职业病前12个月平均月缴费工资。本人工资高于统筹地区职工平均工资300%的，按照统筹地区职工平均工资的300%计算；本人工资低于统筹地区职工平均工资60%的，按照统筹地区职工平均工资的60%计算）</td><td>24个月</td><td>27个月</td><td>3个月</td><td rowspan="10">工伤保险基金</td></tr>
<tr><td>二级</td><td>22个月</td><td>25个月</td><td>3个月</td></tr>
<tr><td>三级</td><td>20个月</td><td>23个月</td><td>3个月</td></tr>
<tr><td>四级</td><td>18个月</td><td>21个月</td><td>3个月</td></tr>
<tr><td>五级</td><td>16个月</td><td>18个月</td><td>2个月</td></tr>
<tr><td>六级</td><td>14个月</td><td>16个月</td><td>2个月</td></tr>
<tr><td>七级</td><td>12个月</td><td>13个月</td><td>1个月</td></tr>
<tr><td>八级</td><td>10个月</td><td>11个月</td><td>1个月</td></tr>
<tr><td>九级</td><td>8个月</td><td>9个月</td><td>1个月</td></tr>
<tr><td>十级</td><td>6个月</td><td>7个月</td><td>1个月</td></tr>
</table>

3. 工伤权利保护更加充分

我国工伤保险需经过工伤认定、劳动能力鉴定、工伤保险待遇享受三个步骤。未经工伤认定、劳动能力鉴定不能享受工伤保险待遇。一旦发生争议可能需要经过劳动争议调解仲裁、民事诉讼、行政复议和行政诉讼程序，时间较长，社会反应强烈。针对这一情况，新《条例》采取了三项措施，以确保工伤职工的权利能够得到及时充分的保护。

首先，简化了工伤认定程序。新《条例》设置了工伤认定的简易处理程序。对于事实清楚、双方无争议的工伤认定申请的认定时限，由原来规定的60天缩短为15天，并取消了工伤认定争议处理中行政复议前置的规定，大大缩短了工伤认定时间。

其次，对诉讼等期间的工伤保险待遇保障作了规定。新《条例》规定，社会保险行政部门作出认定为工伤的决定后发生行政复议、行政诉讼的，行政复议和行政诉讼期间不停止支付工伤职工治疗工伤的医疗费用。这样，工伤职工不因工伤认定争议而影响其治疗，充分保障了工伤职工的救治权利，也从制度上遏制了部分用人单位通过恶意诉讼拖延支付工伤保险待遇、损害职工的工伤保险权益的企图。

此外，《社会保险法》也对工伤保险基金的先行支付制度作了规定。《社会保险法》规定，职工所在用人单位未依法缴纳工伤保险费，发生工伤事故的，由用人单位支付工伤保险待遇；用人单位不支付的，从工伤保险基金中先行支付。《社会保险法》还规定，由于第三人的原因造成工伤，第三人不支付工伤医疗费用或者无法确定第三人的，由工伤保险基金先行支付。

针对现实中工伤争议的发生多数是因为用人单位未参加工伤保险，由用人单位支付工伤保险待遇很难落实的情况，同时为了贯彻《社会保险法》的实施，新《条例》明确规定，用人单位参加工伤保险并补缴应当缴纳的工伤保险费、滞纳金后，由工伤保险基金和用人单位依照条例的规定支付新发生的费用。

最后，新《条例》增加了对不参保用人单位的行政处罚规定，提高了工伤保险的强制性，加大了用人单位不参保的违法成本，有利于更好地保护职工的工伤保险权益。

4. 减轻了用人单位的负担

新《条例》规定，原由参保用人单位支付的工伤职工“住院伙食补助费”“统筹地区以外就医的交通食宿费”和“终止或解除劳动关系时的一次性工伤医疗补助金”，改由工伤保险基金统一支付。这进一步规范统一了工伤职工的待遇标准，保证了工伤保险待遇的及时发放，减轻了参保用人单位的负担，分散了企业风险，提高了企业参加工伤保险的积极性。

5. 强化工伤保险制度的预防功能

建立工伤保险制度的目的不仅是为受伤害职工及其家庭提供事故后的经济补偿和保障，最重要的是要将保障的关口前移，加强工伤预防，减少职业伤害，从根本上保障职工的生命和健康安全。实行工伤预防，是现代工伤保险的重要组成部分。

开展工伤预防，离不开工伤预防经费。由于旧《条例》未规定工伤保险基金的工伤预防开支项目，地方开展工作缺少必要的经费支撑，工伤预防实践发展缓慢，已成为制约我国工伤保险制度发展的瓶颈之一，与我国工伤保险发展的势头也不相适应。

针对这一现实，新《条例》在借鉴国际经验和我国广东等地实践经验的基础上，明确将工伤预防的宣传、培训等费用纳入工伤保险基金支付范围，并授权人力资源和社会保障部会同财政、卫生和安全生产监督管理等部门制定工伤预防费的提取比例、使用和管理办法。这为开展工伤预防工作提供了经费保障，强化了我国工伤保险制度的预防功能。

第四节　建立工伤保险制度促进经济发展

工伤保险作为社会保险制度的一个重要方面，在社会、经济发展等领域的作用和影响越来越受到社会的广泛关注。积极推进工伤预防工作，建立工伤预防、工伤补偿和工伤康复“三位一体”的工伤保险制度，对实现工伤保险的科学发展有着十分重要的现实意义。此外，工伤保险是对职业伤害实行赔偿的社会保障制度，法律法规中的“工伤”一词均涵盖工伤事故和职业病，不能理解为狭义的工伤事故。

一、工伤事故伤害需要工伤保险

1. 国家工业化带来工伤事故伤害

劳动者的工伤事故伤害是在工作或劳动过程中意外发生的，或者是与从事本职工作有直接关系的。其具体原因多种多样且错综复杂，而归根到底是由于工业化产生的。道理很简单，人使用机器才会发生机械伤害；用电就会有触电伤亡的危险；下井挖煤就有发生井下事故和患尘肺病的危险；在化工厂工作或使用化学品就有发生职业中毒的危险等。企业工人发生的职业伤害，从具体个人来说是偶然的，但从社会总体来说是普遍的和必然的。19 世纪末，英、法、德等早期工业化国家确认了“职业危险原则”：凡是利用雇员以体力或机器从事经济活动的雇主或机构就有可能使雇员受到职业方面的伤害。这就是说，国家工业化给社会创造了巨额财富，同时也容易发生难以抗拒的意外人身伤害和职业病危害。

“职业危险原则”还确认了雇主负责职业伤害赔偿的必要性和对受伤害工人实行“无过失赔偿”的合理性。这就是：事故无论是雇主的疏忽还是受害人、同事的粗心大意，甚至根本不存在有什么过失，雇主也应进行赔偿；雇主支付职业伤害赔偿金是一笔日常开支，就像修理和维护设备的保养费和给付工资一样；赔偿金应该是企业所负担的一部分管理费用。

2. 职业伤害的严重性

从 200 年前的产业革命至今，无论是工业发达国家还是发展中国家，无一例外地都发生过各类不同程度的工伤事故和职业病。近年来，国际劳工组织统计资料的一组数字表明，全球每年发生各类事故 1.25 亿人次，死亡 50 万人（另一组数字为 110 万人）；平均每秒钟有 4 人受到伤害；每 100 个死者中有 7 人死于职业事故，有 37 人死于交通事故。欧盟国家每年有 8 000 人死于事故和职业病，累计有 1 000 万人是职业事故的受害者。发展中国家的情况更为严重，每年有 21 万人死于职业事故，累计有 1.5 亿工人遭受职业伤害。应当指出的是，发展中国家职业伤害严重的主要原因是经济发展滞后，工业基础薄弱，技术设备落后，公民受教育程度低等。还有一个重要原因是发达国家对危险产业实行转移生产。例如，1984 年 12 月 3 日印度博帕尔农药厂发生异氰酸甲酯毒气泄漏事故，造成 2 000 多人死亡，20 多万人受伤，这个工厂就是美国碳联公司投资建造的。

在我国，党和政府历来十分重视劳动保护，但由于各种原因，生产事故和职业病依然大量存在。据安监总局调度统计，2011 年全国发生各类事故 347 728 起，死亡 75 572 人，工矿商贸领域事故死亡人数首次降到万人以下，其中煤矿事故死亡人数首次降到 2 000 人以下。有关资料表明，“十一五”期间，全国累计发生工伤人数 440 万人，累计评定伤残等级人数 190 万人。在职业病方面，每年新增尘肺病 1.3 万例，每年有 5 000 名左右老尘肺病人死亡，我国企业的职业伤害有半数以上发生在生产条件差的乡镇企业和私营企业。我国是工伤事故和职业病人数最多的国家之一。

3. 职业伤害的严重后果

我国《宪法》和《劳动法》赋予劳动者享有包括安全与健康的各项权利，而如果用人单位没有严格执行国家的安全卫生法律、法规、标准和规章，发生各类伤亡事故和职业病就是损害了职工的安全与健康权利。如果说有些事故与职工本人违章操作有关，那么，有不少事故就是企业管理者违章指挥、冒险作业造成的，这在客观上是对职工基本权利的侵犯。

工伤事故是劳动者及其家庭的灾难。死亡事故夺走了职工的生命，留下孤儿寡母，幸福家庭顷刻破碎；严重的工伤和职业病，造成劳动者终身残疾，等于夺走半条生命，使他们不能像健全人那样工作和生活，完全、大部分或部分丧失谋生能力，在经济上、生活上和精神上都陷入长期的困难和痛苦之中。

工伤事故还影响企业的生产和工作，一方面是给企业资产造成严重破坏和损失，另一方面是对人的善后处理问题极为棘手。事故经济损失包括直接经济损失和间接经济损失。直接经济损失较为现实和直观，首先被反映出来。直接经济损失包括人身伤亡后的支出经费，其中包括各项工伤保险待遇支出；善后处理费用；财产损失价值。经济损失数额因事故大小而异，一起重大、特大事故可以损失几百万元或几千万元。上亿元直接经济损失的事故也发生过，1993 年深圳市清水河化学品仓库发生爆炸事故，直接经济损失超过 2.5 亿元。对于微利、亏损企业或者小型企业来说，事故经济损失如同雪上加霜，有些企业因此而破产。

保证劳动者的安全与健康是社会公正、安全、文明、健康发展的基本标志之一，大事故多发，情况严重，必然有损于国家形象。

综上所述，根据工伤保险与事故预防相结合的原则来研究职业伤害，我们可以得出这样的结论：任何事物都具有两重性，国家工业化给社会创造了巨额财富，也给劳动者带来职业伤害。客观地说，职业伤害只能通过加强预防尽量减少，而不能完全消灭；职业伤害带来的后果是社会经济和科学技术发展所付出的代价，政府和企业必须加强职业伤害预防和做好职业伤害善后工作。我国政府一贯坚持“安全第一、预防为主”的安全生产方针和长期以来实行工伤保险制度，现在处于改革开放和社会主义现代化建设时期，又面临着职业伤害严峻的形势，我们必须继续做好并进一步加强职业安全卫生工作和工伤保险工作，而不能有任何放松或懈怠。

二、企业要贯彻落实工伤保险的责任

1. 企业责任具有法律强制性

实施工伤保险制度，落实工伤预防、工伤补偿和工伤康复三大任务，企业或用人单位负有重要责任，这是根据《劳动法》和相关法律法规及工伤保险的要求确定的。企业正确认识、认真履行应尽责任，是工伤保险制度得以贯彻落实的重要保证。

《劳动法》赋予劳动者的各项权利，也是用人单位相应的责任或义务。国家运用法律法规强制企业履行责任，才能有效保障劳动者的权益。在实施工伤保险过程中，企业或用人单位尤其要强化法律意识。

首先是劳动安全卫生责任。企业在事故前要切实搞好劳动保护，不发生或尽量减少工伤，比事故后再进行赔偿，是更积极更有效保护职工权益的办法，因此，工伤保险制度也要求企业强化劳动安全卫生责任。企业的劳动安全卫生制度，在《劳动法》《安全生产法》《矿山安全法》等法律法规中有明确规定，国家历年来制定了一整套较完善的劳动安全卫生规程、标准、规章和管理制度，都是具有强制性的，如果违反，就要受到政府监察监督机构的处罚；构成重大责任事故罪的，还要追究刑事责任。可以说，劳动安全卫生制度的强制性超过了其他劳动保障制度，因为保障劳动者人身安全和身体健康，责任重于泰山。

其次是参加社会保险（包括工伤保险）的责任。自2011年7月1日起施行的《社会保险法》明确规定：国家建立基本养老保险、基本医疗保险、工伤保险、失业保险、生育保险等社会保险制度，保障公民在年老、疾病、工伤、失业、生育等情况下依法从国家和社会获得物质帮助的权利。中华人民共和国境内的用人单位和个人依法缴纳社会保险费，有权查询缴费记录、个人权益记录，要求社会保险经办机构提供社会保险咨询等相关服务。个人依法享受社会保险待遇，有权监督本单位为其缴费情况。此外，在《社会保险法》附则中规定：进城务工的农村居民依照本法规定参加社会保险；外国人在中国境内就业的，参照本法规定参加社会保险。

《工伤保险条例》第二条明确规定：中华人民共和国境内的企业、事业单位、社会团体、民办非企业单位、基金会、律师事务所、会计师事务所等组织和有雇工的个体工商户应当依照本条例规定参加工伤保险，为本单位全部职工或者雇工缴纳工伤保险费。中华人民共和国境内的企业、事业单位、社会团体、民办非企业单位、基金会、律师事务所、会计师事务所等组织的职工和个体工商户的雇工，均有依照本条例的规定享受工伤保险待遇的权利。

2. 企业职工要端正对工伤保险的认识

工伤保险是职工的一种权利，在制度中也规定了职工应尽的义务。特别是与事故预防相结合的工伤保险制度，职工明确享受哪些权利和承担哪些义务，并认真加以落实，这与用人单位认真履行工伤保险责任一样，都是正确贯彻实施工伤保险制度的重要保证。有些职工对此有片面的理解，认为自己“只管干活挣钱，安全不安全是老板的事”，淡化和忘记了自己的义务；有的认为“工伤有保险，出事老板赔”，似乎自己违章操作也无所谓，这些认识都是不正确的。

企业职工在对工伤保险的认识上，必须明白以下几点：

（1）职工在劳动保护和工伤保险方面的权利与义务是基本一致的。在劳动关系中，获得劳动保护是职工的基本权利，工伤保险是劳动保护权利的延续。也就是说，在劳动过程中，劳动者没有得到应有的保护或者没有保护好而发生了职业伤害，用人单位就有责任进行工伤赔偿，工伤职工有权获得赔偿。由于存在这种内在联系，工伤保险工作和职业安全卫生工作就应当密切结合，制度上对职工的权利与义务规定是基本一致的。劳动者有权获得保障其安全健康的劳动条件，同时也有义务严格遵守安全操作规程，遵章守纪，预防职业伤害的发生。

（2）职工要把保护生命安全和身体健康的权利放在第一位。劳动保护和工伤保险都是职工的合法权利，在两者中，保护安全健康权利当然最为重要，被放在了第一位。国际上，现代工伤保险制度已经把事故预防放在优先位置，我国《工伤保险条例》也把工伤预防定为工伤保险三大任务之一，从而改变了过去重补偿、轻预防的模式。因此，那种“工伤有保险，出事老板赔，工人可以不重视安全”的说法，显然是错误的。工伤赔偿是发生职业伤害后的救助措施，不能挽回失去的生命和复原残疾的身体，只有加强安全生产，才能保障自身的安全，只有加强劳动保护，才能保障自身健康，生命安全和身体健康才是职工的最大利益。因此，主管工伤保险的部门和机构要积极预防工伤，在法规制度上要求企业和职工永远坚持“安全第一、预防为主”的方针。

(3) 职工的权利与义务是相互对应、互为条件的，职工和用人单位在安全生产上的根本利益是一致的。如果用人单位已经提供了良好的设备、劳动条件和防护用品，但是职工不按安全操作规程执行，有防护用品弃之不用，甚至违章操作、冒险作业，那么安全就没有保障，事故迟早会发生，职工本人受到伤害，用人单位遭受经济损失。从这个意义上说，安全掌握在职工手中。职工只有履行自己的义务才能配合企业搞好安全生产，职工严格遵守安全操作规程是保障自身安全健康的重要条件，安全生产是企业和职工的共同利益。

(4) 职工对权利与义务要有责任感和法律观念。职工的权利与义务由法律法规来规定，用人单位和职工都履行规定的责任。职工履行义务就是一种责任，有法律法规或规章约束，如果违反，就要受到一定的处分，甚至追究刑事责任。这就是说，用人单位可以运用职工义务的规定来维护自身的利益，同职工运用权利的规定来维护自己的利益一样，双方在法律面前是平等的。但是，有些职工对履行义务缺乏责任感，没有从法律和纪律高度认识违章违纪行为的严重性。他们应该学习和牢记有关查处违章违纪的规定。这里列举一些规定。例如《劳动法》规定，严重违反劳动纪律或者用人单位规章制度的，用人单位可以解除劳动合同。在《刑法》中还明确规定：“工厂、矿山、林场、建筑企业或者其他企业、事业单位的职工，由于不服从管理、违反规章制度，或者强令工人违章冒险作业，因而发生重大伤亡事故或者造成其他严重后果的，处3年以下有期徒刑或者拘役；情节特别恶劣的，处3年以上7年以下有期徒刑。”职工在事故中构成犯罪的，自己受到伤害也不能认定工伤和享受工伤待遇。从以上规定来看，如果职工义务责任意识和法律意识淡薄，不履行甚至违反劳动安全卫生的义务规定，就会发生严重的后果和危害。职工只有认真履行自己的义务，才是对用人单位负责，对社会负责，对他人安全负责，对自己和家庭负责。

3. 职工在工伤预防和工伤保险中的权利

按照法律法规的规定，职工有工伤预防和工伤保险的权利，主要体现在以下几个方面：

(1) 有权获得劳动安全卫生的教育和培训，了解所从事工作可能对身体健康造成的危害和可能发生的不安全事故，从事特种作业要取得特种作业资格，持证上岗。

(2) 有权获得保障自身安全、健康的劳动条件和劳动防护用品。

(3) 有权对用人单位管理人员违章指挥、强令冒险作业予以拒绝。

(4) 有权对危害生命安全和身体健康的行为提出批评、检举和控告。

(5) 从事职业危害作业的职工有权获得定期健康检查。

(6) 发生工伤时，有权得到抢救治疗。

(7) 发生工伤后，职工或其亲属有权向当地劳动保障部门报告申请认定工伤和享受工伤待遇，报告申请要经企业签字，如企业不签字，可以直接报送。

（8）工伤职工有权按时足额享受有关工伤保险待遇。

（9）工伤致残，有权要求进行劳动能力鉴定和护理依赖鉴定及定期复查；对鉴定结论不服的，有权要求进行复查鉴定和再次鉴定。

（10）因工致残尚有工作能力的职工，在就业方面应得到特殊保护，在合同期内用人单位对因工致残职工不得解除劳动合同，并应根据不同情况安排适当工作；在建立和发展工伤康复事业的情况下，应当得到职业康复培训和再就业帮助。

（11）工伤职工及其近亲属申请认定工伤和处理工伤保险待遇时与用人单位发生争议的，有权向当地劳动争议仲裁委员会申请仲裁直至向人民法院起诉；对劳动保障部门作出的工伤认定和待遇支付决定不服的，有权申请行政复议或行政诉讼。

4. 职工在工伤预防和工伤保险中的义务

权利与义务是对等的，有相应的权利，就有相应的义务。职工在工伤预防和工伤保险中的义务主要体现在以下几个方面：

（1）职工有义务遵守劳动纪律和用人单位规章制度，做好本职工作和被临时指定的工作，服从本单位负责人的工作安排和指挥。

（2）职工在劳动过程中必须严格遵守安全操作规程，正确使用劳动防护用品，接受劳动安全卫生教育和培训，配合用人单位积极预防事故和职业病。

（3）职工或其近亲属报告工伤和申请工伤待遇时，有义务如实反映发生事故和职业病的有关情况及工资收入、家庭有关情况；当有关部门调查取证时，应当给予配合。

（4）除紧急情况外，工伤职工应当到工伤保险合同医院进行治疗，对于治疗、康复、评残要接受有关机构的安排，并给予配合。

（5）工伤职工经过劳动能力鉴定确认完全恢复或者部分恢复劳动能力可以工作的，应当服从用人单位的工作安排。

第二章 《工伤保险条例》与相关规定

《工伤保险条例》公布实施的重要意义主要体现在两个方面：一是切实保障了工伤职工的合法权益。有了《工伤保险条例》，工伤职工或工伤死亡职工的亲属可依照条例来保障自己在工伤认定、工伤评残、待遇支付等方面的合法权益。二是维护了社会的安定。工伤处理是劳动者和社会关注的热点、难点问题，工伤如果处理得不好，不仅使工伤职工的基本生活得不到保障，而且有可能激化矛盾，对社会安定团结大局不利。由于《工伤保险条例》对劳动者发生工伤事故后的权利和义务作了明确的规定，因此能够比较顺利地处理工伤问题。从实际情况来看，《工伤保险条例》自 2004 年 1 月 1 日实施以来，我国工伤保险事业取得了显著进展，对工伤保险事业的发展，保障职工的工伤权益，分散用人单位工伤风险，维护社会和谐稳定发挥了重要作用。

第一节 工伤保险是社会保险制度的组成部分

从 1996 年制定出台《企业职工工伤保险试行办法》，到 2004 年《工伤保险条例》的公布实施，我国的工伤保险制度不断完善。经过多年探索和努力，我国初步建立起了适应社会主义市场经济体制要求的工伤保险制度体系，在工伤认定、劳动能力鉴定、待遇标准和经办管理等方面都有了比较完整具体的规定。

《工伤保险条例》制定的法律依据是《宪法》《劳动法》《社会保险法》，其中最为重要的是《劳动法》和《社会保险法》。了解工伤保险，首先需要了解《劳动法》和《社会保险法》的相关规定。

一、《劳动法》中有关工伤保险的内容

《劳动法》由第八届全国人民代表大会常务委员会第八次会议于 1994 年 7 月 5 日通过，自 1995 年 1 月 1 日起施行。

制定《劳动法》的目的是为了保护劳动者的合法权益，调整劳动关系，建立和维护适应社会主义市场经济的劳动制度，促进经济发展和社会进步。在中华人民共和国境内的企业、个体经济组织和与之形成劳动关系的劳动者，适用本法。

《劳动法》分为十三章一百零七条，各章内容为：第一章总则，第二章促进就业，第三

章劳动合同和集体合同，第四章工作时间和休息休假，第五章工资，第六章劳动安全卫生，第七章女职工和未成年工特殊保护，第八章职业培训，第九章社会保险和福利，第十章劳动争议，第十一章监督检查，第十二章法律责任，第十三章附则。

《劳动法》中有关工伤保险的内容，主要涉及第九章社会保险和福利及第十章劳动争议的相关规定。

1. 有关社会保险和福利的规定

在《劳动法》第九章社会保险和福利中，对相关事项作了规定。

◆国家发展社会保险，建立社会保险制度，设立社会保险基金，使劳动者在年老、患病、工伤、失业、生育等情况下获得帮助和补偿。

◆社会保险水平应当与社会经济发展水平和社会承受能力相适应。

◆社会保险基金按照保险类型确定资金来源，逐步实行社会统筹。用人单位和劳动者必须依法参加社会保险，缴纳社会保险费。

◆劳动者在下列情形下，依法享受社会保险待遇：

（1）退休。

（2）患病。

（3）因工伤残或者患职业病。

（4）失业。

（5）生育。

劳动者因工死亡后，其遗属依法享受遗属津贴。劳动者享受社会保险待遇的条件和标准由法律、法规规定。劳动者享受的社会保险金必须按时足额支付。

◆社会保险基金经办机构依照法律规定收支、管理和运营社会保险基金，并负有使社会保险基金保值增值的责任。

社会保险基金监督机构依照法律规定，对社会保险基金的收支、管理和运营实施监督。任何组织和个人不得挪用社会保险基金。

◆国家鼓励用人单位根据本单位实际情况为劳动者建立补充保险。国家提倡劳动者个人进行储蓄性保险。

◆国家发展社会福利事业，兴建公共福利设施，为劳动者休息、休养和疗养提供条件。用人单位应当创造条件，改善集体福利，提高劳动者的福利待遇。

2. 有关劳动争议的规定

在《劳动法》第十章劳动争议中，对相关事项作了规定。

◆用人单位与劳动者发生劳动争议，当事人可以依法申请调解、仲裁、提起诉讼，也可以协商解决。调解原则适用于仲裁和诉讼程序。

◆解决劳动争议，应当根据合法、公正、及时处理的原则，依法维护劳动争议当事人的合法权益。

◆劳动争议发生后，当事人可以向本单位劳动争议调解委员会申请调解；调解不成，当事人一方要求仲裁的，可以向劳动争议仲裁委员会申请仲裁。当事人一方也可以直接向劳动争议仲裁委员会申请仲裁。对仲裁裁决不服的，可以向人民法院提出诉讼。

◆在用人单位内，可以设立劳动争议调解委员会。劳动争议调解委员会由职工代表、用人单位代表和工会代表组成。劳动争议调解委员会主任由工会代表担任。劳动争议经调解达成协议的，当事人应当履行。

◆劳动争议仲裁委员会由劳动行政部门代表、同级工会代表、用人单位代表方面的代表组成。劳动争议仲裁委员会主任由劳动行政部门代表担任。

◆提出仲裁要求的一方应当自劳动争议发生之日起 60 日内向劳动争议仲裁委员会提出书面申请。仲裁裁决一般应在收到仲裁申请的 60 日内作出。对仲裁裁决无异议的，当事人必须履行。

◆劳动争议当事人对仲裁裁决不服的，可以自收到仲裁裁决书之日起 15 日内向人民法院提起诉讼。一方当事人在法定期限内不起诉又不履行仲裁裁决的，另一方当事人可以申请强制执行。

◆因签订集体合同发生争议，当事人协商解决不成的，当地人民政府劳动行政部门可以组织有关各方协调处理。

因履行集体合同发生争议，当事人协商解决不成的，可以向劳动争议仲裁委员会申请仲裁；对仲裁裁决不服的，可以自收到仲裁裁决书之日起 15 日内向人民法院提出诉讼。

二、《社会保险法》中有关工伤保险的内容

《社会保险法》由第十一届全国人民代表大会常务委员会第十七次会议于 2010 年 10 月 28 日通过，自 2011 年 7 月 1 日起施行。

制定《社会保险法》的目的是为了规范社会保险关系，维护公民参加社会保险和享受社会保险待遇的合法权益，使公民共享发展成果，促进社会和谐稳定。

《社会保险法》分为十二章九十八条，各章内容为：第一章总则，第二章基本养老保险，第三章基本医疗保险，第四章工伤保险，第五章失业保险，第六章生育保险，第七章社会保险费征缴，第八章社会保险基金，第九章社会保险经办，第十章社会保险监督，第十一章法律责任，第十二章附则。其中有关工伤保险的内容，主要涉及第一章总则、第四章工伤保险、第七章社会保险费征缴、第十一章法律责任等相关规定。

1.《社会保险法》总则中的有关规定

在《社会保险法》第一章总则中，对相关事项作了规定。

◆国家建立基本养老保险、基本医疗保险、工伤保险、失业保险、生育保险等社会保险制度，保障公民在年老、疾病、工伤、失业、生育等情况下依法从国家和社会获得物质帮助的权利。

◆社会保险制度坚持广覆盖、保基本、多层次、可持续的方针，社会保险水平应当与经济社会发展水平相适应。

◆中华人民共和国境内的用人单位和个人依法缴纳社会保险费，有权查询缴费记录、个人权益记录，要求社会保险经办机构提供社会保险咨询等相关服务。个人依法享受社会保险待遇，有权监督本单位为其缴费情况。

◆县级以上人民政府将社会保险事业纳入国民经济和社会发展规划。国家多渠道筹集社会保险资金。县级以上人民政府对社会保险事业给予必要的经费支持。国家通过税收优惠政策支持社会保险事业。

◆国家对社会保险基金实行严格监管。国务院和省、自治区、直辖市人民政府建立健全社会保险基金监督管理制度，保障社会保险基金安全、有效运行。县级以上人民政府采取措施，鼓励和支持社会各方面参与社会保险基金的监督。

◆社会保险经办机构提供社会保险服务，负责社会保险登记、个人权益记录、社会保险待遇支付等工作。

◆工会依法维护职工的合法权益，有权参与社会保险重大事项的研究，参加社会保险监督委员会，对与职工社会保险权益有关的事项进行监督。

此外，在《社会保险法》附则中规定：进城务工的农村居民依照本法规定参加社会保险；外国人在中国境内就业的，参照本法规定参加社会保险。

2. 有关工伤保险的规定

在《社会保险法》第四章工伤保险中，对相关事项作了规定。

◆职工应当参加工伤保险，由用人单位缴纳工伤保险费，职工不缴纳工伤保险费。

◆国家根据不同行业的工伤风险程度确定行业的差别费率，并根据使用工伤保险基金、工伤发生率等情况在每个行业内确定费率档次。行业差别费率和行业内费率档次由国务院社会保险行政部门制定，报国务院批准后公布施行。

社会保险经办机构根据用人单位使用工伤保险基金、工伤发生率和所属行业费率档次等情况，确定用人单位缴费费率。

◆用人单位应当按照本单位职工工资总额，根据社会保险经办机构确定的费率缴纳工伤保险费。

◆职工因工作原因受到事故伤害或者患职业病，且经工伤认定的，享受工伤保险待遇；其中，经劳动能力鉴定丧失劳动能力的，享受伤残待遇。工伤认定和劳动能力鉴定应当简捷、方便。

◆职工因下列情形之一导致本人在工作中伤亡的，不认定为工伤：

（1）故意犯罪。

（2）醉酒或者吸毒。

（3）自残或者自杀。

（4）法律、行政法规规定的其他情形。

◆因工伤发生的下列费用，按照国家规定从工伤保险基金中支付：

（1）治疗工伤的医疗费用和康复费用。

（2）住院伙食补助费。

（3）到统筹地区以外就医的交通食宿费。

（4）安装配置伤残辅助器具所需费用。

（5）生活不能自理的，经劳动能力鉴定委员会确认的生活护理费。

（6）一次性伤残补助金和一级至四级伤残职工按月领取的伤残津贴。

（7）终止或者解除劳动合同时，应当享受的一次性医疗补助金。

（8）因工死亡的，其遗属领取的丧葬补助金、供养亲属抚恤金和因工死亡补助金。

（9）劳动能力鉴定费。

◆因工伤发生的下列费用，按照国家规定由用人单位支付：

（1）治疗工伤期间的工资福利。

（2）五级、六级伤残职工按月领取的伤残津贴。

（3）终止或者解除劳动合同时，应当享受的一次性伤残就业补助金。

◆工伤职工符合领取基本养老金条件的，停发伤残津贴，享受基本养老保险待遇。基本养老保险待遇低于伤残津贴的，从工伤保险基金中补足差额。

◆职工所在用人单位未依法缴纳工伤保险费，发生工伤事故的，由用人单位支付工伤保险待遇。用人单位不支付的，从工伤保险基金中先行支付。

从工伤保险基金中先行支付的工伤保险待遇应当由用人单位偿还。用人单位不偿还的，社会保险经办机构可以依照本法第六十三条的规定追偿。

◆由于第三人的原因造成工伤，第三人不支付工伤医疗费用或者无法确定第三人的，由工伤保险基金先行支付。工伤保险基金先行支付后，有权向第三人追偿。

◆工伤职工有下列情形之一的，停止享受工伤保险待遇：

（1）丧失享受待遇条件的。

(2) 拒不接受劳动能力鉴定的。

(3) 拒绝治疗的。

3. 有关社会保险费征缴的规定

在《社会保险法》第七章社会保险费征缴中，对相关事项作了规定。

◆用人单位应当自成立之日起30日内凭营业执照、登记证书或者单位印章，向当地社会保险经办机构申请办理社会保险登记。社会保险经办机构应当自收到申请之日起15日内予以审核，发给社会保险登记证件。

用人单位的社会保险登记事项发生变更或者用人单位依法终止的，应当自变更或者终止之日起30日内，到社会保险经办机构办理变更或者注销社会保险登记。

工商行政管理部门、民政部门和机构编制管理机关应当及时向社会保险经办机构通报用人单位的成立、终止情况，公安机关应当及时向社会保险经办机构通报个人的出生、死亡以及户口登记、迁移、注销等情况。

◆用人单位应当自用工之日起30日内为其职工向社会保险经办机构申请办理社会保险登记。未办理社会保险登记的，由社会保险经办机构核定其应当缴纳的社会保险费。

自愿参加社会保险的无雇工的个体工商户、未在用人单位参加社会保险的非全日制从业人员以及其他灵活就业人员，应当向社会保险经办机构申请办理社会保险登记。

国家建立全国统一的个人社会保障号码。个人社会保障号码为公民身份号码。

◆用人单位应当自行申报、按时足额缴纳社会保险费，非因不可抗力等法定事由不得缓缴、减免。职工应当缴纳的社会保险费由用人单位代扣代缴，用人单位应当按月将缴纳社会保险费的明细情况告知本人。

无雇工的个体工商户、未在用人单位参加社会保险的非全日制从业人员以及其他灵活就业人员，可以直接向社会保险费征收机构缴纳社会保险费。

◆社会保险费征收机构应当依法按时足额征收社会保险费，并将缴费情况定期告知用人单位和个人。

◆用人单位未按规定申报应当缴纳的社会保险费数额的，按照该单位上月缴费额的110％确定应当缴纳数额；缴费单位补办申报手续后，由社会保险费征收机构按照规定结算。

◆用人单位未按时足额缴纳社会保险费的，由社会保险费征收机构责令其限期缴纳或者补足。

用人单位逾期仍未缴纳或者补足社会保险费的，社会保险费征收机构可以向银行和其他金融机构查询其存款账户；并可以申请县级以上有关行政部门作出划拨社会保险费的决定，书面通知其开户银行或者其他金融机构划拨社会保险费。用人单位账户余额少于应当缴纳的社会保险费的，社会保险费征收机构可以要求该用人单位提供担保，签订延期缴费协议。

用人单位未足额缴纳社会保险费且未提供担保的，社会保险费征收机构可以申请人民法院扣押、查封、拍卖其价值相当于应当缴纳社会保险费的财产，以拍卖所得抵缴社会保险费。

4. 有关法律责任的规定

在《社会保险法》第十一章法律责任中，对相关事项作了规定。

◆用人单位不办理社会保险登记的，由社会保险行政部门责令限期改正；逾期不改正的，对用人单位处应缴社会保险费数额 1 倍以上 3 倍以下的罚款，对其直接负责的主管人员和其他直接责任人员处 500 元以上 3 000 元以下的罚款。

◆用人单位拒不出具终止或者解除劳动关系证明的，依照《中华人民共和国劳动合同法》的规定处理。

◆用人单位未按时足额缴纳社会保险费的，由社会保险费征收机构责令限期缴纳或者补足，并自欠缴之日起，按日加收万分之五的滞纳金；逾期仍不缴纳的，由有关行政部门处欠缴数额 1 倍以上 3 倍以下的罚款。

◆以欺诈、伪造证明材料或者其他手段骗取社会保险待遇的，由社会保险行政部门责令退回骗取的社会保险金，处骗取金额 2 倍以上 5 倍以下的罚款。

◆国家工作人员在社会保险管理、监督工作中滥用职权、玩忽职守、徇私舞弊的，依法给予处分。

◆违反本法规定，构成犯罪的，依法追究刑事责任。

第二节　《工伤保险条例》的主要内容

2010 年 12 月 8 日，国务院第 136 次常务会议通过《关于修改〈工伤保险条例〉的决定》（国务院令第 586 号），自 2011 年 1 月 1 日起施行。新的《工伤保险条例》的公布实施，既是深入贯彻落实以人为本的科学发展观的内在要求，也是贯彻实施《社会保险法》的重要内容，同时也是进一步完善工伤保险制度的重大举措。

新的《工伤保险条例》分为八章六十七条，各章内容为：第一章总则，第二章工伤保险基金，第三章工伤认定，第四章劳动能力鉴定，第五章工伤保险待遇，第六章监督管理，第七章法律责任，第八章附则。

制定《工伤保险条例》的目的是为了保障因工作遭受事故伤害或者患职业病的职工获

得医疗救治和经济补偿，促进工伤预防和职业康复，分散用人单位的工伤风险。

一、《工伤保险条例》总则中的有关规定

在《工伤保险条例》第一章总则中，对相关事项作了规定。

◆中华人民共和国境内的企业、事业单位、社会团体、民办非企业单位、基金会、律师事务所、会计师事务所等组织和有雇工的个体工商户（以下称用人单位）应当依照本条例规定参加工伤保险，为本单位全部职工或者雇工（以下称职工）缴纳工伤保险费。

中华人民共和国境内的企业、事业单位、社会团体、民办非企业单位、基金会、律师事务所、会计师事务所等组织的职工和个体工商户的雇工，均有依照本条例的规定享受工伤保险待遇的权利。

◆工伤保险费的征缴按照《社会保险费征缴暂行条例》关于基本养老保险费、基本医疗保险费、失业保险费的征缴规定执行。

◆用人单位应当将参加工伤保险的有关情况在本单位内公示。

用人单位和职工应当遵守有关安全生产和职业病防治的法律法规，执行安全卫生规程和标准，预防工伤事故发生，避免和减少职业病危害。

职工发生工伤时，用人单位应当采取措施使工伤职工得到及时救治。

◆国务院社会保险行政部门负责全国的工伤保险工作。

县级以上地方各级人民政府社会保险行政部门负责本行政区域内的工伤保险工作。

社会保险行政部门按照国务院有关规定设立的社会保险经办机构（以下称经办机构）具体承办工伤保险事务。

◆社会保险行政部门等部门制定工伤保险的政策、标准，应当征求工会组织、用人单位代表的意见。

二、有关工伤保险基金的规定

在《工伤保险条例》第二章工伤保险基金中，对相关事项作了规定。

◆工伤保险基金由用人单位缴纳的工伤保险费、工伤保险基金的利息和依法纳入工伤保险基金的其他资金构成。

◆工伤保险费根据以支定收、收支平衡的原则，确定费率。

国家根据不同行业的工伤风险程度确定行业的差别费率，并根据工伤保险费使用、工伤发生率等情况在每个行业内确定若干费率档次。行业差别费率及行业内费率档次由国务院社会保险行政部门制定，报国务院批准后公布施行。

统筹地区经办机构根据用人单位工伤保险费使用、工伤发生率等情况，适用所属行业内相应的费率档次确定单位缴费费率。

◆国务院社会保险行政部门应当定期了解全国各统筹地区工伤保险基金收支情况，及时提出调整行业差别费率及行业内费率档次的方案，报国务院批准后公布施行。

◆用人单位应当按时缴纳工伤保险费。职工个人不缴纳工伤保险费。

用人单位缴纳工伤保险费的数额为本单位职工工资总额乘以单位缴费费率之积。

对难以按照工资总额缴纳工伤保险费的行业，其缴纳工伤保险费的具体方式，由国务院社会保险行政部门规定。

◆工伤保险基金逐步实行省级统筹。跨地区、生产流动性较大的行业，可以采取相对集中的方式异地参加统筹地区的工伤保险。具体办法由国务院社会保险行政部门会同有关行业的主管部门制定。

◆工伤保险基金存入社会保障基金财政专户，用于本条例规定的工伤保险待遇，劳动能力鉴定，工伤预防的宣传、培训等费用，以及法律、法规规定的用于工伤保险的其他费用的支付。

工伤预防费用的提取比例、使用和管理的具体办法，由国务院社会保险行政部门会同国务院财政、卫生行政、安全生产监督管理等部门规定。

任何单位或者个人不得将工伤保险基金用于投资运营、兴建或者改建办公场所、发放奖金，或者挪作其他用途。

◆工伤保险基金应当留有一定比例的储备金，用于统筹地区重大事故的工伤保险待遇支付；储备金不足支付的，由统筹地区的人民政府垫付。储备金占基金总额的具体比例和储备金的使用办法，由省、自治区、直辖市人民政府规定。

三、有关工伤认定的规定

在《工伤保险条例》第三章工伤认定中，对相关事项作了规定。

◆职工有下列情形之一的，应当认定为工伤：

（1）在工作时间和工作场所内，因工作原因受到事故伤害的。

（2）工作时间前后在工作场所内，从事与工作有关的预备性或者收尾性工作受到事故伤害的。

（3）在工作时间和工作场所内，因履行工作职责受到暴力等意外伤害的。

（4）患职业病的。

（5）因工外出期间，由于工作原因受到伤害或者发生事故下落不明的。

（6）在上下班途中，受到非本人主要责任的交通事故或者城市轨道交通、客运轮渡、火车事故伤害的。

(7) 法律、行政法规规定应当认定为工伤的其他情形。

◆职工有下列情形之一的，视同工伤：

(1) 在工作时间和工作岗位，突发疾病死亡或者在48小时之内经抢救无效死亡的。

(2) 在抢险救灾等维护国家利益、公共利益活动中受到伤害的。

(3) 职工原在军队服役，因战、因公负伤致残，已取得革命伤残军人证，到用人单位后旧伤复发的。

职工有前款第（1）项、第（2）项情形的，按照本条例的有关规定享受工伤保险待遇；职工有前款第（3）项情形的，按照本条例的有关规定享受除一次性伤残补助金以外的工伤保险待遇。

◆职工符合本条例第十四条、第十五条的规定，但是有下列情形之一的，不得认定为工伤或者视同工伤：

(1) 故意犯罪的。

(2) 醉酒或者吸毒的。

(3) 自残或者自杀的。

◆职工发生事故伤害或者按照职业病防治法规定被诊断、鉴定为职业病，所在单位应当自事故伤害发生之日或者被诊断、鉴定为职业病之日起30日内，向统筹地区社会保险行政部门提出工伤认定申请。遇有特殊情况，经报社会保险行政部门同意，申请时限可以适当延长。

用人单位未按前款规定提出工伤认定申请的，工伤职工或者其近亲属、工会组织在事故伤害发生之日或者被诊断、鉴定为职业病之日起1年内，可以直接向用人单位所在地统筹地区社会保险行政部门提出工伤认定申请。

按照本条第一款规定应当由省级社会保险行政部门进行工伤认定的事项，根据属地原则由用人单位所在地的设区的市级社会保险行政部门办理。

用人单位未在本条第一款规定的时限内提交工伤认定申请，在此期间发生符合本条例规定的工伤待遇等有关费用由该用人单位负担。

◆提出工伤认定申请应当提交下列材料：

(1) 工伤认定申请表。

(2) 与用人单位存在劳动关系（包括事实劳动关系）的证明材料。

(3) 医疗诊断证明或者职业病诊断证明书（或者职业病诊断鉴定书）。

工伤认定申请表应当包括事故发生的时间、地点、原因以及职工伤害程度等基本情况。

工伤认定申请人提供材料不完整的，社会保险行政部门应当一次性书面告知工伤认定申请人需要补正的全部材料。申请人按照书面告知要求补正材料后，社会保险行政部门应当受理。

◆社会保险行政部门受理工伤认定申请后，根据审核需要可以对事故伤害进行调查核实，用人单位、职工、工会组织、医疗机构以及有关部门应当予以协助。职业病诊断和诊断争议的鉴定，依照职业病防治法的有关规定执行。对依法取得职业病诊断证明书或者职业病诊断鉴定书的，社会保险行政部门不再进行调查核实。

职工或者其近亲属认为是工伤，用人单位不认为是工伤的，由用人单位承担举证责任。

◆社会保险行政部门应当自受理工伤认定申请之日起 60 日内作出工伤认定的决定，并书面通知申请工伤认定的职工或者其近亲属和该职工所在单位。

社会保险行政部门对受理的事实清楚、权利义务明确的工伤认定申请，应当在 15 日内作出工伤认定的决定。

作出工伤认定决定需要以司法机关或者有关行政主管部门的结论为依据的，在司法机关或者有关行政主管部门尚未作出结论期间，作出工伤认定决定的时限中止。

社会保险行政部门工作人员与工伤认定申请人有利害关系的，应当回避。

四、有关劳动能力鉴定的规定

在《工伤保险条例》第四章劳动能力鉴定中，对相关事项作了规定。

◆职工发生工伤，经治疗伤情相对稳定后存在残疾、影响劳动能力的，应当进行劳动能力鉴定。

◆劳动能力鉴定是指劳动功能障碍程度和生活自理障碍程度的等级鉴定。

劳动功能障碍分为十个伤残等级，最重的为一级，最轻的为十级。

生活自理障碍分为三个等级：生活完全不能自理、生活大部分不能自理和生活部分不能自理。

劳动能力鉴定标准由国务院社会保险行政部门会同国务院卫生行政部门等部门制定。

◆劳动能力鉴定由用人单位、工伤职工或者其近亲属向设区的市级劳动能力鉴定委员会提出申请，并提供工伤认定决定和职工工伤医疗的有关资料。

◆省、自治区、直辖市劳动能力鉴定委员会和设区的市级劳动能力鉴定委员会分别由省、自治区、直辖市和设区的市级社会保险行政部门、卫生行政部门、工会组织、经办机构代表以及用人单位代表组成。

劳动能力鉴定委员会建立医疗卫生专家库。列入专家库的医疗卫生专业技术人员应当具备下列条件：

（1）具有医疗卫生高级专业技术职务任职资格。

（2）掌握劳动能力鉴定的相关知识。

（3）具有良好的职业品德。

◆设区的市级劳动能力鉴定委员会收到劳动能力鉴定申请后，应当从其建立的医疗卫生专家库中随机抽取 3 名或者 5 名相关专家组成专家组，由专家组提出鉴定意见。设区的市级劳动能力鉴定委员会根据专家组的鉴定意见作出工伤职工劳动能力鉴定结论；必要时，可以委托具备资格的医疗机构协助进行有关的诊断。

设区的市级劳动能力鉴定委员会应当自收到劳动能力鉴定申请之日起 60 日内作出劳动能力鉴定结论，必要时，作出劳动能力鉴定结论的期限可以延长 30 日。劳动能力鉴定结论应当及时送达申请鉴定的单位和个人。

◆申请鉴定的单位或者个人对设区的市级劳动能力鉴定委员会作出的鉴定结论不服的，可以在收到该鉴定结论之日起 15 日内向省、自治区、直辖市劳动能力鉴定委员会提出再次鉴定申请。省、自治区、直辖市劳动能力鉴定委员会作出的劳动能力鉴定结论为最终结论。

◆劳动能力鉴定工作应当客观、公正。劳动能力鉴定委员会组成人员或者参加鉴定的专家与当事人有利害关系的，应当回避。

◆自劳动能力鉴定结论作出之日起 1 年后，工伤职工或者其近亲属、所在单位或者经办机构认为伤残情况发生变化的，可以申请劳动能力复查鉴定。

◆劳动能力鉴定委员会依照本条例的相关规定进行再次鉴定和复查鉴定的期限，依照本条例有关规定执行。

五、有关工伤保险待遇的规定

在《工伤保险条例》第五章工伤保险待遇中，对相关事项作了规定。

◆职工因工作遭受事故伤害或者患职业病进行治疗，享受工伤医疗待遇。

职工治疗工伤应当在签订服务协议的医疗机构就医，情况紧急时可以先到就近的医疗机构急救。

治疗工伤所需费用符合工伤保险诊疗项目目录、工伤保险药品目录、工伤保险住院服务标准的，从工伤保险基金支付。工伤保险诊疗项目目录、工伤保险药品目录、工伤保险住院服务标准，由国务院社会保险行政部门会同国务院卫生行政部门、食品药品监督管理部门等部门规定。

职工住院治疗工伤的伙食补助费，以及经医疗机构出具证明，报经办机构同意，工伤职工到统筹地区以外就医所需的交通、食宿费用从工伤保险基金支付，基金支付的具体标准由统筹地区人民政府规定。

工伤职工治疗非工伤引发的疾病，不享受工伤医疗待遇，按照基本医疗保险办法处理。

工伤职工到签订服务协议的医疗机构进行工伤康复的费用，符合规定的，从工伤保险基金支付。

◆社会保险行政部门作出认定为工伤的决定后发生行政复议、行政诉讼的，行政复议和行政诉讼期间不停止支付工伤职工治疗工伤的医疗费用。

◆工伤职工因日常生活或者就业需要，经劳动能力鉴定委员会确认，可以安装假肢、矫形器、假眼、假牙和配置轮椅等辅助器具，所需费用按照国家规定的标准从工伤保险基金支付。

◆职工因工作遭受事故伤害或者患职业病需要暂停工作接受工伤医疗的，在停工留薪期内，原工资福利待遇不变，由所在单位按月支付。

停工留薪期一般不超过 12 个月。伤情严重或者情况特殊，经设区的市级劳动能力鉴定委员会确认，可以适当延长，但延长不得超过 12 个月。工伤职工评定伤残等级后，停发原待遇，按照有关规定享受伤残待遇。工伤职工在停工留薪期满后仍需治疗的，继续享受工伤医疗待遇。

生活不能自理的工伤职工在停工留薪期需要护理的，由所在单位负责。

◆工伤职工已经评定伤残等级并经劳动能力鉴定委员会确认需要生活护理的，从工伤保险基金按月支付生活护理费。

生活护理费按照生活完全不能自理、生活大部分不能自理或者生活部分不能自理 3 个不同等级支付，其标准分别为统筹地区上年度职工月平均工资的 50%、40%或者 30%。

◆职工因工致残被鉴定为一级至四级伤残的，保留劳动关系，退出工作岗位，享受以下待遇：

(1) 从工伤保险基金按伤残等级支付一次性伤残补助金，标准为：一级伤残为 27 个月的本人工资，二级伤残为 25 个月的本人工资，三级伤残为 23 个月的本人工资，四级伤残为 21 个月的本人工资。

(2) 从工伤保险基金按月支付伤残津贴，标准为：一级伤残为本人工资的 90%，二级伤残为本人工资的 85%，三级伤残为本人工资的 80%，四级伤残为本人工资的 75%。伤残津贴实际金额低于当地最低工资标准的，由工伤保险基金补足差额。

(3) 工伤职工达到退休年龄并办理退休手续后，停发伤残津贴，按照国家有关规定享受基本养老保险待遇。基本养老保险待遇低于伤残津贴的，由工伤保险基金补足差额。

职工因工致残被鉴定为一级至四级伤残的，由用人单位和职工个人以伤残津贴为基数，缴纳基本医疗保险费。

◆职工因工致残被鉴定为五级、六级伤残的，享受以下待遇：

(1) 从工伤保险基金按伤残等级支付一次性伤残补助金，标准为：五级伤残为 18 个月的本人工资，六级伤残为 16 个月的本人工资。

(2) 保留与用人单位的劳动关系，由用人单位安排适当工作。难以安排工作的，由用人单位按月发给伤残津贴，标准为：五级伤残为本人工资的70%，六级伤残为本人工资的60%，并由用人单位按照规定为其缴纳应缴纳的各项社会保险费。伤残津贴实际金额低于当地最低工资标准的，由用人单位补足差额。

经工伤职工本人提出，该职工可以与用人单位解除或者终止劳动关系，由工伤保险基金支付一次性工伤医疗补助金，由用人单位支付一次性伤残就业补助金。一次性工伤医疗补助金和一次性伤残就业补助金的具体标准由省、自治区、直辖市人民政府规定。

◆职工因工致残被鉴定为七级至十级伤残的，享受以下待遇：

(1) 从工伤保险基金按伤残等级支付一次性伤残补助金，标准为：七级伤残为13个月的本人工资，八级伤残为11个月的本人工资，九级伤残为9个月的本人工资，十级伤残为7个月的本人工资。

(2) 劳动、聘用合同期满终止，或者职工本人提出解除劳动、聘用合同的，由工伤保险基金支付一次性工伤医疗补助金，由用人单位支付一次性伤残就业补助金。一次性工伤医疗补助金和一次性伤残就业补助金的具体标准由省、自治区、直辖市人民政府规定。

◆工伤职工工伤复发，确认需要治疗的，享受本条例第三十条、第三十二条和第三十三条规定的工伤待遇。

◆职工因工死亡，其近亲属按照下列规定从工伤保险基金领取丧葬补助金、供养亲属抚恤金和一次性工亡补助金：

(1) 丧葬补助金为6个月的统筹地区上年度职工月平均工资。

(2) 供养亲属抚恤金按照职工本人工资的一定比例发给由因工死亡职工生前提供主要生活来源、无劳动能力的亲属。标准为：配偶每月40%，其他亲属每人每月30%，孤寡老人或者孤儿每人每月在上述标准的基础上增加10%。核定的各供养亲属的抚恤金之和不应高于因工死亡职工生前的工资。供养亲属的具体范围由国务院社会保险行政部门规定。

(3) 一次性工亡补助金标准为上一年度全国城镇居民人均可支配收入的20倍。

伤残职工在停工留薪期内因工伤导致死亡的，其近亲属享受本条第一款规定的待遇。

一级至四级伤残职工在停工留薪期满后死亡的，其近亲属可以享受本条第一款第(1)项、第(2)项规定的待遇。

◆伤残津贴、供养亲属抚恤金、生活护理费由统筹地区社会保险行政部门根据职工平均工资和生活费用变化等情况适时调整。调整办法由省、自治区、直辖市人民政府规定。

◆职工因工外出期间发生事故或者在抢险救灾中下落不明的，从事故发生当月起3个月内照发工资，从第4个月起停发工资，由工伤保险基金向其供养亲属按月支付供养亲属抚恤金。生活有困难的，可以预支一次性工亡补助金的50%。职工被人民法院宣告死亡的，按照本条例第三十九条职工因工死亡的规定处理。

◆工伤职工有下列情形之一的，停止享受工伤保险待遇：

（1）丧失享受待遇条件的。

（2）拒不接受劳动能力鉴定的。

（3）拒绝治疗的。

◆用人单位分立、合并、转让的，承继单位应当承担原用人单位的工伤保险责任；原用人单位已经参加工伤保险的，承继单位应当到当地经办机构办理工伤保险变更登记。

用人单位实行承包经营的，工伤保险责任由职工劳动关系所在单位承担。

职工被借调期间受到工伤事故伤害的，由原用人单位承担工伤保险责任，但原用人单位与借调单位可以约定补偿办法。

企业破产的，在破产清算时依法拨付应当由单位支付的工伤保险待遇费用。

◆职工被派遣出境工作，依据前往国家或者地区的法律应当参加当地工伤保险的，参加当地工伤保险，其国内工伤保险关系中止；不能参加当地工伤保险的，其国内工伤保险关系不中止。

◆职工再次发生工伤，根据规定应当享受伤残津贴的，按照新认定的伤残等级享受伤残津贴待遇。

六、有关监督管理的规定

在《工伤保险条例》第六章监督管理中，对相关事项作了规定。

◆经办机构具体承办工伤保险事务，履行下列职责：

（1）根据省、自治区、直辖市人民政府规定，征收工伤保险费。

（2）核查用人单位的工资总额和职工人数，办理工伤保险登记，并负责保存用人单位缴费和职工享受工伤保险待遇情况的记录。

（3）进行工伤保险的调查、统计。

（4）按照规定管理工伤保险基金的支出。

（5）按照规定核定工伤保险待遇。

（6）为工伤职工或者其近亲属免费提供咨询服务。

◆经办机构与医疗机构、辅助器具配置机构在平等协商的基础上签订服务协议，并公布签订服务协议的医疗机构、辅助器具配置机构的名单。具体办法由国务院社会保险行政部门分别会同国务院卫生行政部门、民政部门等部门制定。

◆经办机构按照协议和国家有关目录、标准对工伤职工医疗费用、康复费用、辅助器具费用的使用情况进行核查，并按时足额结算费用。

◆经办机构应当定期公布工伤保险基金的收支情况，及时向社会保险行政部门提出调整费率的建议。

◆社会保险行政部门、经办机构应当定期听取工伤职工、医疗机构、辅助器具配置机构以及社会各界对改进工伤保险工作的意见。

◆社会保险行政部门依法对工伤保险费的征缴和工伤保险基金的支付情况进行监督检查。

财政部门和审计机关依法对工伤保险基金的收支、管理情况进行监督。

◆任何组织和个人对有关工伤保险的违法行为，有权举报。社会保险行政部门对举报应当及时调查，按照规定处理，并为举报人保密。

◆工会组织依法维护工伤职工的合法权益，对用人单位的工伤保险工作实行监督。

◆职工与用人单位发生工伤待遇方面的争议，按照处理劳动争议的有关规定处理。

◆有下列情形之一的，有关单位或者个人可以依法申请行政复议，也可以依法向人民法院提起行政诉讼：

（1）申请工伤认定的职工或者其近亲属、该职工所在单位对工伤认定申请不予受理的决定不服的。

（2）申请工伤认定的职工或者其近亲属、该职工所在单位对工伤认定结论不服的。

（3）用人单位对经办机构确定的单位缴费费率不服的。

（4）签订服务协议的医疗机构、辅助器具配置机构认为经办机构未履行有关协议或者规定的。

（5）工伤职工或者其近亲属对经办机构核定的工伤保险待遇有异议的。

七、有关法律责任的规定

在《工伤保险条例》第七章法律责任中，对相关事项作了规定。

◆单位或者个人违反本条例第十二条规定挪用工伤保险基金，构成犯罪的，依法追究刑事责任；尚不构成犯罪的，依法给予处分或者纪律处分。被挪用的基金由社会保险行政部门追回，并入工伤保险基金；没收的违法所得依法上缴国库。

◆社会保险行政部门工作人员有下列情形之一的，依法给予处分；情节严重，构成犯罪的，依法追究刑事责任：

（1）无正当理由不受理工伤认定申请，或者弄虚作假将不符合工伤条件的人员认定为工伤职工的。

（2）未妥善保管申请工伤认定的证据材料，致使有关证据灭失的。

（3）收受当事人财物的。

◆经办机构有下列行为之一的，由社会保险行政部门责令改正，对直接负责的主管人员和其他责任人员依法给予纪律处分；情节严重，构成犯罪的，依法追究刑事责任；造成当事人经济损失的，由经办机构依法承担赔偿责任：

（1）未按规定保存用人单位缴费和职工享受工伤保险待遇情况记录的。

（2）不按规定核定工伤保险待遇的。

（3）收受当事人财物的。

◆医疗机构、辅助器具配置机构不按服务协议提供服务的，经办机构可以解除服务协议。

经办机构不按时足额结算费用的，由社会保险行政部门责令改正；医疗机构、辅助器具配置机构可以解除服务协议。

◆用人单位、工伤职工或者其近亲属骗取工伤保险待遇，医疗机构、辅助器具配置机构骗取工伤保险基金支出的，由社会保险行政部门责令退还，处骗取金额 2 倍以上 5 倍以下的罚款；情节严重，构成犯罪的，依法追究刑事责任。

◆从事劳动能力鉴定的组织或者个人有下列情形之一的，由社会保险行政部门责令改正，处 2 000 元以上 1 万元以下的罚款；情节严重，构成犯罪的，依法追究刑事责任：

（1）提供虚假鉴定意见的。

（2）提供虚假诊断证明的。

（3）收受当事人财物的。

◆用人单位依照本条例规定应当参加工伤保险而未参加的，由社会保险行政部门责令限期参加，补缴应当缴纳的工伤保险费，并自欠缴之日起，按日加收 0.5‰的滞纳金；逾期仍不缴纳的，处欠缴数额 1 倍以上 3 倍以下的罚款。

依照本条例规定应当参加工伤保险而未参加工伤保险的用人单位职工发生工伤的，由该用人单位按照本条例规定的工伤保险待遇项目和标准支付费用。

用人单位参加工伤保险并补缴应当缴纳的工伤保险费、滞纳金后，由工伤保险基金和用人单位依照本条例的规定支付新发生的费用。

◆用人单位违反本条例第十九条的规定，拒不协助社会保险行政部门对事故进行调查核实的，由社会保险行政部门责令改正，处 2 000 元以上 2 万元以下的罚款。

第三节　其他法规中关于工伤保险的相关规定

《工伤保险条例》的发展方向是，在实施过程中最终形成工伤预防、工伤补偿、工伤康复“三位一体”的法律制度框架。我国的工伤保险制度建设要树立工伤预防、待遇补偿和工伤康复相结合的观念，从补偿功能向预防和康复功能延伸，逐步建立三者有机结合的、完善的工伤保险制度。

一、国务院《关于进一步加强企业安全生产工作的通知》相关规定

2010 年 7 月 19 日，国务院印发了《关于进一步加强企业安全生产工作的通知》（以下简称《通知》）。《通知》共 9 个部分、32 条，体现了“安全发展、预防为主”的原则要求和安全生产工作标本兼治、重在治本，重心下移、关口前移的总体思路。

《通知》9 个部分的主要内容是：①总体要求；②严格企业安全管理；③建设坚实的技术保障体系；④实施更加有力的监督管理；⑤建设更加高效的应急救援体系；⑥严格行业安全准入；⑦加强政策引导；⑧更加注重经济发展方式转变；⑨实行更加严格的考核和责任追究。

1.《通知》制定出台的背景和意义

《通知》的制定出台，是党和国家在全国深入贯彻落实科学发展观，转变经济发展方式，调整产业结构，推进经济平稳较快发展和建设和谐社会的重要时期，对安全生产工作作出的重大决策和部署，充分体现了党中央、国务院对安全生产工作的高度重视，对人民群众的深切关怀。

国务院制定出台这个文件，主要基于以下几点：

（1）进一步巩固和发展安全生产形势。党中央、国务院对安全生产工作始终高度重视，相继出台了加强安全生产工作的一系列政策措施，2009 年以来又在全国广泛深入开展“安全生产年”活动。在党中央、国务院的高度重视和正确领导下，在国家相关部门的指导推动下，通过各地区、各部门和各单位的共同努力，全国安全生产状况呈现总体稳定、趋于好转的发展态势。2009 年全国生产安全事故死亡人数在 2008 年降到 10 万人以下的基础上又降到了 9 万人以下，事故起数和死亡人数连续 7 年实现了“双下降”。在新的历史时期，针对经济社会发展特别是在转变经济发展方式中出现的新形势、新情况，需要进一步制定和完善相关政策措施，继续把安全生产工作推向深入，巩固和发展不断取得的安全生产成效。

（2）重点解决当前安全生产暴露出的突出问题。由于受生产力发展不均衡和基础薄弱的制约，安全生产形势仍然严峻，2010 年上半年在事故总量同比继续下降的同时，重特大事故有所反弹，尤其是先后发生 6 起一次死亡 30 人以上的特别重大事故，给人民群众生命财产安全造成重大损失，在社会上产生恶劣影响。事故多发的原因主要是：一些企业在经济回升向好的情况下，盲目追求经济效益，重生产轻安全，安全管理薄弱，安全生产主体

责任不落实；无证或证照不全非法生产，超能力、超强度、超定员违法违规生产，小煤矿整合技改期间非法组织生产；一些地方和部门安全监管责任不落实、措施不到位等。这些问题的解决，在《通知》的具体内容中都作了重点解答，制定了更加严厉的政策、制度和措施。

(3) 切实强化企业安全生产主体责任落实。企业的安全生产状况关系安全生产大局，企业是安全生产的基础单位，国家有关安全生产法律法规最终要落实到企业，全国安全生产整体水平的提高最终也必须体现在企业。各级政府、部门以及企业本身所做的努力，都是为了促进企业安全管理的不断加强，保证人民群众生命财产安全。只有提高企业的安全生产水平，才能真正实现安全生产形势的持续稳定好转。因此，做好安全生产工作，切实有效地遏制重特大事故，必须紧紧抓住企业这个“主体”，通过加强安全管理、加大安全投入、强化技术装备、严格安全监管、严肃责任追究等有力措施，督促提高企业的安全生产保障能力。

2.《通知》提出的工作要求和主要任务

在《通知》中，国务院提出如下工作要求和主要任务：

(1)《通知》中提出的工作要求是：深入贯彻落实科学发展观，坚持以人为本，牢固树立安全发展的理念，切实转变经济发展方式，调整产业结构，提高经济发展的质量和效益，把经济发展建立在安全生产有可靠保障的基础上；坚持“安全第一、预防为主、综合治理”的方针，全面加强企业安全管理，健全规章制度，完善安全标准，提高企业技术水平，夯实安全生产基础；坚持依法依规生产经营，切实加强安全监管，强化企业安全生产主体责任落实和责任追究，促进我国安全生产形势实现根本好转。

(2)《通知》中确定的主要任务是：以煤矿、非煤矿山、交通运输、建筑施工、危险化学品、烟花爆竹、民用爆炸物品、冶金等行业（领域）为重点，全面加强企业安全生产工作。要通过更加严格的目标考核和责任追究，采取更加有效的管理手段和政策措施，集中整治非法违法生产行为，坚决遏制重特大事故发生；要尽快建成完善的国家安全生产应急救援体系，在高危行业强制推行一批安全适用的技术装备和防护设施，最大程度减少事故造成的损失；要建立更加完善的技术标准体系，促进企业安全生产技术装备全面达到国家和行业标准，实现我国安全生产技术水平的提高；要进一步调整产业结构，积极推进重点行业的企业重组和矿产资源开发整合，彻底淘汰安全性能低下、危及安全生产的落后产能；以更加有力的政策引导，形成安全生产长效机制。

3. 有关政策规定的说明

《通知》规定，提高工伤事故死亡职工一次性赔偿标准。从 2011 年 1 月 1 日起，依照

《工伤保险条例》的规定，对因生产安全事故造成的职工死亡，其一次性工亡补助金标准调整为按全国上一年度城镇居民人均可支配收入的20倍计算，发放给工亡职工近亲属。同时，依法确保工亡职工一次性丧葬补助金、供养亲属抚恤金的发放。

《通知》规定提高工伤事故死亡职工一次性赔偿标准，这是一项新制度。事故发生单位对事故造成的人员伤亡、财产损失，应当承担赔偿责任，这是《安全生产法》等法律法规要求必须履行的法定义务。为维护伤亡职工和家属的权益，提高事故单位的违法成本，近年来一些地方在制定的《安全生产法实施条例》中也作了明确，如规定赔偿总额不低于20万元的标准，一些地方在实际赔偿中还高于上述标准，但其规范性、制度性和法规的强制性不足。

国务院《通知》规定的标准，具有两个突出特点：

（1）大幅度提高了赔偿额度。2004年实施的《工伤保险条例》规定，一次性工亡补助金，按当地48～60个月平均工资计算，取全国平均值最高为15万元左右。《通知》明确一次性工亡补助金调整为按全国上一年度城镇居民人均可支配收入的20倍计算。经测算，按2009年度全国城镇居民人均可支配收入17 175元的水平，全国平均一次性工亡补助金为34.35万元，比原规定翻一番还多，加上同时实行的丧葬补助金和供养亲属抚恤金（按供养两位亲属测算），三项合计约为61.8万元。其中前两项为一次性支出，后一项按工亡职工供养人口长期、按月发放。

（2）具有法律效力。《工伤保险条例》有关条款与《通知》规定相衔接，确保了与2011年1月1日公布实施时保持一致，从而保证《通知》新规定的法律效力。

《工伤保险条例》将依据不同地区和企业单位的安全生产状况，实行浮动费用率和差别费率，对发生重特大事故或事故多发的企业单位，通过调整缴费比例，促进加强安全生产工作。因此，《通知》规定，既体现了以人为本、关爱生命，维护职工合法权益的精神，同时又是推进不断提高企业安全生产水平的新制度、新举措。

二、《工伤认定办法》相关规定

2010年12月31日，人力资源和社会保障部第56次部务会议通过《工伤认定办法》（人力资源和社会保障部令第8号），自2011年1月1日起施行。劳动和社会保障部2003年9月23日颁布的《工伤认定办法》同时废止。

制定《工伤认定办法》的目的是为规范工伤认定程序，依法进行工伤认定，维护当事人的合法权益。本办法分为二十七条，对工伤认定相关事项作了规定。

《工伤认定办法》相关规定主要有：

◆社会保险行政部门进行工伤认定按照本办法执行。

◆工伤认定应当客观公正、简捷方便，认定程序应当向社会公开。

◆职工发生事故伤害或者按照《职业病防治法》规定被诊断、鉴定为职业病，所在单位应当自事故伤害发生之日或者被诊断、鉴定为职业病之日起30日内，向统筹地区社会保险行政部门提出工伤认定申请。遇有特殊情况，经报社会保险行政部门同意，申请时限可以适当延长。

◆用人单位未在规定的时限内提出工伤认定申请的，受伤害职工或者其近亲属、工会组织在事故伤害发生之日或者被诊断、鉴定为职业病之日起1年内，可以直接按照本办法有关规定提出工伤认定申请。

◆提出工伤认定申请应当填写《工伤认定申请表》，并提交下列材料：

（1）劳动、聘用合同文本复印件或者与用人单位存在劳动关系（包括事实劳动关系）、人事关系的其他证明材料。

（2）医疗机构出具的受伤后诊断证明书或者职业病诊断证明书（或者职业病诊断鉴定书）。

◆工伤认定申请人提交的申请材料符合要求，属于社会保险行政部门管辖范围且在受理时限内的，社会保险行政部门应当受理。

◆社会保险行政部门收到工伤认定申请后，应当在15日内对申请人提交的材料进行审核，材料完整的，作出受理或者不予受理的决定；材料不完整的，应当以书面形式一次性告知申请人需要补正的全部材料。社会保险行政部门收到申请人提交的全部补正材料后，应当在15日内作出受理或者不予受理的决定。

社会保险行政部门决定受理的，应当出具《工伤认定申请受理决定书》；决定不予受理的，应当出具《工伤认定申请不予受理决定书》。

◆社会保险行政部门受理工伤认定申请后，可以根据需要对申请人提供的证据进行调查核实。

◆社会保险行政部门进行调查核实，应当由两名以上工作人员共同进行，并出示执行公务的证件。

◆社会保险行政部门工作人员在工伤认定中，可以进行以下调查核实工作：

（1）根据工作需要，进入有关单位和事故现场。

（2）依法查阅与工伤认定有关的资料，询问有关人员并作出调查笔录。

（3）记录、录音、录像和复制与工伤认定有关的资料。调查核实工作的证据收集参照行政诉讼证据收集的有关规定执行。

◆社会保险行政部门工作人员进行调查核实时，有关单位和个人应当予以协助。用人单位、工会组织、医疗机构以及有关部门应当负责安排相关人员配合工作，据实提供情况和证明材料。

◆社会保险行政部门在进行工伤认定时，对申请人提供的符合国家有关规定的职业病诊断证明书或者职业病诊断鉴定书，不再进行调查核实。职业病诊断证明书或者职业病诊断鉴定书不符合国家规定的要求和格式的，社会保险行政部门可以要求出具证据部门重新提供。

◆社会保险行政部门受理工伤认定申请后，可以根据工作需要，委托其他统筹地区的社会保险行政部门或者相关部门进行调查核实。

◆社会保险行政部门工作人员进行调查核实时，应当履行下列义务：

（1）保守有关单位商业秘密以及个人隐私。

（2）为提供情况的有关人员保密。

◆社会保险行政部门工作人员与工伤认定申请人有利害关系的，应当回避。

◆职工或者其近亲属认为是工伤，用人单位不认为是工伤的，由该用人单位承担举证责任。用人单位拒不举证的，社会保险行政部门可以根据受伤害职工提供的证据或者调查取得的证据，依法作出工伤认定决定。

◆社会保险行政部门应当自受理工伤认定申请之日起 60 日内作出工伤认定决定，出具《认定工伤决定书》或者《不予认定工伤决定书》。

◆《认定工伤决定书》应当载明下列事项：

（1）用人单位全称。

（2）职工的姓名、性别、年龄、职业、身份证号码。

（3）受伤害部位、事故时间和诊断时间或职业病名称、受伤害经过和核实情况、医疗救治的基本情况和诊断结论。

（4）认定工伤或者视同工伤的依据。

（5）不服认定决定申请行政复议或者提起行政诉讼的部门和时限。

（6）作出认定工伤或者视同工伤决定的时间。

《不予认定工伤决定书》应当载明下列事项：

（1）用人单位全称。

（2）职工的姓名、性别、年龄、职业、身份证号码。

（3）不予认定工伤或者不视同工伤的依据。

（4）不服认定决定申请行政复议或者提起行政诉讼的部门和时限。

（5）作出不予认定工伤或者不视同工伤决定的时间。

《认定工伤决定书》和《不予认定工伤决定书》应当加盖社会保险行政部门工伤认定专用印章。

◆社会保险行政部门受理工伤认定申请后，作出工伤认定决定需要以司法机关或者有关行政主管部门的结论为依据的，在司法机关或者有关行政主管部门尚未作出结论期间，作出工伤认定决定的时限中止，并书面通知申请人。

◆社会保险行政部门对于事实清楚、权利义务明确的工伤认定申请，应当自受理工伤认定申请之日起 15 日内作出工伤认定决定。

◆社会保险行政部门应当自工伤认定决定作出之日起 20 日内，将《认定工伤决定书》或者《不予认定工伤决定书》送达受伤害职工（或者其近亲属）和用人单位，并抄送社会保险经办机构。

《认定工伤决定书》和《不予认定工伤决定书》的送达参照民事法律有关送达的规定执行。

◆职工或者其近亲属、用人单位对不予受理决定不服或者对工伤认定决定不服的，可以依法申请行政复议或者提起行政诉讼。

◆工伤认定结束后，社会保险行政部门应当将工伤认定的有关资料保存 50 年。

◆用人单位拒不协助社会保险行政部门对事故伤害进行调查核实的，由社会保险行政部门责令改正，处 2 000 元以上 2 万元以下的罚款。

◆本办法中的《工伤认定申请表》《工伤认定申请受理决定书》《工伤认定申请不予受理决定书》《认定工伤决定书》和《不予认定工伤决定书》的样式由国务院社会保险行政部门统一制定。

三、《非法用工单位伤亡人员一次性赔偿办法》相关规定

2010 年 12 月 31 日，新修订的《非法用工单位伤亡人员一次性赔偿办法》（人力资源和社会保障部令第 9 号）已经人力资源和社会保障部第 56 次部务会议通过，自 2011 年 1 月 1 日起施行。劳动和社会保障部 2003 年 9 月 23 日颁布的《非法用工单位伤亡人员一次性赔偿办法》同时废止。

《非法用工单位伤亡人员一次性赔偿办法》分为九条，根据《工伤保险条例》第六十六条第一款的授权，制定本办法。相关规定主要有：

◆本办法所称非法用工单位伤亡人员，是指无营业执照或者未经依法登记、备案的单位以及被依法吊销营业执照或者撤销登记、备案的单位受到事故伤害或者患职业病的职工，或者用人单位使用童工造成的伤残、死亡童工。

前款所列单位必须按照本办法的规定向伤残职工或者死亡职工的近亲属、伤残童工或者死亡童工的近亲属给予一次性赔偿。

◆一次性赔偿包括受到事故伤害或者患职业病的职工或童工在治疗期间的费用和一次性赔偿金。一次性赔偿金数额应当在受到事故伤害或者患职业病的职工或童工死亡或者经劳动能力鉴定后确定。

劳动能力鉴定按照属地原则由单位所在地设区的市级劳动能力鉴定委员会办理。劳动能力鉴定费用由伤亡职工或童工所在单位支付。

◆职工或童工受到事故伤害或者患职业病，在劳动能力鉴定之前进行治疗期间的生活费按照统筹地区上年度职工月平均工资标准确定，医疗费、护理费、住院期间的伙食补助费以及所需的交通费等费用按照《工伤保险条例》规定的标准和范围确定，并全部由伤残职工或童工所在单位支付。

◆一次性赔偿金按照以下标准支付：

一级伤残的为赔偿基数的16倍，二级伤残的为赔偿基数的14倍，三级伤残的为赔偿基数的12倍，四级伤残的为赔偿基数的10倍，五级伤残的为赔偿基数的8倍，六级伤残的为赔偿基数的6倍，七级伤残的为赔偿基数的4倍，八级伤残的为赔偿基数的3倍，九级伤残的为赔偿基数的2倍，十级伤残的为赔偿基数的1倍。

前款所称赔偿基数，是指单位所在工伤保险统筹地区上年度职工年平均工资。

◆受到事故伤害或者患职业病造成死亡的，按照上一年度全国城镇居民人均可支配收入的20倍支付一次性赔偿金，并按照上一年度全国城镇居民人均可支配收入的10倍一次性支付丧葬补助等其他赔偿金。

◆单位拒不支付一次性赔偿的，伤残职工或者死亡职工的近亲属、伤残童工或者死亡童工的近亲属可以向人力资源和社会保障行政部门举报。经查证属实的，人力资源和社会保障行政部门应当责令该单位限期改正。

◆伤残职工或者死亡职工的近亲属、伤残童工或者死亡童工的近亲属就赔偿数额与单位发生争议的，按照劳动争议处理的有关规定处理。

四、其他相关规定

1.《关于农民工参加工伤保险有关问题的通知》相关规定

2004年6月1日，劳动和社会保障部下发《关于农民工参加工伤保险有关问题的通知》(劳社部发［2004］18号)。《通知》指出，为了维护农民工的工伤保险权益，改善农民工的就业环境，根据《工伤保险条例》规定，从农民工的实际情况出发，就农民工参加工伤保险、依法享受工伤保险待遇有关问题作出如下规定：

(1) 各级劳动保障部门要统一思想、提高认识，高度重视农民工工伤保险权益维护工作。要从践行“三个代表”重要思想的高度，坚持以人为本，做好农民工参加工伤保险、依法享受工伤保险待遇的有关工作，把这项工作作为全面贯彻落实《工伤保险条例》，为农民工办实事的重要内容。

(2) 农民工参加工伤保险、依法享受工伤保险待遇是《工伤保险条例》赋予包括农民工在内的各类用人单位职工的基本权益，各类用人单位招用的农民工均有享受工伤保险待遇的权利。各地要将农民工参加工伤保险，作为工伤保险扩面的重要工作，明确任务，抓好落实。凡是与用人单位建立劳动关系的农民工，用人单位必须及时为他们办理参加工伤保险的手续。对用人单位为农民工先行办理工伤保险的，各地经办机构应予办理。重点推进建筑、矿山等工伤风险较大、职业危害较重行业的农民工参加工伤保险。

（3）用人单位注册地与生产经营地不在同一统筹地区的，原则上在注册地参加工伤保险。未在注册地参加工伤保险的，在生产经营地参加工伤保险。农民工受到事故伤害或患职业病后，在参保地进行工伤认定、劳动能力鉴定，并按参保地的规定依法享受工伤保险待遇。用人单位在注册地和生产经营地均未参加工伤保险的，农民工受到事故伤害或者患职业病后，在生产经营地进行工伤认定、劳动能力鉴定，并按生产经营地的规定依法由用人单位支付工伤保险待遇。

（4）对跨省流动的农民工，即户籍不在参加工伤保险统筹地区（生产经营地）所在省（自治区、直辖市）的农民工，1～4级伤残长期待遇的支付，可试行一次性支付和长期支付两种方式，供农民工选择。在农民工选择一次性或长期支付方式时，支付其工伤保险待遇的社会保险经办机构应向其说明情况。一次性享受工伤保险长期待遇的，需由农民工本人提出，与用人单位解除或者终止劳动关系，与统筹地区社会保险经办机构签订协议，终止工伤保险关系。1～4级伤残农民工一次性享受工伤保险长期待遇的具体办法和标准由省（自治区、直辖市）劳动保障行政部门制定，报省（自治区、直辖市）人民政府批准。

（5）各级劳动保障部门要加大对农民工参加工伤保险的宣传和督促检查力度，积极为农民工提供咨询服务，促进农民工参加工伤保险。同时要认真做好工伤认定、劳动能力鉴定工作，对侵害农民工工伤保险权益的行为要严肃查处，切实保障农民工的合法权益。

2.《关于做好建筑施工企业农民工参加工伤保险有关工作的通知》相关规定

2006年12月5日，劳动和社会保障部与建设部联合下发《关于做好建筑施工企业农民工参加工伤保险有关工作的通知》（劳社部发［2006］44号）。《通知》指出，建筑业是农民工较为集中、工伤风险程度较高的行业。《国务院关于解决农民工问题的若干意见》（国发［2006］5号，以下简称国务院5号文件）对农民工特别是建筑行业农民工参加工伤保险提出了明确要求，各地劳动保障部门和建设行政主管部门要深入贯彻落实，加快推进建筑施工企业农民工参加工伤保险工作。《通知》就有关问题规定如下：

（1）建筑施工企业要严格按照国务院《工伤保险条例》规定，及时为农民工办理参加工伤保险手续，并按时足额缴纳工伤保险费。同时，按照《建筑法》规定，为施工现场从事危险作业的农民工办理意外伤害保险。

（2）建筑施工企业和农民工应当严格遵守有关安全生产和职业病防治的法律法规，执行安全卫生标准和规程，预防工伤事故的发生，避免和减少职业病的发生。

(3) 各地劳动保障部门要按照《工伤保险条例》、国务院5号文件和《关于农民工参加工伤保险有关问题的通知》(劳社部发[2004]18号)、《关于实施农民工“平安计划”加快推进农民工参加工伤保险工作的通知》(劳社部发[2006]19号)的要求，针对建筑施工企业跨地区施工、流动性大等特点，切实做好建筑施工企业参加工伤保险的组织实施工作。注册地与生产经营地不在同一统筹地区、未在注册地参加工伤保险的建筑施工企业，在生产经营地参保，鼓励各地探索适合建筑业农民工特点的参保方式；对上一年度工伤费用支出少、工伤发生率低的建筑施工企业，经商建设行政部门同意，在行业基准费率的基础上，按有关规定下浮费率档次执行；建筑施工企业农民工受到事故伤害或者患职业病后，按照有关规定依法进行工伤认定、劳动能力鉴定，享受工伤保险待遇；建筑施工企业办理了参加工伤保险手续后，社会保险经办机构要及时为企业出具工伤保险参保证明。

(4) 各地建设行政主管部门要加强对建筑施工企业的管理，落实国务院《安全生产许可证条例》和《建筑施工企业安全生产许可证管理规定》，在审核颁发安全生产许可证时，将参加工伤保险作为建筑施工企业取得安全生产许可证的必备条件之一。

(5) 劳动保障部门和建设行政主管部门要定期交流、通报建筑施工企业参加工伤保险情况和相关收支情况，及时研究解决工作中出现的问题，加快推进建筑施工企业参加工伤保险。探索建立工伤预防机制，从工伤保险基金中提取一定比例的资金用于工伤预防工作，充分运用工伤保险浮动费率机制，促进建筑施工企业加强安全生产管理，切实保障农民工合法权益。

3.《关于铁路企业参加工伤保险有关问题的通知》相关规定

2004年11月3日，劳动和社会保障部下发《关于铁路企业参加工伤保险有关问题的通知》(劳社部函[2004]257号)。《通知》指出，为了贯彻实施《工伤保险条例》，做好铁路企业参加工伤保险的有关工作，对有关问题通知如下：

(1) 铁路企业要按照属地管理原则参加工伤保险，执行国家和企业所在地的工伤保险政策。铁路运输企业以铁路局或铁路分局为单位集中参加铁路局或铁路分局所在地统筹地区的工伤保险。

(2) 铁路企业要按照国家和所在地人民政府确定的铁路行业工伤保险费率，按时缴纳工伤保险费。工伤保险基金按照国家和统筹地区劳动保障部门确定的有关规定进行筹集、使用和管理。

(3) 铁路企业工伤职工的工伤认定工作由统筹地区劳动保障行政部门负责，工伤职工的劳动能力鉴定工作由统筹地区劳动能力鉴定机构负责。

(4)《工伤保险条例》实施前已确认的铁路工伤人员和工亡人员供养亲属享受的工伤保

险待遇，应纳入工伤保险管理。具体纳入方式和步骤由铁路企业与所在地省、自治区、直辖市劳动保障部门协商确定。

（5）各省、自治区、直辖市劳动保障部门要认真做好铁路企业参加工伤保险的组织实施工作，加强对铁路企业参保工作的指导和监督，结合铁路行业特点和企业及其职工的分布，制定管理办法，方便铁路企业工伤人员的救治、工伤认定、劳动能力鉴定及待遇支付管理。

（6）各铁路企业要积极配合劳动保障部门，共同做好铁路企业参加工伤保险工作。在实施过程中发现的重大问题，要及时向所在地人民政府和劳动保障部门反映，确保该项工作顺利实施。

4.《关于进一步做好事业单位等参加工伤保险工作有关问题的通知》相关规定

2012 年 10 月 29 日，人力资源和社会保障部与财政部联合下发《关于进一步做好事业单位等参加工伤保险工作有关问题的通知》（人社部发［2012］67 号）。《通知》指出，为保障事业单位、社会团体、民办非企业单位、基金会、律师事务所、会计师事务所等组织因工作遭受事故伤害或者患职业病的工作人员依法享受工伤保险待遇，按照《中华人民共和国社会保险法》和《工伤保险条例》规定，就有关问题规定如下：

（1）事业单位、社会团体、民办非企业单位、基金会、律师事务所、会计师事务所等组织按照《中华人民共和国社会保险法》《工伤保险条例》规定，依照属地管理原则，参加统筹地区的工伤保险，并按时足额缴纳工伤保险费。缴纳工伤保险费所需费用在社会保障缴费中列支，其费率均暂按一类风险行业执行。

（2）事业单位、社会团体、民办非企业单位、基金会、律师事务所、会计师事务所等组织的工作人员遭受事故伤害或者患职业病的，其工伤范围、工伤认定、劳动能力鉴定、待遇标准等按照《工伤保险条例》规定执行。

（3）参照公务员法管理的事业单位、社会团体工作人员因工作遭受事故伤害或者患职业病的，按照《工伤保险条例》第六十五条的规定执行。

（4）本通知自下发之日起施行。凡此前文件与本通知规定不符的，以本通知规定为准。

5.《关于事业单位、民间非营利组织工作人员工伤有关问题的通知》相关规定

2005 年 12 月 29 日，劳动和社会保障部、人事部、民政部、财政部联合下发《关于事业单位、民间非营利组织工作人员工伤有关问题的通知》（劳社部发［2005］36 号）。《通知》指出，为保障事业单位、民间非营利组织因工作遭受事故伤害或者患职业病的工作人员依法享受工伤保险待遇，根据《工伤保险条例》规定，经国务院批准，就有关问题规定如下：

（1）事业单位、民间非营利组织工作人员因工作遭受事故伤害或者患职业病的，其工伤范围、工伤认定、劳动能力鉴定、待遇标准等按照《工伤保险条例》规定执行。

（2）不属于财政拨款支持范围或没有经常性财政拨款的事业单位、民间非营利组织，参加统筹地区的工伤保险。缴纳工伤保险费所需费用在社会保障缴费中列支。

（3）依照或者参照国家公务员制度管理的事业单位、社会团体的工作人员，执行国家机关工作人员的工伤政策。

（4）第二条、第三条规定范围以外的事业单位、民间非营利组织，可参加统筹地区的工伤保险，也可按照国家机关工作人员的有关工伤政策执行。具体办法由省级人民政府根据当地经济社会发展和事业单位、民间非营利组织的具体情况确定。

（5）本通知自下发之日起施行。参加工伤保险的事业单位、民间非营利组织，其工作人员在本通知下发前已发生工伤的，其原享受的工伤待遇不变。

（6）本通知所称民间非营利组织是指社会团体、基金会和民办非企业等单位。

6.《关于做好国有企业老工伤人员等纳入工伤保险统筹管理有关工作的通知》相关规定

2011年1月20日，人力资源和社会保障部、财政部、国务院国有资产监督管理委员会、监察部联合下发《关于做好国有企业老工伤人员等纳入工伤保险统筹管理有关工作的通知》（人社部发［2011］10号）。《通知》指出，党中央、国务院高度重视企业工伤职工的权益保障工作。近年来，各级党委、政府积极采取措施，大力推进将企业未纳入统筹管理的工伤人员（以下简称老工伤人员）纳入工伤保险统筹管理工作，取得了积极的成效。为彻底解决国有企业老工伤人员等纳入工伤保险统筹问题，切实保障好他们的工伤保险权益，经国务院同意，现就有关问题通知如下：

（1）高度重视国有企业老工伤人员等纳入统筹问题。各地要高度重视将国有企业老工伤人员等纳入工伤保险统筹工作，按照要求采取切实有效措施，在2011年4月底前将国有企业（包括中央企业、中央下放企业及已实施关闭破产的中央和中央下放企业）有伤残等级老工伤人员和工亡职工供养亲属全部纳入工伤保险统筹管理，同时统筹解决好国有企业其他老工伤人员和集体企业、原国有集体改制企业老工伤人员纳入工伤保险统筹管理问题，确保到2011年年底前基本实现上述各类企业老工伤人员全部纳入工伤保险统筹管理。

（2）多渠道筹集国有企业老工伤人员纳入统筹所需资金。各地要通过统筹基金调剂、企业趸缴部分费用、政府补助等多渠道筹集国有企业老工伤人员纳入工伤保险统筹所需资金。对尚未参保的企业，要依照《工伤保险条例》督促其参保，并同步将其老工伤人员全部纳入工伤保险统筹管理；各地可规定企业除按规定参保缴费外，再按一定标准一次性趸缴部分费用。对已参保的企业，应将其老工伤人员直接纳入工伤保险统筹管理，所需资金通过工伤保险基金调剂解决；工伤保险基金没有结余或结余较少的，也可规定企业按一定标准一次性趸缴部分费用。企业已实施关闭破产的，老工伤人员纳入工伤保险所需资金，主要通过工伤保险基金调剂解决，同级财政给予适当补助。具体办法由统筹地区政府根据统筹基金收支、结余及老工伤人员待遇支出等情况确定。

（3）统筹解决其他企业老工伤人员纳入统筹问题。各地要制定具体的实施办法，切实解决好集体企业、其他企业老工伤人员纳入工伤保险统筹管理问题。对原已按照规定通过一次性支付补偿金等办法终结工伤待遇关系的各类企业工伤人员，不再作为老工伤人员纳入工伤保险统筹管理。

（4）政府对老工伤人员纳入统筹给予适当支持。各统筹地区政府应切实督促各类企业参保，并按要求将企业老工伤人员纳入工伤保险统筹管理。对通过扩大工伤保险覆盖面、工伤保险基金调剂、企业趸缴部分费用后仍难以满足老工伤人员待遇资金需求的，统筹地区人民政府应安排一定的补助资金，确保老工伤人员纳入统筹管理后工伤保险基金平稳运行。省级财政对解决老工伤问题工作任务重、统筹地区负担有困难的地区给予适当支持。中央财政按照“奖补结合”的原则，给予一次性补助，并对工作任务重、财政困难的地区给予适当倾斜。

（5）确保老工伤人员各项待遇。企业老工伤人员纳入工伤保险统筹管理后，按《工伤保险条例》规定由工伤保险基金支付其新发生的工伤保险待遇。已经按城镇企业职工基本养老保险政策规定享受养老保险待遇的退休老工伤人员，继续按原渠道领取基本养老金，以后的工伤医疗费等其他工伤保险待遇纳入工伤保险基金统筹管理。

（6）做好工伤保险各项基础工作。各地要加快扩大工伤保险覆盖面，按社会保险法和《工伤保险条例》规定实现各类企业全部参加工伤保险，并按规定将各类企业工伤人员纳入工伤保险统筹管理。同时，加强工伤保险费征收管理，确保应收尽收，增强基金保障能力。今后企业参加工伤保险，要一并解决参保前工伤人员纳入工伤保险统筹问题，避免再出现新的老工伤人员。要逐步提高工伤保险统筹层次，到 2011 年年底前全部实现地市级统筹，有条件的地区可实行省级统筹。

（7）切实抓好督促落实。各地要认真履行职责，切实担起责任，抓好工作落实。各统筹地区要按照规定加大工作力度，多渠道筹措资金，制定明确具体的工作计划，保证资金到位、政策到位、管理到位，确保按期完成工作任务。各省、自治区、直辖市人民政府要对企业老工伤人员纳入工伤保险统筹管理工作负总责，制定切实可行的工作方案，进一步明确政策要求，切实加大对统筹地区的工作指导、监督力度，确保各项政策的落实。人力资源和社会保障部、财政部、国资委、监察部将与各省、自治区、直辖市人民政府签订工作目标协议书，强化工作责任，明确工作要求，并适时组织对各地落实情况的督促检查。

7.《关于推进工伤保险市级统筹有关问题的通知》相关规定

2010年3月15日，人力资源和社会保障部下发《关于推进工伤保险市级统筹有关问题的通知》(人社部发［2010］20号)。《通知》指出，《工伤保险条例》实施以来，工伤保险覆盖范围不断扩大，参保人数快速增加，政策标准和管理服务逐步完善，工伤保险制度在维护职工权益、分散用人单位风险、促进社会和谐稳定方面日益发挥出重要作用。但由于多种原因，目前仍有相当一部分地区工伤保险实行县级统筹，统筹层次低，基金规模小，化解风险能力差，已成为制约工伤保险事业健康发展的突出问题之一。为落实《工伤保险条例》，加快推进工伤保险市级统筹工作，现就有关问题通知如下：

(1) 充分认识建立工伤保险市级统筹工作的重要意义。建立工伤保险市级统筹，是进一步贯彻落实《工伤保险条例》、完善工伤保险制度、推进工伤保险事业发展的需要。提高工伤保险统筹层次，扩大基金规模，有利于提高工伤保险基金抵御风险的能力，更安全、更有效地保障工伤职工权益；有利于进一步提高基金使用效率；有利于不断提高工伤保险保障水平，并统筹解决好老工伤等历史遗留问题；有利于加快推进预防、补偿、康复“三位一体”工伤保险制度体系建设，为工伤职工提供更全面、更周到的服务。各地要从深入贯彻落实科学发展观、保障民生的全局和推进工伤保险事业全面发展的高度，将提高统筹层次作为完善工伤保险制度的一项重要任务，加大工作力度，切实加快推进工伤保险市级统筹工作。

(2) 进一步明确工伤保险市级统筹工作的重点。建立工伤保险市级统筹，核心是实现工伤保险基金统筹，关键是基金在全市范围统筹调剂使用，基础是统一参保缴费办法、待遇支付等项政策标准和规范工伤认定、劳动能力鉴定、工伤预防、工伤医疗和工伤康复等项管理服务。目前，尚未实现市级统筹的地区，应结合本地实际，明确工作重点。要统一参保范围和参保对象，按《工伤保险条例》和有关政策规定推进各类用人单位和职工参加工伤保险；统一行业差别费率标准，做好征缴工作；统一基金管理，实行全市基金收支预算管理制度，有条件的地区要实现基金统收统支，其他地区也要统一基金财务管理制度和使用办法，加大基金市级调剂力度，逐步实现全市范围内统一调度和使用基金；统一制定工伤认定和劳动能力鉴定办法，规范认定和鉴定程序；统一工伤保险待遇支付标准；统一经办流程和信息系统。

(3) 切实抓好工伤保险市级统筹的组织实施工作。实行工伤保险市级统筹是一项系统工程，各地要切实加强领导，密切配合，结合本地实际情况，制定推进工伤保险市级统筹的具体工作方案。要明确市、县（区）两级工伤保险机构职责划分，科学制定实行市级统筹的各项管理办法和工作程序，充分发挥市、县（区）两级工伤保险机构的作用，建立职责清晰、运行顺畅、服务便捷的工作机制，保障工作的顺利开展。要进一步加强基金征缴，规范基金管理，强化监督检查，确保工伤保险待遇及时足额支付，确保工伤保险基金安全。2010年年底，在全国范围内基本实现工伤保险市级统筹。在推进市级统筹工作中，有条件的省份要建立省级调剂金制度。在实行市级统筹后，仍存在统筹地区基金平衡问题的省份，可以探索建立工伤保险省级统筹。通过工伤保险统筹层次的提高，使工伤保险制度进一步完善，工伤职工的权益得到更好的保障。

第三章　对《工伤保险条例》的解读

工伤保险是对职工因工受伤、致残而暂时和永久丧失劳动能力或死亡时，由国家和社会提供基本生活保障的一种社会保险制度。职工因伤致残，及时获得治疗、相应的经济补偿及生活待遇，这是工伤保险作为保险模式的主要体现。《工伤保险条例》自 2004 年 1 月 1 日实施以来，工伤保险待遇享受范围和人数迅速增长，从统计数字来看，2005 年年底，工伤保险参保人数为 8 478 万人，到 2010 年 11 月参保人数为 1.61 亿人，增加 7 622 万人；2005 年参加工伤保险的农民工人数为 1 252 万人，到 2010 年 11 月参保人数达 6 276 万人，增加 5 024 万人，其中建筑施工企业参保人数最多，增长最快，农民工也因此成为工伤保险最主要的受益群体。工伤保险待遇标准也连续数年对伤残津贴、供养亲属抚恤金等长期待遇进行了提高。伴随着《工伤保险条例》的修改，一次性工亡补助金大幅度提高，一次性伤残补助金也有所增加，将进一步提高工伤保险的保障水平。

第一节　对总则和工伤保险基金的解读

在《工伤保险条例》第一章总则中，对工伤保险的法律依据、立法目的、适用范围、工伤保险费的征缴、用人单位在工伤保险工作中的责任、工伤保险工作行政管理部门和具体业务经办机构等事项作了规定。在第二章工伤保险基金中，对工伤保险基金的构成、工伤保险费率的确定、行业差别费率的调整、用人单位应当按时缴纳工伤保险费、工伤保险基金逐步实行省级统筹等事项作了规定。

一、对《工伤保险条例》总则的解读

总则一般对立法目的、依据、调整范围、基本原则以及其他一些重要问题作出规定，对全法起统领和指导作用，总则中的有关原则和制度，在其后的法律条文中一般都有具体体现和明确规定。

1. 关于《工伤保险条例》立法目的的规定

第一条规定：为了保障因工作遭受事故伤害或者患职业病的职工获得医疗救治和经济补偿，促进工伤预防和职业康复，分散用人单位的工伤风险，制定本条例。

这条是关于《工伤保险条例》立法目的的规定。

根据本条规定，《工伤保险条例》的立法目的主要有以下三个：

(1) 保障工伤职工的救治权与经济补偿权。工伤职工在遭受事故伤害或者患职业病以后，首先的权利是要得到及时、有效的抢救。在这方面所发生的运输、住院、检查诊断、治疗等费用，都要得到足额的保障，使受伤职工的伤害程度尽快得到有效的控制。其次，等到职工的病情稳定以后，要按照法定的程序进行评残，确定伤残等级，以便给予相应的一次性和长期性经济补偿。给工伤职工以救治和补偿，是工伤保险制度最主要的目的，在目前仍然是工伤保险制度的核心。

(2) 促进工伤预防与职业康复。以往的工伤保险制度一般只侧重对工伤职工的救治与赔偿，对工伤的预防与职业的康复重视不够。经过 100 多年的发展，各国的工伤保险制度已经慢慢地形成了预防、治疗、康复三结合的结构模式，对工伤的预防以及工伤职工的职业、生活、社会、心理等康复的关注程度在不断提高。在工伤保险费率的确定上，通过行业差别费率，特别是实行单位的费率浮动，可以促使单位搞好工伤事故的预防，以降低工伤事故发生率。对工伤职工的救济，也不只是停留在医疗上，而是将更多的精力放在职业能力的康复上，使社会资源获得最大的效益。

(3) 分散用人单位的工伤风险。尽管随着科学技术的进步，对工伤的预防水平已越来越高，但工伤事故的发生仍在所难免。工伤保险制度建立初期，也是由于很多单位在工伤事故发生以后，往往元气大伤，根本无法赔偿每一个工伤职工，更谈不上进一步的发展。为了分散单个雇主的风险，有必要由各个雇主提前缴费形成一个互助式的基金，以增强每个雇主的抵御工伤事故风险的能力。现代工伤保险制度仍然具有分散雇主责任的功能，并且随着时代的进步，在分散风险方面的机制已经越来越先进。在现代工伤保险制度中，通过实行行业差别费率制和单位的费率浮动制，进一步分散了行业与单位的风险。

此外，在理解条例的立法目的时，还需弄清工伤保险与人身意外伤害保险的关系。工伤保险属于社会保险中的一个项目，而人身意外伤害保险属于商业保险的范畴。工伤保险与人身意外伤害保险的关系，实质上是社会保险与商业保险的关系。社会保险与商业保险虽然都是保险，但两者在适用范围、基本原则、筹资办法、待遇水平等多方面均有不同。社会保险一般适用于全体公民，待遇较统一，强调社会的公平性，筹资来源于国家、单位、职工个人等多方面；而商业保险仅适用于存在缴费关系的投保人与保险公司之间，保险资金来源于投保人的缴费，保险待遇与缴费的多少以及保险基金的运营状况直接挂钩。可以说，社会保险是社会稳定的基本条件，而商业保险则是在能力许可的前提下，对部分人群的保险水平予以增加或者改进的部分。社会保险是基础，商业保险是补充，两者不能相互代替。对于大多数用人单位而言，参加社会保险是法定义务，而是否参加商业保险，则由各单位自行决定。因此，可能存在有的单位只参加社会保险不参加商业保险的情形，但不允许存在只参加商业保险不参加社会保险的情形。我国的法律法规并不排斥用人单位参加人身意外伤害保险，还鼓励用人单位与个人购买人身意外伤害保险，如在《建筑法》中还特别规定，建筑施工企业必须为从事危险作业的职工办理人身意外伤害保险，支付保险费。一个用人单位，如果既参加了工伤保险又购买了人身意外伤害保险，那么，其职工发生工伤后，除了按照《工伤保险条例》的规定享受相应的工伤保险待遇外，还可以根据与商业保险公司的合同约定，享受相应的商业保险待遇。

2. 关于工伤保险制度适用范围的规定

第二条规定：中华人民共和国境内的企业、事业单位、社会团体、民办非企业单位、基金会、律师事务所、会计师事务所等组织和有雇工的个体工商户（以下称用人单位）应当依照本条例规定参加工伤保险，为本单位全部职工或者雇工（以下称职工）缴纳工伤保险费。

中华人民共和国境内的企业、事业单位、社会团体、民办非企业单位、基金会、律师事务所、会计师事务所等组织的职工和个体工商户的雇工，均有依照本条例的规定享受工伤保险待遇的权利。

这条是关于工伤保险制度适用范围的规定。

本条所规定的企业，包括在中国境内的所有形式的企业，按照所有制划分，有国有企业、集体所有制企业、私营企业、外资企业；按照所在地域划分，有城镇企业、乡镇企业、境外企业；按照企业的组织结构划分，有公司、合伙、个人独资企业等。在这里，有两点需要说明：一是工伤保险制度在国家之间不能互免。目前，通过多边或者双边协定，一些国家可以对养老保险、失业保险等问题进行互免，但工伤保险却不能互免，而是需要参加营业地所在国的工伤保险制度。这就意味着来中国投资的外国企业需要参加中国的工伤保险制度，而到国外承包工程或者投资设厂的中国企业则需要参加所在国的工伤保险制度。二是在用人单位实行承包经营时，工伤保险责任应当由职工劳动关系所在单位承担。

按照社会保险的普遍性原则，社会组织的各类人员都应当参加工伤保险制度，以保护最广大职工的合法权益。我国的个体工商户在近些年有了很大的发展。虽然个体工商户中的工伤风险程度不同，但从社会保险的公平性出发，对这部分人群也需要予以保护。因此，《工伤保险条例》规定，有雇工的个体工商户应当参加工伤保险，由雇主为其雇员缴纳工伤保险费。同时，考虑到我国各地对个体工商户的监管力度、水平参差不齐，条例授权各地省级人民政府根据当地的实际情况，如个体经济的发展状况、本地的财政实力、监管水平等，规定个体工商户参加工伤保险的具体步骤和实施办法，如分几步走、什么时候全面推开；个体工商户的缴费费基如何核定、费率为多少、如何征收等。

条例要求所有的企业、有雇工的个体工商户都必须缴费参加工伤保险制度，主要是考虑这些单位的工伤风险程度相对较高，只有参加工伤保险基金统筹，才能分担雇主的风险，使工伤职工的权益能够得以保障。而对国家机关、事业单位等工伤风险相对较小的单位，其工伤保险制度的建立，条例在附则中作了规定。

3. 关于工伤保险费征缴的规定

第三条规定：工伤保险费的征缴按照《社会保险费征缴暂行条例》关于基本养老保险费、基本医疗保险费、失业保险费的征缴规定执行。

这条是关于工伤保险费征缴的规定。

关于社会保险费的征缴，1999 年 1 月，国务院发布施行了《社会保险费征缴暂行条例》，对基本养老保险、基本医疗保险、失业保险三个险种的保险费的征缴作了专门而详细的规定。同时，该条例还规定：省、自治区、直辖市人民政府根据本地的实际情况，决定《社会保险费征缴暂行条例》是否适用于工伤保险费和生育保险费的征缴。对工伤保险费的征缴，实际上处于各地不统一的状态。

为了扭转这种局面，建立统一的工伤保险制度，本条规定统一了工伤保险费的征缴工作，明确规定各地按照《社会保险费征缴暂行条例》关于基本养老保险费、基本医疗保险费、失业保险费的征缴规定进行工伤保险费的征缴工作，不再由各地自行决定。这样，工伤保险费的征缴就必须完全按照《社会保险费征缴暂行条例》的规定程序，由法定的部门及时足额地进行征缴。需要说明的是，根据《社会保险费征缴暂行条例》的规定，对这几项社会保险费的征收机构，各地由省级人民政府确定。

4. 关于用人单位在工伤保险工作中的责任规定

第四条规定：用人单位应当将参加工伤保险的有关情况在本单位内公示。

用人单位和职工应当遵守有关安全生产和职业病防治的法律法规，执行安全卫生规程和标准，预防工伤事故发生，避免和减少职业病危害。

职工发生工伤时，用人单位应当采取措施使工伤职工得到及时救治。

这条是关于用人单位在工伤保险工作中的责任规定。

用人单位是工伤保险制度中处于核心地位的主体。工伤保险工作的好坏，在很大程度上取决于用人单位。根据本条的规定，用人单位在工伤保险中主要承担以下责任：

（1）按照规定参加工伤保险，并将参保的情况在单位内公示。按照条例的规定，所有的企业和有雇工的个体工商户都必须参保。但在现实生活中，有的企业和个体工商户老板，为了节省用工成本，不愿参保，不向其员工如实反馈参保的情况。为此，《社会保险费征缴暂行条例》第十七条有与本条相似的规定：“缴费单位应当每年向本单位职工公布本单位全年社会保险费缴纳情况，接受职工监督。”至于公示的形式，一般为定期在单位的主要场所张贴海报，或者是向每位员工发放小册子或宣传材料；公示的内容包括缴费对象即每一个劳动者的姓名、每个人的缴费数额、缴费时间等。

（2）认真落实安全生产措施，做好工伤预防。工伤预防包括两个方面：一是按照《安全生产法》的有关规定，保证安全生产所必需的资金投入，设置安全生产管理机构或者配备专职安全生产管理人员，生产经营单位应当对从业人员进行安全生产教育和培训，保证从业人员具备必要的安全生产知识，熟悉有关的安全生产规章制度和安全操作规程，掌握本岗位的安全操作技能等；二是按照《职业病防治法》的有关规定，用人单位应当依照法律、法规要求，严格遵守国家职业卫生标准，落实职业病预防措施，从源头上控制和消除职业病危害。产生职业病危害的用人单位的设立，除应当符合法律、行政法规规定的设立条件外，其工作场所还应当符合职业卫生要求，用人单位必须采用有效的职业病防护设施，并为劳动者提供个人使用的职业病防护用品等。

（3）及时救治工伤职工。工伤救治是工伤保险的基本内容。由于工伤的发生现场大多是在用人单位，因此，用人单位承担着及时救治的责任。对受伤较轻的，可以到本单位的内部医疗机构进行简单的处理；对受伤较重的，则必须将伤者及时、稳妥地护送到附近的医疗机构进行抢救。各单位要有安全生产意识，一旦发生事故，能够迅速组织抢救。按照有关规定，事故单位需要及时、如实向有关部门报告，并采取一切可能的措施，将受伤职工送往医疗机构进行救治。不及时报告或者不采取措施使职工获得及时救治的，将受到法律的处罚。

5. 关于工伤保险工作行政管理部门和具体业务经办机构的规定

第五条规定：国务院社会保险行政部门负责全国的工伤保险工作。

县级以上地方各级人民政府社会保险行政部门负责本行政区域内的工伤保险工作。

社会保险行政部门按照国务院有关规定设立的社会保险经办机构（以下称经办机构）具体承办工伤保险事务。

这条是关于工伤保险工作行政管理部门和具体业务经办机构的规定。

社会保险行政部门负责工伤保险在内的社会保险工作。相对而言，国务院和省级社会保险行政部门更多的是进行政策的制定与指导；基层行政部门更多的是办理社会保险工作的具体管理事务。

负责全国工伤保险政策制定的部门是人力资源和社会保障部，其具体职责包括：拟定工伤保险的基本政策、改革方案和发展规划；拟定工伤保险费用社会统筹政策；拟定工伤保险行业差别费率及行业内费率档次；拟定工伤保险基金管理政策、规则；组织拟定工伤医疗的药品、诊疗和医疗服务设施的范围与支付标准；组织拟定工伤和职业病伤残等级鉴定标准和劳动能力鉴定办法；拟定劳动能力鉴定机构管理规则。

省、地、县各级社会保险行政部门在各自的行政区域内负责工伤保险的行政管理工作，其中地市级社会保险行政部门还要具体承担工伤认定的任务。

社会保险经办机构是按照有关规定成立的事业单位，在工伤保险工作中履行下列具体职责：

（1）根据省、自治区、直辖市人民政府的规定，征收工伤保险费。按照《社会保险费征缴暂行条例》的规定，社会保险费的征缴既可以由社会保险经办机构负责，也可以由税务机关代为征收，具体由哪个机构负责，由省级人民政府确定。如果当地省级人民政府决定由社会保险经办机构负责征收，那么，经办机构就负有征收工伤保险费的职责。

（2）核查用人单位的工资总额和职工人数，办理工伤保险登记，并负责保存单位缴费和职工享受工伤保险待遇情况的记录。这一工作是工伤保险基金收支管理的基础，需要运用计算机手段进行。

（3）进行工伤保险的调查、统计，及时向社会保障行政部门反馈，以便掌握基金的收支平衡状况，适时调整单位的缴费费率。

（4）按照规定管理工伤保险基金，包括基金的收支、管理与运营，使基金保值增值。

（5）按照规定核定工伤保险待遇。工伤认定属行政行为，由社会保障行政部门作出，劳动能力鉴定由鉴定委员会作出，实行两级鉴定终局制。经办机构要在工伤认定以及劳动能力鉴定结论作出之日起30日内，核定工伤职工的工伤保险待遇。

（6）监督工伤医疗费用、康复费用、辅助器具费用使用情况。在平等协商的基础上，由经办机构与医疗机构、辅助器具配置机构签订服务协议，并按照协议对这些机构的服务质量、有关费用的使用情况进行监督。

（7）为工伤职工或者其亲属提供免费咨询服务。经办机构具体负责工伤保险待遇的核定，掌握着工伤保险方面的各种资料，由其提供咨询服务十分方便。此外，为了体现经办机构为工伤职工服务、切实维护工伤职工权益的宗旨，条例特别规定经办机构在提供咨询服务时不得收取费用。

6. 关于征求雇主代表、雇员代表意见的规定

第六条规定：社会保险行政部门等部门制定工伤保险的政策、标准，应当征求工会组织、用人单位代表的意见。

这条是关于行政部门在制定工伤保险政策、标准时应当征求雇主代表、雇员代表意见的规定。

工伤保险是一种社会保险，涉及国家、单位、职工等多方面的利益。在工伤保险政策和标准的制定中，除了要维护国家的利益外，还要充分保障职工的权益，但单位的利益也不能忽视，否则会影响到工伤保险制度的公平公正。因此，条例规定，社会保险行政部门

在制定工伤相关的政策、标准时，要征求工会组织和用人单位的意见。

本条规定的重要意义在于，它力图按照国际通行的“三方机制”原则，使行政部门制定的各项政策、标准更具有广泛的社会性。同时，也是为了保证政策的制定过程更加民主、公开，扩大群众参与的程度，使工伤保险的各项规定具有更坚实的群众基础。另外，也是建立一种监督机制，防止行政部门在制定各项政策时出现部门倾向。

二、对工伤保险基金的解读

在《工伤保险条例》第二章工伤保险基金中，对工伤保险基金的构成、工伤保险费率的确定、工伤保险基金统筹等事项作了规定。同时还严格要求，任何单位或者个人不得将工伤保险基金用于投资运营、兴建或者改建办公场所、发放奖金，或者挪作其他用途。

1. 关于工伤保险基金的构成

第七条规定：工伤保险基金由用人单位缴纳的工伤保险费、工伤保险基金的利息和依法纳入工伤保险基金的其他资金构成。

这条规定工伤保险基金由三部分组成，即工伤保险费、工伤保险基金利息和应当纳入保险基金的其他资金。工伤保险基金是工伤保险的基础，有充足的基金才能实现对工伤职工的保障。需要注意的是，工伤保险基金属于社会保险基金之一，应按照国务院和地方人民政府的规定实行强制性征收缴纳。

2. 关于工伤保险费率的确定

第八条规定：工伤保险费根据以支定收、收支平衡的原则，确定费率。

国家根据不同行业的工伤风险程度确定行业的差别费率，并根据工伤保险费使用、工伤发生率等情况在每个行业内确定若干费率档次。行业差别费率及行业内费率档次由国务院社会保险行政部门制定，报国务院批准后公布施行。

统筹地区经办机构根据用人单位工伤保险费使用、工伤发生率等情况，适用所属行业内相应的费率档次确定单位缴费费率。

这条是关于工伤保险费率的规定。

工伤保险基金按照所统筹支付的项目费用和发展工伤保险事业必须提取的费用及风险储备金的总量，根据以支定收、收支平衡的原则，确定费率。

(1)“以支定收、收支平衡”的含义。以支定收是指工伤保险费的收取要保证工伤保险待遇和各个项目的支出；收支平衡是指工伤保险费的收取和支出要平衡，既不能使工伤保险基金不能满足支出的需要，也不能使工伤保险基金有过多的结余和积累。

（2）工伤保险费率。根据不同行业的工伤风险来确定的，各统筹地区根据用人单位的工伤风险程度适用不同的费率。分为三种情况：一是风险较小的一类行业缴费基准费率，二是中等风险的二类行业缴费基准费率，三是风险较大的三类行业缴费基准费率。

（3）基准费率的浮动。用人单位属一类行业的，按行业基准费率缴费，不实行费率浮动。用人单位属二、三类行业的，费率实行浮动。用人单位的初次缴费费率由工伤保险经办机构根据用人单位"企业法人营业执照"或营业执照登记的经营范围，按不同行业类别的行业基准费率确定。以后由统筹地区工伤保险经办机构根据二、三类行业的用人单位工伤保险费使用、工伤发生率、职业病危害程度等因素，1～3年浮动一次。

3. 调整行业差别费率及行业内费率档次的规定

第九条规定：国务院社会保险行政部门应当定期了解全国各统筹地区工伤保险基金收支情况，及时提出调整行业差别费率及行业内费率档次的方案，报国务院批准后公布施行。

这条是调整行业差别费率及行业内费率档次的规定。

根据行业或企业工伤事故频率及风险概率实行行业差别费率和企业浮动费率，是发挥工伤保险事故预防功能最直接的手段，也是目前运用经济杠杆搞好企业生产的有效途径。

以"两项费率"为经济调节杠杆，可根据高危行业安全生产事故频率及风险概率，实行差别费率和浮动费率。确定合理的费率和费率差，应与企业的安全生产状况、职业危险程度等直接挂钩，尤其是企业的浮动费率应以上年企业的工伤事故频率、作业环境、安全措施的改善和预防费用的投入以及员工的安全教育、企业法人安全意识等综合因素为依据定时调整，优则下浮，差则上调，以激励行业或企业抓好安全生产的积极性和主动性。

4. 关于用人单位按时缴纳工伤保险费的规定

第十条规定：用人单位应当按时缴纳工伤保险费。职工个人不缴纳工伤保险费。

用人单位缴纳工伤保险费的数额为本单位职工工资总额乘以单位缴费费率之积。

对难以按照工资总额缴纳工伤保险费的行业，其缴纳工伤保险费的具体方式，由国务院社会保险行政部门规定。

这条是关于用人单位缴纳工伤保险费的规定。

按照规定，用人单位应当按时缴纳工伤保险费。同时明确，职工个人不缴纳工伤保险费。

劳动者在工作或劳动过程中意外发生事故并造成伤害，具体原因多种多样且错综复杂，但是归根结底是由于工业化产生的。道理很简单，人使用机器才会发生机械伤害，用电就会有触电伤亡的危险，下井挖煤就会有发生井下事故和患尘肺病的危险，在化工厂工作或使用化学品就会有发生职业中毒的危险等。早在19世纪末，英、法、德等早期工业化国家就确认了“职业危险原则”：凡是利用雇员以体力或机器从事经济活动的雇主或机构就有可能使雇员受到职业方面的伤害。这就是说，工业化给社会创造财富的同时，也容易发生难以抗拒的人身意外伤害和职业病危害。“职业危险原则”还确认了雇主负责职业伤害赔偿的必要性和对受伤害工人实行“无过失赔偿”的合理性。这就是用人单位应缴纳工伤保险费，职工个人不缴纳工伤保险费的道理。

“难以按照工资总额缴纳工伤保险费的行业”，一般是指建筑施工企业、小型服务企业和小型矿山企业。对这类行业企业缴纳工伤保险费的具体方式，由国务院社会保险行政部门规定。

5. 关于工伤保险基金逐步实行省级统筹的规定

第十一条规定：工伤保险基金逐步实行省级统筹。

跨地区、生产流动性较大的行业，可以采取相对集中的方式异地参加统筹地区的工伤保险。具体办法由国务院社会保险行政部门会同有关行业的主管部门制定。

这条是关于工伤保险基金逐步实行省级统筹的规定。

通常，统筹层次越高，基金规模越大，化解风险能力越强，因此，实现工伤保险基金逐步实行省级统筹，是未来的发展方向。2010 年 3 月 15 日，人力资源和社会保障部下发《关于推进工伤保险市级统筹有关问题的通知》（人社部发［2010］20号），要求建立工伤保险市级统筹，进一步贯彻落实工伤保险条例，完善工伤保险制度，推进工伤保险事业发展。

6. 关于工伤保险基金管理的规定

第十二条规定：工伤保险基金存入社会保障基金财政专户，用于本条例规定的工伤保险待遇，劳动能力鉴定，工伤预防的宣传、培训等费用，以及法律、法规规定的用于工伤保险的其他费用的支付。

工伤预防费用的提取比例、使用和管理的具体办法，由国务院社会保险行政部门会同国务院财政、卫生行政、安全生产监督管理等部门规定。

任何单位或者个人不得将工伤保险基金用于投资运营、兴建或者改建办公场所、发放奖金，或者挪作其他用途。

这条是关于工伤保险基金管理的规定。

按照规定，工伤保险基金存入社会保障基金财政专户，任何单位或者个人不得将工伤保险基金用于投资运营、兴建或者改建办公场所、发放奖金，或者挪作其他用途。

7. 关于工伤保险基金应当留有一定比例储备金的规定

第十三条规定：工伤保险基金应当留有一定比例的储备金，用于统筹地区重大事故的工伤保险待遇支付；储备金不足支付的，由统筹地区的人民政府垫付。储备金占基金总额的具体比例和储备金的使用办法，由省、自治区、直辖市人民政府规定。

这条是关于工伤保险基金储备金的规定。

工伤保险基金留有一定比例的储备金，用于统筹地区重大事故的工伤保险待遇支付，也是预防和应对重特大事故的一个措施。按照《生产安全事故报告和调查处理条例》的规定，重大事故是指造成10人以上30人以下死亡，或者50人以上100人以下重伤，或者5 000万元以上1亿元以下直接经济损失的事故。工伤保险储备金的主要功能是为了保障在重大事故中受伤的职工能够得到及时救助，同时强调了政府的职能，在保险储备金不足时，政府有先行垫付的义务。

第二节　工伤认定相关规定与解读

工伤认定是劳动者在工作或视同工作过程中因操作不当或其他原因造成了对人身的侵害，为了鉴定该侵害的主体而对过程进行定性的行为。根据相关规定，工伤认定由劳动行政部门来确认。工伤认定是劳动行政部门依据法律的授权对职工因事故伤害（或者患职业病）是否属于工伤或者视同工伤给予定性的行政确认行为，确认的结果有四种，即工伤、非工伤、视同工伤、不视同工伤。根据《工伤保险条例》的规定，工伤包括因工伤亡事故和职业病。

一、工伤认定的有关规定

工伤认定政策是工伤保险制度的重要组成部分，在实施中有较多难点和争议，对此，《工伤保险条例》第三章工伤认定中，对工伤范围及其认定作出了基本规定。此外，根据《工伤保险条例》的有关规定，为规范工伤认定程序，依法进行工伤认定，维护当事人的合法权益，2010年12月31日，人力资源和社会保障部公布《工伤认定办法》（人力资源和社会保障部令第8号），自2011年1月1日起施行，对工伤认定相关事项也作了进一步规定。

1. 工伤认定政策的意义和沿革

工伤保险制度是在界定保险的对象和范围的基础上建立的，受保对象是与用人单位形成劳动关系的劳动者，享受保险待遇的范围是受保劳动者中的工伤人员。因此，确定工伤范围，区别工伤与非工伤的界限是工伤保险制度的基本原则之一，认定职工工伤是保护劳动者权益的前提条件。

工伤又称职业伤害，传统意义的工伤是指生产、工作事故伤害和职业病伤害。职业伤害的基本含义，一方面是指职业行为（或者说劳动行为、工作行为、职务行为等）所致，即在职业活动中由于职业危险因素所造成；另一方面是指造成人身伤害的后果，即暂时或永久丧失劳动能力及死亡并引起工资收入损失。这是制定工伤认定政策和具体确认工伤的基本点。

工伤范围随着经济发展、社会进步和对劳动者保护的加强而逐步扩大，例如把上下班通勤事故、参加抢险救灾救人发生的事故列为工伤，这些非生产性事故往往与职工的生产工作行为有密切关系，或者与他们履行社会义务有直接关系。工伤范围的扩大就是劳动者“安全网”的扩大，符合工伤保险制度的宗旨，符合现代企业实现经济效益与社会效益相统一的要求，是经济、社会发展进步的表现。

规定排除工伤的政策与“无责任补偿原则”不相冲突。国际劳工公约规定“严重失职行为”排除在工伤之外，因为故意伤害他人或伤害自己的行为，并不是职业行为和生产工作中的意外事故，“无责任补偿原则”只适用于生产工作中的意外伤害或不可抗力的事故。制定工伤认定政策时，需要把生产工作过程中的故意伤害行为列举出来，明确规定不算工伤，这有利于教育防范，如果相应的管理措施跟上去，定能加强职业安全和劳动管理。

2.《工伤保险条例》有关工伤认定的规定

在《工伤保险条例》第三章工伤认定中，对工伤认定的不同情况作出相应的规定。

第十四条规定：职工有下列情形之一的，应当认定为工伤：

（一）在工作时间和工作场所内，因工作原因受到事故伤害的。

（二）工作时间前后在工作场所内，从事与工作有关的预备性或者收尾性工作受到事故伤害的。

（三）在工作时间和工作场所内，因履行工作职责受到暴力等意外伤害的。

（四）患职业病的。

（五）因工外出期间，由于工作原因受到伤害或者发生事故下落不明的。

（六）在上下班途中，受到非本人主要责任的交通事故或者城市轨道交通、客运轮渡、火车事故伤害的。

（七）法律、行政法规规定应当认定为工伤的其他情形。

第十五条规定：职工有下列情形之一的，视同工伤：

（一）在工作时间和工作岗位，突发疾病死亡或者在48小时之内经抢救无效死亡的。

（二）在抢险救灾等维护国家利益、公共利益活动中受到伤害的。

（三）职工原在军队服役，因战、因公负伤致残，已取得革命伤残军人证，到用人单位后旧伤复发的。

职工有前款第（一）项、第（二）项情形的，按照本条例的有关规定享受工伤保险待遇；职工有前款第（三）项情形的，按照本条例的有关规定享受除一次性伤残补助金以外的工伤保险待遇。

第十六条规定：职工符合本条例第十四条、第十五条的规定，但是有下列情形之一的，不得认定为工伤或者视同工伤：

（一）故意犯罪的。

（二）醉酒或者吸毒的。

（三）自残或者自杀的。

在工伤认定实践中，以在工作时间和工作场所内，因工作原因受到事故伤害的；工作时间前后在工作场所内，从事与工作有关的预备性或者收尾性工作受到事故伤害的这两种最为多见，也最容易认定为工伤，通常较少发生争议和纠纷。

在工作时间和工作场所内，因履行工作职责受到暴力等意外伤害的情况，在安全管理比较规范的企业较少见，在安全管理不规范的企业，这种情况发生较多。这种情形的要点是职工（特别是管理人员）依法履行职务职责时遭受对方暴力报复所造成的伤害。履行职务职责受到伤害的是工伤，施行暴力伤害他人的则是违法犯罪行为。认定要点是：①履行职务职责并使用合法手段；②发生在工作场所内；③排除私怨结仇。

3. 工伤认定实施中有关问题的意见

2004年11月1日，劳动和社会保障部印发《关于实施〈工伤保险条例〉若干问题的意见》（劳社部函［2004］256号）。《意见》指出，《工伤保险条例》（以下简称条例）已于2004年1月1日起施行。现就条例实施中的有关问题提出如下意见：

（1）职工在两个或两个以上用人单位同时就业的，各用人单位应当分别为职工缴纳工伤保险费。职工发生工伤，由职工受到伤害时其工作的单位依法承担工伤保险责任。

（2）条例第十四条规定“上下班途中，受到机动车事故伤害的，应当认定为工伤”。这里“上下班途中”既包括职工正常工作的上下班途中，也包括职工加班加点的上下班途中。“受到机动车事故伤害的”既可以是职工驾驶或乘坐的机动车发生事故造成的，也可以是职工因其他机动车事故造成的。

（3）条例第十五条规定“职工在工作时间和工作岗位，突发疾病死亡或者在48小时之内经抢救无效死亡的，视同工伤”。这里“突发疾病”包括各类疾病。“48小时”的起算时间，以医疗机构的初次诊断时间作为突发疾病的起算时间。

（4）条例第十七条第二款规定的有权申请工伤认定的“工会组织”包括职工所在用人单位的工会组织以及符合《中华人民共和国工会法》规定的各级工会组织。

(5) 用人单位未按规定为职工提出工伤认定申请，受到事故伤害或者患职业病的职工或者其直系亲属、工会组织提出工伤认定申请，职工所在单位是否同意（签字、盖章），不是必经程序。

(6) 条例第十七条第四款规定“用人单位未在本条第一款规定的时限内提交工伤认定申请的，在此期间发生符合本条例规定的工伤待遇等有关费用由该用人单位负担”。这里用人单位承担工伤待遇等有关费用的期间是指从事故伤害发生之日或职业病确诊之日起到劳动保障行政部门受理工伤认定申请之日止。

(7) 条例第三十六条规定的工伤职工旧伤复发，是否需要治疗应由治疗工伤职工的协议医疗机构提出意见，有争议的由劳动能力鉴定委员会确认。

(8) 职工因工死亡，其供养亲属享受抚恤金待遇的资格，按职工因工死亡时的条件核定。

二、工伤认定操作程序的有关规定

1. 工伤认定的实施操作

在《工伤保险条例》第三章工伤认定中，对工伤认定的实际操作程序、要求等作出相应的规定。

第十七条规定：职工发生事故伤害或者按照职业病防治法规定被诊断、鉴定为职业病，所在单位应当自事故伤害发生之日或者被诊断、鉴定为职业病之日起30日内，向统筹地区社会保险行政部门提出工伤认定申请。遇有特殊情况，经报社会保险行政部门同意，申请时限可以适当延长。

用人单位未按前款规定提出工伤认定申请的，工伤职工或者其近亲属、工会组织在事故伤害发生之日或者被诊断、鉴定为职业病之日起1年内，可以直接向用人单位所在地统筹地区社会保险行政部门提出工伤认定申请。

按照本条第一款规定应当由省级社会保险行政部门进行工伤认定的事项，根据属地原则由用人单位所在地的设区的市级社会保险行政部门办理。

用人单位未在本条第一款规定的时限内提交工伤认定申请，在此期间发生符合本条例规定的工伤待遇等有关费用由该用人单位负担。

第十八条规定：提出工伤认定申请应当提交下列材料：

（一）工伤认定申请表。

（二）与用人单位存在劳动关系（包括事实劳动关系）的证明材料。

（三）医疗诊断证明或者职业病诊断证明书（或者职业病诊断鉴定书）。

工伤认定申请表应当包括事故发生的时间、地点、原因以及职工伤害程度等基本情况。

工伤认定申请人提供材料不完整的，社会保险行政部门应当一次性书面告知工伤认定申请人需要补正的全部材料。申请人按照书面告知要求补正材料后，社会保险行政部门应当受理。

第十九条规定：社会保险行政部门受理工伤认定申请后，根据审核需要可以对事故伤害进行调查核实，用人单位、职工、工会组织、医疗机构以及有关部门应当予以协助。职业病诊断和诊断争议的鉴定，依照职业病防治法的有关规定执行。对依法取得职业病诊断证明书或者职业病诊断鉴定书的，社会保险行政部门不再进行调查核实。

职工或者其近亲属认为是工伤，用人单位不认为是工伤的，由用人单位承担举证责任。

第二十条规定：社会保险行政部门应当自受理工伤认定申请之日起 60 日内作出工伤认定的决定，并书面通知申请工伤认定的职工或者其近亲属和该职工所在单位。

社会保险行政部门对受理的事实清楚、权利义务明确的工伤认定申请，应当在 15 日内作出工伤认定的决定。

作出工伤认定决定需要以司法机关或者有关行政主管部门的结论为依据的，在司法机关或者有关行政主管部门尚未作出结论期间，作出工伤认定决定的时限中止。

社会保险行政部门工作人员与工伤认定申请人有利害关系的，应当回避。

2.《工伤认定办法》相关事项的规定

《工伤认定办法》相关规定主要有：

第三条规定：工伤认定应当客观公正、简捷方便，认定程序应当向社会公开。

第四条规定：职工发生事故伤害或者按照职业病防治法规定被诊断、鉴定为职业病，所在单位应当自事故伤害发生之日或者被诊断、鉴定为职业病之日起 30 日内，向统筹地区社会保险行政部门提出工伤认定申请。遇有特殊情况，经报社会保险行政部门同意，申请时限可以适当延长。

按照前款规定应当向省级社会保险行政部门提出工伤认定申请的，根据属地原则应当向用人单位所在地设区的市级社会保险行政部门提出。

第五条规定：用人单位未在规定的时限内提出工伤认定申请的，受伤害职工或者其近亲属、工会组织在事故伤害发生之日或者被诊断、鉴定为职业病之日起 1 年内，可以直接按照本办法第四条规定提出工伤认定申请。

第六条规定：提出工伤认定申请应当填写《工伤认定申请表》，并提交下列材料：

（一）劳动、聘用合同文本复印件或者与用人单位存在劳动关系（包括事实劳动关系）、人事关系的其他证明材料。

（二）医疗机构出具的受伤后诊断证明书或者职业病诊断证明书（或者职业病诊断鉴定书）。

第七条规定：工伤认定申请人提交的申请材料符合要求，属于社会保险行政部门管辖范围且在受理时限内的，社会保险行政部门应当受理。

第八条规定：社会保险行政部门收到工伤认定申请后，应当在15日内对申请人提交的材料进行审核，材料完整的，作出受理或者不予受理的决定；材料不完整的，应当以书面形式一次性告知申请人需要补正的全部材料。社会保险行政部门收到申请人提交的全部补正材料后，应当在15日内作出受理或者不予受理的决定。

社会保险行政部门决定受理的，应当出具《工伤认定申请受理决定书》；决定不予受理的，应当出具《工伤认定申请不予受理决定书》。

第九条规定：社会保险行政部门受理工伤认定申请后，可以根据需要对申请人提供的证据进行调查核实。

第十条规定：社会保险行政部门进行调查核实，应当由两名以上工作人员共同进行，并出示执行公务的证件。

第十一条规定：社会保险行政部门工作人员在工伤认定中，可以进行以下调查核实工作：

（一）根据工作需要，进入有关单位和事故现场。

（二）依法查阅与工伤认定有关的资料，询问有关人员并作出调查笔录。

（三）记录、录音、录像和复制与工伤认定有关的资料。调查核实工作的证据收集参照行政诉讼证据收集的有关规定执行。

第十二条规定：社会保险行政部门工作人员进行调查核实时，有关单位和个人应当予以协助。用人单位、工会组织、医疗机构以及有关部门应当负责安排相关人员配合工作，据实提供情况和证明材料。

第十三条规定：社会保险行政部门在进行工伤认定时，对申请人提供的符合国家有关规定的职业病诊断证明书或者职业病诊断鉴定书，不再进行调查核实。职业病诊断证明书或者职业病诊断鉴定书不符合国家规定的要求和格式的，社会保险行政部门可以要求出具证据部门重新提供。

第十四条规定：社会保险行政部门受理工伤认定申请后，可以根据工作需要，委托其他统筹地区的社会保险行政部门或者相关部门进行调查核实。

第十五条规定：社会保险行政部门工作人员进行调查核实时，应当履行下列义务：

（一）保守有关单位商业秘密以及个人隐私。

（二）为提供情况的有关人员保密。

第十六条规定：社会保险行政部门工作人员与工伤认定申请人有利害关系的，应当回避。

第十七条规定：职工或者其近亲属认为是工伤，用人单位不认为是工伤的，由该用人单位承担举证责任。用人单位拒不举证的，社会保险行政部门可以根据受伤害职工提供的证据或者调查取得的证据，依法作出工伤认定决定。

第十八条规定：社会保险行政部门应当自受理工伤认定申请之日起60日内作出工伤认定决定，出具《认定工伤决定书》或者《不予认定工伤决定书》。

第十九条规定：《认定工伤决定书》应当载明下列事项：

（一）用人单位全称。

（二）职工的姓名、性别、年龄、职业、身份证号码。

（三）受伤害部位、事故时间和诊断时间或职业病名称、受伤害经过和核实情况、医疗救治的基本情况和诊断结论。

（四）认定工伤或者视同工伤的依据。

（五）不服认定决定申请行政复议或者提起行政诉讼的部门和时限。

（六）作出认定工伤或者视同工伤决定的时间。

《不予认定工伤决定书》应当载明下列事项：

（一）用人单位全称。

（二）职工的姓名、性别、年龄、职业、身份证号码。

（三）不予认定工伤或者不视同工伤的依据。

（四）不服认定决定申请行政复议或者提起行政诉讼的部门和时限。

（五）作出不予认定工伤或者不视同工伤决定的时间。

《认定工伤决定书》和《不予认定工伤决定书》应当加盖社会保险行政部门工伤认定专用印章。

第二十条规定：社会保险行政部门受理工伤认定申请后，作出工伤认定决定需要以司法机关或者有关行政主管部门的结论为依据的，在司法机关或者有关行政主管部门尚未作出结论期间，作出工伤认定决定的时限中止，并书面通知申请人。

第二十一条规定：社会保险行政部门对于事实清楚、权利义务明确的工伤认定申请，应当自受理工伤认定申请之日起15日内作出工伤认定决定。

第二十二条规定：社会保险行政部门应当自工伤认定决定作出之日起20日内，将《认定工伤决定书》或者《不予认定工伤决定书》送达受伤害职工（或者其近亲属）和用人单位，并抄送社会保险经办机构。

《认定工伤决定书》和《不予认定工伤决定书》的送达参照民事法律有关送达的规定执行。

第二十三条规定：职工或者其近亲属、用人单位对不予受理决定不服或者对工伤认定决定不服的，可以依法申请行政复议或者提起行政诉讼。

第二十四条规定：工伤认定结束后，社会保险行政部门应当将工伤认定的有关资料保存50年。

第二十五条规定：用人单位拒不协助社会保险行政部门对事故伤害进行调查核实的，由社会保险行政部门责令改正，处2 000元以上2万元以下的罚款。

三、工伤认定难点问题的解释说明

1. 工伤认定有关概念的理解

（1）对“工作时间”概念的理解。“工作时间”包括法律及单位制度下的标准工作时间和临时性工作时间以及不定时工作制下的不定时工作时间。不能简单地理解为劳动时间，而应包括上下班途中时间、加班时间（包括自愿加班时间）、临时接受工作任务时间、因公出差期间、非法延长的工作时间等。

（2）对“工作场所”概念的理解。“工作场所”不能仅仅理解为狭义上的劳动场所，具体包括所有场所、指派外出工作场所及路线、上下班路线等。

（3）对“因工作原因受到事故伤害”概念的理解。“因工作原因受到事故伤害”既包括职工在工作时间和工作场所内，因从事生产经营活动直接导致的事故伤害，也包括在工作过程中职工临时解决合理必需的生理需要时由于本单位不安全因素造成的意外伤害。用人单位安排或组织职工参加文体活动，应作为工作原因。用人单位组织职工观光、旅游、休假等活动，一般不能作为工作原因。职工利用工作之名吃喝玩乐或者从事涉及领导或个人私利的活动，不能作为工作原因。

（4）对“从事与工作有关的预备性或者收尾性工作”概念的理解。“从事与工作有关的预备性或者收尾性工作”主要是指在法律规定的或者单位要求的开始工作时间之前的一段合理时间内，以及在法律规定的或者单位要求的结束工作时间之后的一段合理时间内，职工在工作场所内从事本职工作或者与领导指派的其他工作有关的相关准备工作。例如，甲是一名机床操作工，下班后从事清洗机床的收尾性工作，不慎被机床上掉下来的机器部件砸伤。又如，张某是办公室内勤人员，提前10分钟上班到办公室打扫卫生，不小心摔倒在地，造成伤害。

（5）对“因履行工作职责受到暴力等意外伤害”概念的理解。“因履行工作职责受到暴力等意外伤害”有两层含义：一是指在工作时间和工作场所内，职工因履行工作职责受到的暴力伤害，是他人因不服从职工履行工作职责的管理行为而施加暴力对职工造成的伤害，该暴力伤害与履行工作职责应具有直接因果关系；二是指职工在工作时间和工作场所内，由于意外因素导致的人身伤害。例如在施工工地上因高处落物受到的伤害等，在这种情况下，无论是从法理的角度还是从工伤保险的基本精神来讲，都应将其纳入工伤的范围。

（6）对“因工外出期间”概念的理解。“因工外出期间”既包括职工受单位指派出差到外地，也包括职工根据工作性质要求并经单位授权自行决定到外地厂从事有关公务活动的时间和区域。

（7）对“下落不明”概念的理解。“下落不明”，以法院宣告的裁定书为依据。

2. 关于上下班途中的工伤认定范围

新《条例》规定，在上下班途中，受到非本人主要责任的交通事故或者城市轨道交通、客运轮渡、火车事故伤害的。

新《条例》将职工上下班途中受到的机动车和非机动车交通事故伤害都纳入工伤认定范围。为减少道德风险，新《条例》作了适当限定。对于交通事故，是指《道路交通安全法》所称的在道路上发生的机动车和非机动车交通事故，将电动车等非机动车事故纳入，但是在小区和车库等非道路上发生的事故不是交通事故；发生事故后，需经交通管理等部门作出“非本人主要责任”的认定，这些部门包括铁路、交通、海事等部门；对无证驾驶、驾驶无证车辆、饮酒后驾驶、闯红灯等交通违法行为，交通管理部门将出具属于本人主要责任的认定；对“上下班途中”的理解，应作“合理时间”和“合理路线”的限定。另外，注意加班情形和合理绕道情形的处理。

3. 关于不得认定为工伤的情形调整

《社会保险法》第三十七条规定不得认定为工伤的情形有：故意犯罪，醉酒或者吸毒，自残或者自杀，法律、行政法规规定的其他情形。据此，修订后的《工伤保险条例》删除了因过失犯罪、违反治安管理行为导致事故伤害不得认定为工伤的规定，增加了职工因吸毒导致事故伤害不得认定为工伤的规定。2011 年 2 月 25 日，《刑法修正案（八）》已将醉驾列为犯罪行为。

（1）关于故意犯罪的定义。《刑法》第十四条规定：明知自己的行为会发生危害社会的结果，并且希望或者放任这种结果发生，因而构成犯罪的，是故意犯罪。因此，只有《刑法》规定的危害社会的行为，才是犯罪。

（2）关于醉酒的认定。对于醉酒的认定，统一根据行为人体内的酒精含量来判定是否醉酒，即参照 GB 19522—2004《车辆驾驶人员血液、呼气酒精含量阈值与检验》执行。

4. 工伤认定需要注意解决的问题

修订后的《工伤保险条例》简化了工伤认定程序，设置了工伤认定的简易处理程序，对于事实清楚、双方无争议的工伤认定申请的认定时限，由原来规定的 60 天缩短为 15 天，并取消了工伤认定争议处理中行政复议前置的规定，大大缩短了工伤认定时间。

做好工伤认定工作，需要注意的问题主要有：

（1）要根据事实、证据和依据工伤认定政策。认定工伤只能依据工伤保险的政策规定，而不能依据伤亡事故报告和统计的规定；排除工伤的，除了要有充足的事实外，还要有主管部门的结论意见。例如，确实因犯罪或违法、自杀或自残、斗殴等而排除工伤的，要有公安、司法部门的结论意见；因故意犯罪、酗酒而排除工伤的，要有公安部门的结论意见；属于交通事故的，要有交警部门的结论意见。

（2）按照属地原则，分级负责，不能把矛盾上交。无论是地方企业还是中央企业，应向所在地的地市级社会保险行政部门报告和申请，就地及时处理。当地社会保险行政部门要认真负责，及时妥善解决。

（3）既要承认劳动合同确定的劳动关系，也要承认事实劳动关系。有些企业不按规定签订劳动合同，发生工伤时就推卸责任，对此需要保护工伤职工利益，强调“谁用人、谁负责”，承认事实劳动关系。

第三节　劳动能力鉴定相关规定与解读

劳动能力鉴定是指法定机构对劳动者在职业活动中因工负伤或患职业病后，根据国家工伤保险法规规定，在评定伤残等级时通过医学检查对劳动功能障碍程度（伤残程度）和生活自理障碍程度作出的技术性判定结论。

对工伤职工进行劳动能力鉴定，是工伤保险制度的技术基础。为了使劳动能力鉴定适应我国当前社会经济发展的要求，保障因工作遭受事故伤害或者患职业病的劳动者获得医疗救治和经济补偿，对工伤或患职业病劳动者的伤残程度作出更加客观、科学的技术鉴定，需要制定准确、全面、科学的鉴定标准，这也是做好劳动能力鉴定的一项重要基础性工作。

一、劳动能力鉴定的作用和政策依据

当劳动者发生工伤、患职业病和因病或非因工负伤时，首先需要治疗和休息，处于暂时丧失劳动能力状态；经过治疗后，一种情况是痊愈恢复劳动能力，另一种情况是造成残疾，不同程度地丧失劳动能力。在这些情况下，如何按照《劳动法》的规定，保障职工的劳动权利和享受社会保险权利？简单来说，就要制定劳动能力鉴定标准，进行劳动能力鉴定，实施相应的劳动就业政策和社会保障政策。劳动能力鉴定为正确审批职工因工、因病或非因工负伤完全丧失劳动能力退休退职，合理确定因工致残待遇，正确批准职工病伤休假和复工提供了客观依据。

新中国成立以来，国家相关劳动保障法律法规对劳动能力鉴定制度都作出过规定，这是劳动能力鉴定的政策依据。主要有：

◆1953年《劳动保险条例》及其《实施细则》，规定职工因工负伤致残和因病或非因工负伤致残的，“其残废状况的确定与变更，由残废审查委员会审定”，并规定该机构的组成。

◆1957年由卫生部和全国总工会发文，将“残废审查委员会”改称“医务劳动鉴定委员会”，并制定工作通则。1958年和1978年，国务院两次制定的职工退休退职办法，都规定因工、因病致残完全丧失劳动能力退休退职，要“由医院证明，并经劳动鉴定委员会确认”。从此，鉴定机构称为“劳动鉴定委员会”。

◆1989年劳动部发出《关于健全劳动鉴定委员会和工作制度的通知》（劳险字［1989］23号），对加强劳动鉴定工作提出原则要求，以适应深化劳动制度和社会保险制度改革的需要。

◆1994年《劳动法》颁布后，劳动部发出相关文件重申：因工负伤丧失或者部分丧失劳动能力、因病在医疗期满后“不能从事原工作也不能从事由用人单位另行安排的工作”，由劳动鉴定委员会确定是否可以解除劳动合同。

◆1996年劳动部发布的《企业职工工伤保险试行办法》规定，各级劳动鉴定委员会执行工伤评残国家标准，伤残待遇的确定和工伤职工的安置以评定的伤残等级为主要依据。劳动鉴定和工伤评残是工伤保险制度的重要组成部分。

◆1996年，国家技术监督局批准《职工工伤与职业病致残程度鉴定》（GB/T 16180—1996），作为国家标准颁布实施。

◆2006年，国家技术监督局批准《职工工伤与职业病致残程度鉴定》（GB/T 16180—2006），作为国家标准颁布实施。

◆对于职工非因工伤残或因病丧失劳动能力后的劳动能力鉴定，以《职工非因工伤残或因病丧失劳动能力程度鉴定标准（试行）》（劳社部发［2002］8号）作为劳动能力鉴定的标准。

二、劳动能力鉴定的标准

劳动能力鉴定标准是进行劳动能力鉴定时所依据的尺度，是确定工伤职工伤残等级的标准，根据《工伤保险条例》的有关规定，劳动能力鉴定标准由国务院社会保险行政部门会同国务院卫生行政部门等部门制定。

目前，我国实施的工伤职工劳动能力鉴定标准是2006年国家发布的《职工工伤与职业病致残程度鉴定》（GB/T 16180—2006），这是工伤鉴定的国家标准。标准共分十级，其中符合标准一级至四级的为全部丧失劳动能力，五级至六级的为大部分丧失劳动能力，七级至十级的为部分丧失劳动能力。

2006年12月12日，劳动和社会保障部下发《关于做好新颁布的劳动能力鉴定标准组织实施工作的通知》（劳社厅函〔2006〕697号）。《通知》规定，国家标准化管理委员会颁布的国家标准《劳动能力鉴定 职工工伤与职业病致残等级》（GB/T 16180—2006）（以下简称新标准）将于2007年5月1日起实施。为做好新标准的实施工作，就有关事项通知如下：

1. 组织开展新标准的学习和宣传工作

劳动能力鉴定标准是工伤职工享受待遇的依据，关系工伤职工的切身利益，是工伤保险制度建设的重要方面。与原国家标准《职工工伤与职业病致残程度鉴定》相比，新标准在很多方面作了调整，如增加了引用标准，将医疗依赖划分为一般医疗依赖和特殊医疗依赖，将护理依赖与分级原则挂钩，取消了一些实践中争议较大的提法等。这些调整和变化直接影响着工伤职工的待遇水平，对新标准的学习和把握也直接关系着劳动保障部门的工作质量。各级劳动保障部门要把学习新标准作为当前的一项重点工作，抓紧抓好，制订学习计划，保证学习质量。各地要重视新标准的宣传工作，采取多种方式宣传新标准。要注重标准本身的宣传与典型案例的宣传相结合，要有针对性地面向企业、工伤职工以及与劳动能力鉴定工作相关的人员进行宣传。重点宣传新标准的基本精神和原则，争取社会各界与广大工伤职工及其家属和用人单位的理解与支持，为新标准实施创造一个良好的舆论氛围。

2. 做好新标准实施前的准备工作

各地劳动保障部门要尽快开展新标准实施前的各项准备工作。一是要调查摸底。摸清新标准实施前后伤残程度相同的工伤职工，按照新旧不同标准伤残等级将发生变化的人数，以及这些人数的等级具体变化情况。二是要对新旧标准衔接过程中可能遇到的问题和案例进行搜集汇总，并提出处理建议。

3. 做好新标准的培训工作

各地要高度重视新标准的培训工作，制订培训计划，保证培训质量。通过严格的培训，使各级劳动能力鉴定机构人员和劳动能力鉴定专家库的专家熟悉新标准的主要内容，把握依据新标准进行劳动能力鉴定的基本原则，增强劳动能力鉴定的科学性、准确性。

4. 积极做好新标准实施前的鉴定工作

新标准实施前，对于劳动能力鉴定的主体依法提出的符合受理条件的劳动能力鉴定申请，劳动能力鉴定委员会要依法及时受理，并应及时作出鉴定结论，不要等到新标准实施后再进行鉴定。

5. 加强组织领导，全面推进劳动能力鉴定工作

学习并运用新标准，全面推进劳动能力鉴定工作是各地劳动保障部门的重要职责。各地要把实施新标准与劳动能力鉴定程序化、鉴定人员专业化、鉴定依据标准化的劳动能力鉴定“三化”建设紧密结合起来，推进劳动能力鉴定制度建设再上新台阶。各地劳动保障部门要高度重视，切实加强组织领导，厅（局）主管领导要负责做好这项工作的组织实施，劳动能力鉴定机构要有专人负责新标准实施前的各项具体工作。

三、劳动能力鉴定的有关规定

1. 劳动能力鉴定相关事项说明

《工伤保险条例》在第四章劳动能力鉴定中规定，职工发生工伤，经治疗伤情相对稳定后存在残疾、影响劳动能力的，应当进行劳动能力鉴定。劳动能力鉴定是指劳动功能障碍程度和生活自理障碍程度的等级鉴定。

劳动功能障碍分为十个伤残等级，最重的为一级，最轻的为十级。

生活自理障碍分为三个等级：生活完全不能自理、生活大部分不能自理和生活部分不能自理。

劳动能力鉴定标准由国务院社会保险行政部门会同国务院卫生行政部门等部门制定。

劳动能力鉴定由用人单位、工伤职工或者其近亲属向设区的市级劳动能力鉴定委员会提出申请，并提供工伤认定决定和职工工伤医疗的有关资料。

省、自治区、直辖市劳动能力鉴定委员会和设区的市级劳动能力鉴定委员会分别由省、自治区、直辖市和设区的市级社会保险行政部门、卫生行政部门、工会组织、经办机构代表以及用人单位代表组成。

劳动能力鉴定委员会建立医疗卫生专家库。列入专家库的医疗卫生专业技术人员应当具备下列条件：一是具有医疗卫生高级专业技术职务任职资格，二是掌握劳动能力鉴定的相关知识，三是具有良好的职业品德。

设区的市级劳动能力鉴定委员会收到劳动能力鉴定申请后，应当从其建立的医疗卫生专家库中随机抽取 3 名或者 5 名相关专家组成专家组，由专家组提出鉴定意见。设区的市级劳动能力鉴定委员会根据专家组的鉴定意见作出工伤职工劳动能力鉴定结论；必要时，可以委托具备资格的医疗机构协助进行有关的诊断。

设区的市级劳动能力鉴定委员会应当自收到劳动能力鉴定申请之日起 60 日内作出劳动

能力鉴定结论，必要时，作出劳动能力鉴定结论的期限可以延长 30 日。劳动能力鉴定结论应当及时送达申请鉴定的单位和个人。

申请鉴定的单位或者个人对设区的市级劳动能力鉴定委员会作出的鉴定结论不服的，可以在收到该鉴定结论之日起 15 日内向省、自治区、直辖市劳动能力鉴定委员会提出再次鉴定申请。省、自治区、直辖市劳动能力鉴定委员会作出的劳动能力鉴定结论为最终结论。

劳动能力鉴定工作应当客观、公正。劳动能力鉴定委员会组成人员或者参加鉴定的专家与当事人有利害关系的，应当回避。

自劳动能力鉴定结论作出之日起 1 年后，工伤职工或者其近亲属、所在单位或者经办机构认为伤残情况发生变化的，可以申请劳动能力复查鉴定。

2.《工伤保险条例》有关工伤待遇的规定

《工伤保险条例》对工伤待遇作出相应规定，主要规定如下：

第三十条规定：职工因工作遭受事故伤害或者患职业病进行治疗，享受工伤医疗待遇。

职工治疗工伤应当在签订服务协议的医疗机构就医，情况紧急时可以先到就近的医疗机构急救。

治疗工伤所需费用符合工伤保险诊疗项目目录、工伤保险药品目录、工伤保险住院服务标准的，从工伤保险基金支付。工伤保险诊疗项目目录、工伤保险药品目录、工伤保险住院服务标准，由国务院社会保险行政部门会同国务院卫生行政部门、食品药品监督管理部门等部门规定。

职工住院治疗工伤的伙食补助费，以及经医疗机构出具证明，报经办机构同意，工伤职工到统筹地区以外就医所需的交通、食宿费用从工伤保险基金支付，基金支付的具体标准由统筹地区人民政府规定。

工伤职工治疗非工伤引发的疾病，不享受工伤医疗待遇，按照基本医疗保险办法处理。

工伤职工到签订服务协议的医疗机构进行工伤康复的费用，符合规定的，从工伤保险基金支付。

第三十一条规定：社会保险行政部门作出认定为工伤的决定后发生行政复议、行政诉讼的，行政复议和行政诉讼期间不停止支付工伤职工治疗工伤的医疗费用。

第三十二条规定：工伤职工因日常生活或者就业需要，经劳动能力鉴定委员会确认，可以安装假肢、矫形器、假眼、假牙和配置轮椅等辅助器具，所需费用按照国家规定的标准从工伤保险基金支付。

第三十三条规定：职工因工作遭受事故伤害或者患职业病需要暂停工作接受工伤医疗的，在停工留薪期内，原工资福利待遇不变，由所在单位按月支付。

停工留薪期一般不超过 12 个月。伤情严重或者情况特殊，经设区的市级劳动能力鉴定委员会确认，可以适当延长，但延长不得超过12个月。工伤职工评定伤残等级后，停发原待遇，按照本章的有关规定享受伤残待遇。工伤职工在停工留薪期满后仍需治疗的，继续享受工伤医疗待遇。

生活不能自理的工伤职工在停工留薪期需要护理的，由所在单位负责。

第三十四条规定：工伤职工已经评定伤残等级并经劳动能力鉴定委员会确认需要生活护理的，从工伤保险基金按月支付生活护理费。

生活护理费按照生活完全不能自理、生活大部分不能自理或者生活部分不能自理3个不同等级支付，其标准分别为统筹地区上年度职工月平均工资的50%、40%或者30%。

第三十五条规定：职工因工致残被鉴定为一级至四级伤残的，保留劳动关系，退出工作岗位，享受以下待遇：

（一）从工伤保险基金按伤残等级支付一次性伤残补助金，标准为：一级伤残为27个月的本人工资，二级伤残为25个月的本人工资，三级伤残为23个月的本人工资，四级伤残为21个月的本人工资。

（二）从工伤保险基金按月支付伤残津贴，标准为：一级伤残为本人工资的90%，二级伤残为本人工资的85%，三级伤残为本人工资的80%，四级伤残为本人工资的75%。伤残津贴实际金额低于当地最低工资标准的，由工伤保险基金补足差额。

（三）工伤职工达到退休年龄并办理退休手续后，停发伤残津贴，按照国家有关规定享受基本养老保险待遇。基本养老保险待遇低于伤残津贴的，由工伤保险基金补足差额。

职工因工致残被鉴定为一级至四级伤残的，由用人单位和职工个人以伤残津贴为基数，缴纳基本医疗保险费。

第三十六条规定：职工因工致残被鉴定为五级、六级伤残的，享受以下待遇：

（一）从工伤保险基金按伤残等级支付一次性伤残补助金，标准为：五级伤残为18个月的本人工资，六级伤残为16个月的本人工资。

（二）保留与用人单位的劳动关系，由用人单位安排适当工作。难以安排工作的，由用人单位按月发给伤残津贴，标准为：五级伤残为本人工资的70%，六级伤残为本人工资的60%，并由用人单位按照规定为其缴纳应缴纳的各项社会保险费。伤残津贴实际金额低于当地最低工资标准的，由用人单位补足差额。

经工伤职工本人提出，该职工可以与用人单位解除或者终止劳动关系，由工伤保险基金支付一次性工伤医疗补助金，由用人单位支付一次性伤残就业补助金。一次性工伤医疗补助金和一次性伤残就业补助金的具体标准由省、自治区、直辖市人民政府规定。

第三十七条规定：职工因工致残被鉴定为七级至十级伤残的，享受以下待遇：

（一）从工伤保险基金按伤残等级支付一次性伤残补助金，标准为：七级伤残为13个月的本人工资，八级伤残为11个月的本人工资，九级伤残为9个月的本人工资，十级伤残为7个月的本人工资。

（二）劳动、聘用合同期满终止，或者职工本人提出解除劳动、聘用合同的，由工伤保险基金支付一次性工伤医疗补助金，由用人单位支付一次性伤残就业补助金。一次性工伤医疗补助金和一次性伤残就业补助金的具体标准由省、自治区、直辖市人民政府规定。

第三十八条规定：工伤职工工伤复发，确认需要治疗的，享受本条例第三十条、第三十二条和第三十三条规定的工伤待遇。

第三十九条规定：职工因工死亡，其近亲属按照下列规定从工伤保险基金领取丧葬补助金、供养亲属抚恤金和一次性工亡补助金：

（一）丧葬补助金为6个月的统筹地区上年度职工月平均工资。

（二）供养亲属抚恤金按照职工本人工资的一定比例发给由因工死亡职工生前提供主要生活来源、无劳动能力的亲属。标准为：配偶每月40%，其他亲属每人每月30%，孤寡老人或者孤儿每人每月在上述标准的基础上增加10%。核定的各供养亲属的抚恤金之和不应高于因工死亡职工生前的工资。供养亲属的具体范围由国务院社会保险行政部门规定。

（三）一次性工亡补助金标准为上一年度全国城镇居民人均可支配收入的20倍。

伤残职工在停工留薪期内因工伤导致死亡的，其近亲属享受本条第一款规定的待遇。

一级至四级伤残职工在停工留薪期满后死亡的，其近亲属可以享受本条第一款第（一）项、第（二）项规定的待遇。

第四十条规定：伤残津贴、供养亲属抚恤金、生活护理费由统筹地区社会保险行政部门根据职工平均工资和生活费用变化等情况适时调整。调整办法由省、自治区、直辖市人民政府规定。

第四十一条规定：职工因工外出期间发生事故或者在抢险救灾中下落不明的，从事故发生当月起3个月内照发工资，从第4个月起停发工资，由工伤保险基金向其供养亲属按月支付供养亲属抚恤金。生活有困难的，可以预支一次性工亡补助金的50%。职工被人民法院宣告死亡的，按照本条例第三十九条职工因工死亡的规定处理。

第四十二条规定：工伤职工有下列情形之一的，停止享受工伤保险待遇：

（一）丧失享受待遇条件的。

（二）拒不接受劳动能力鉴定的。

（三）拒绝治疗的。

第四十三条规定：用人单位分立、合并、转让的，承继单位应当承担原用人单位的工伤保险责任；原用人单位已经参加工伤保险的，承继单位应当到当地经办机构办理工伤保险变更登记。

用人单位实行承包经营的，工伤保险责任由职工劳动关系所在单位承担。

职工被借调期间受到工伤事故伤害的，由原用人单位承担工伤保险责任，但原用人单位与借调单位可以约定补偿办法。

企业破产的，在破产清算时依法拨付应当由单位支付的工伤保险待遇费用。

第四十四条规定：职工被派遣出境工作，依据前往国家或者地区的法律应当参加当地工伤保险的，参加当地工伤保险，其国内工伤保险关系中止；不能参加当地工伤保险的，其国内工伤保险关系不中止。

第四十五条规定：职工再次发生工伤，根据规定应当享受伤残津贴的，按照新认定的伤残等级享受伤残津贴待遇。

第四节　工伤保险待遇相关规定的解读

工伤保险待遇是指职工因工发生暂时或永久人身健康或生命损害的一种补救和补偿，其作用是使伤残者的医疗、生活有保障，使工亡者遗属的基本生活得到保障。工伤保险待遇的高低、项目的多少，取决于国家或该地区的经济发展水平和人们的社会生活水平。

工伤保险待遇主要内容包括医疗康复待遇、伤残待遇和死亡赔偿待遇。医疗康复待遇包括治疗费、药费、住院费用，以及在规定的治疗期内的工资待遇。伤残待遇包括一级至十级工伤伤残职工的一次性伤残补助金；需要护理的，还可以享受生活护理费；需要安装辅助器具的，由基金支付费用。死亡赔偿待遇包括丧葬补助金、供养亲属抚恤金、一次性工亡补助金。

一、工伤赔偿国际公约和有关规定

在工业化生产过程中以及在各项社会服务工作中，不可避免地存在着各种危险因素，许多劳动者由于职业关系而暴露在危险因素中，从而有可能损害健康或危及生命，这被称为“职业危险原则”。

“职业危险原则”被认同后，工业化国家相继制定了工伤赔偿法律法规，特别是20世纪20年代，国际劳工组织通过制定工人赔偿公约，指导和推动了各国的工伤保险立法，使工伤赔偿有了国际基本标准。例如，在1925年《工人赔偿（事故）公约》和《工人赔偿（职业病）公约》的基础上，1964年通过了《工伤事故和职业病津贴公约》（第121号）。该公约和建议书要求，工伤待遇包括：免费医疗服务；暂时丧失工作能力（治疗中断工作期间）提供工伤津贴，最低标准为本人工资的60%；伤残津贴根据伤残程度发给，最严重者为本人工资的66%或75%；遗属津贴按家庭受益人计发，配偶为工资的30%，子女为

15%～20%，总额为60%。国际劳工组织提倡通过建立社会保险制度来实现工伤赔偿，由雇主直接支付待遇的雇主责任制办法要向社会保险过渡。

进入20世纪90年代后，全世界有156个国家和地区建立了工伤保险办法，除少数（约30多个国家和地区）实行雇主责任制外，大多数国家和地区实行社会保险制度。无论是雇主责任制还是社会保险制度，工伤赔偿都具有共同的惯例或规定。例如，依法强制赔偿；雇主负责赔偿，实行保险方式时，工人不缴纳保险费，而由雇主缴费；无过错赔偿，只根据工人受到职业伤害的事实，而不以区分雇主和雇员各负责任大小为前提等。这里需要说明的是，国际劳工组织于1925年通过了《关于本国与外国工人事故赔偿同等待遇公约》（第19号），中国政府签署并加入了该公约，至今我国继续承担该公约的义务，每5年向国际劳工局报告工伤保险制度变化和执行该公约的情况，这就要求我国工伤保险制度要与国际公约接轨。

应当指出，工伤待遇无过错赔偿和安全事故处理采取“四不放过”原则，两者的目的、要求和过程都有所不同。工伤待遇无过错赔偿建立在“职业危险原则”基础之上。无论雇主和雇员在一起具体事故中各负多少责任，作为生产经营者的雇主必须进行赔偿；同时，工人得到的赔偿也只占工资收入的大部分，而不是全额工资，更做不到赔偿生命健康损失。所以，无过错赔偿以雇主负责为前提，同时雇员也承担了一定责任，分担了风险。采取无过错原则而不具体追究责任大小，可以从宽从快处理工伤赔偿，确保安定，维持和谐的劳动关系。而对安全事故采取“四不放过”原则，是为了彻底查明原因，追究责任，强化管理，防止再发生类似事故，工作要求从严从细。因此，不能把办理这两件事的原则相混淆，也不能合并在一个工作程序里，如果等到事故结案再去处理工伤待遇，工伤保险也就失去了“减震器”的作用。

二、工伤保险待遇应遵循的原则

工伤保险待遇是职工在受到事故伤害和患职业病时获得的医疗救治和经济补偿。因此，必须保持一个相对公平和相对统一的待遇水平。所谓相对公平，就是在制定工伤保险待遇的标准时，要充分考虑社会总体经济状况和职工总体工资收入，使工伤职二的待遇水平适度，既不能偏高，也不能偏低。所谓相对统一，就是要考虑全国各地的工伤职工分布情况和地区差异，制定政策时，在工伤保险待遇项目和享受待遇条件方面不能各行其是。现行的工伤保险待遇，在待遇项目方面，国家统一进行了规定，而具体待遇标准则采取了中央和地方统筹兼顾的原则。一是要考虑相同等级的工伤职工，待遇支付比例要相同。二是要考虑工伤职工待遇与本地区职工生活水平相适应。所以，现行的工伤保险待遇，既有统一的规定，又与各地的实际工资水平相衔接，给地方一定的空间。

工伤保险待遇的制定应当遵循以下原则：

（1）要与生产力发展水平相适应。我国还属于发展中国家，虽有一定的经济基础，但待遇过高与生产力发展水平不相适应，会导致社会矛盾。

（2）要切实维护和保障劳动者的基本权益。无论是工伤保险待遇项目还是待遇水平，都要从维护和保障劳动者的基本权益来考虑，使工伤职工得到必要的经济补偿。

（3）考虑新老政策的平稳过渡。这不仅牵扯到老工伤人员与新工伤人员的待遇水平衔接问题，还涉及工伤保险待遇项目的衔接。《工伤保险条例》规定原有待遇水平不降低，保证了政策的平稳衔接。

（4）要有利于增强用人单位做好劳动保护和安全生产的责任。

（5）实行补偿与救助相结合。

工伤保险待遇的标准应当随着经济发展和生活水平的提高而变化，因此，工伤职工或供养亲属按月领取的长期待遇，是需要适时进行调整的。一般情况下，调整工伤保险待遇需要经过统筹地区人民政府批准。

三、发生工伤后所享受的工伤待遇

职工发生工伤后，所享受的待遇按照内容分类，大致分为三大类：第一类是医疗救治期间的待遇，第二类是经济补偿待遇，第三类是生活保障的长期待遇。

医疗救治期间的待遇主要包括工伤医疗待遇、住院伙食补助待遇、停工留薪期待遇三项。工伤医疗待遇是指工伤职工在抢救治疗和康复治疗以及职业病的治疗过程中，所发生的住院费用和门诊费用不需要个人负担；住院伙食补助待遇是指工伤职工住院治疗工伤期间的伙食费用的补贴；停工留薪期待遇是工伤职工发生工伤停止工作接受治疗期间，继续享受原工资福利的待遇。

经济补偿待遇包括一次性待遇和长期待遇。一次性待遇是指一次性的工伤保险待遇，包括一次性伤残补助金、一次性工伤医疗补助金和伤残就业补助金、一次性工亡补助金等。一次性伤残补助金是在职工发生工伤以后，停工留薪期满经过劳动能力鉴定，伤残达到等级的，按照不同的伤残等级享受一次性的伤残待遇；一次性工伤医疗补助金和伤残就业补助金是当工伤职工未达到退休年龄而劳动合同到期或者本人自愿解除劳动关系，因工伤医疗和就业的困难，给予的经济补偿，按照不同的伤残等级享受相应的一次性补偿；一次性工亡补助金和丧葬补助金是职工因工死亡后给予其直系亲属的经济补偿和丧葬费。

生活保障的长期待遇包括伤残津贴、生活护理费、供养亲属抚恤金三项。伤残津贴是指工伤职工完全丧失劳动能力或大部分丧失劳动能力时，由社会保险机构或用人单位按月支付的生活保障待遇。伤残津贴是对工伤职工失去工资收入的替代性补偿。生活护理费是指工伤职工在进食、翻身、大小便、穿衣洗漱、自我移动等五个方面不能自理，经过劳动能力鉴定委员会确认需要护理依赖的，雇用人员护理所需要的费用，所以按月享受生活护理待遇。供养亲属抚恤金是指生活来源主要依靠因工死亡职工生前所供养的亲属，按月享受的基本生活待遇。

工伤保险待遇按照支付项目分类，可分为两类：第一类是用人单位支付项目，第二类是工伤保险基金支付项目。由用人单位支付的项目有：停工留薪期内的工资福利和生活护理待遇、工伤治疗住院期间的伙食补助费、到医院就医的交通费、伤残程度达到五级至六级工伤职工的伤残津贴、一次性伤残就业补助金。由工伤保险基金支付的项目有：工伤医疗费、工伤康复费、劳动能力鉴定费、一次性伤残补助金、一级至四级工伤职工的伤残津贴、生活护理费、配置辅助器具费、供养亲属抚恤金、一次性医疗补助金、一次性工亡补助金和丧葬补助金。

四、停止工伤保险待遇的情形

享受工伤保险待遇有一定的条件，比如必须由社会保险行政部门认定为工伤，享受伤残待遇必须由鉴定机构进行伤残等级的鉴定等。如果条件不成熟或者丧失，那么职工的工伤保险待遇就会终止或者丧失。《工伤保险条例》第四十二条和《社会保险法》第四十三条都规定了工伤保险待遇停止的情形，两者的规定是一致的。此外，修订后的《工伤保险条例》还将“被判刑正在收监执行”这一情形删除，就只剩下三种工伤保险待遇停止的情形。

（1）丧失享受待遇条件的。工伤保险制度是以工伤职工为特定的保护对象，目的在于使工伤职工因遭受意外伤害或者患职业病丧失或者部分丧失劳动能力时能够获得医疗救治和经济补助。在享受工伤保险待遇期间，如果工伤职工的情况发生了变化，不再具备享受工伤保险待遇的条件，如劳动能力得以完全恢复而无须工伤保险制度来提供保障时，就应当停止工伤保险待遇。此外，工亡职工的亲属，在某些情形下，也可能丧失享受有关待遇的条件，如享受供养亲属抚恤金的工亡职工的子女达到一定年龄或就业后，丧失享受抚恤待遇的条件；亲属死亡的，丧失享受遗属抚恤待遇的条件等。

（2）拒不接受劳动能力鉴定的。劳动能力鉴定是确定工伤保险待遇的基础和前提条件。不同的伤残等级所享受的工伤保险待遇是不同的。伤残等级以及生活自理能力的确定必须通过劳动能力鉴定来确定。劳动能力鉴定结论是确定不同程度的补偿、合理调换工作岗位和恢复工作等的科学依据。如果工伤职工没有正当理由，拒不接受劳动能力鉴定，则工伤保险待遇无法确定。因此，工伤职工拒不接受劳动能力鉴定，就不能享受工伤保险待遇。

（3）拒绝治疗的。提供医疗救治，帮助工伤职工恢复劳动能力，是工伤保险制度的重要目的之一，因而职工遭受工伤事故或患职业病后，有享受工伤医疗待遇的权利，也有积极配合医疗救治的义务。如果无正当理由拒绝治疗，就有悖于《工伤保险条例》第一条“促进职业康复”的宗旨。规定拒绝治疗的工伤职工不得再继续享受工伤保险待遇，就是为了促使工伤职工积极接受治疗，尽可能地恢复劳动能力，以提高工伤职工的生活质量，而不是一味地消极依靠社会救助。

第五节　工伤职工的工伤康复

《工伤保险条例》的实施，为工伤保险工作提供了更好的法制保障，同时也给工伤保险提出了新的工作任务。《工伤保险条例》进一步明确了事故预防和工伤康复的职能，拓展和完善了工伤保险职能，初步形成了工伤补偿与事故预防、工伤康复相结合的新型工伤保险制度。这种保障模式在西方国家和许多发展中国家已有几十年的历史，反映了市场经济的客观要求。我国从政策上正逐步与国际通行做法接轨，运行体制和操作措施也正处于探索阶段。

一、工伤康复是工伤保险的重要目标

1. 工伤康复是工伤医疗的发展和完善

工伤康复就是利用现代康复的手段和技术，为工伤残疾人员提供医疗康复、工伤康复和职业康复等服务，最大限度地恢复和提高他们的身体功能和生活自理能力，尽可能恢复或提高伤残职工的职业劳动能力，从而促进伤残职工全面回归社会和重返工作岗位。

在许多国家，工伤康复已成为连接工伤救治和再就业的一个桥梁。对此，1952 年《社会保障最低标准公约》（第 102 号）规定，工伤医疗要“着眼于保持、恢复或改善受保护人健康及其工作和生活自理的能力”，掌管医疗的机构或政府部门，应同一般职业康复机构合作，“国家法律或法规应授权此类机构或部门保证向残疾人员提供职业康复”。1964 年《工伤事故津贴公约》（第 121 号）要求对工伤残疾人提供康复设施或帮助他们寻找工作。1983 年通过的《残疾人职业康复和就业公约》（第 159 号）和后来由联合国有关机构制定的文件，对残疾人职业康复问题都提出了要求。

我国《工伤保险条例》第三十条规定，工伤职工获得的职业康复方面的保障主要体现在以下三点：一是从根本上确立了工伤康复是一项工伤保险待遇，工伤职工享受工伤康复的权利得到了保障。二是要求社会保险部门对工伤康复服务进行管理，对医疗救治服务所采用的协议管理、目录规范、监督检查等监督管理方法，同样适用于工伤康复服务，从而确保工伤康复服务的质量。这对于工伤职工而言，是在服务质量上得到了一定的保障。三

是明确了工伤保险基金支付责任，也就是为工伤职工提供了工伤康复费用的保障。

2. 我国工伤康复有了长足的发展

在我国，随着工业化的不断推进，每年新发生工伤人数由2003年年底的不足50万人增加到目前近100万人。工伤往往使受害者及其家庭在生理、精神和经济上遭受巨大损害，导致其参与劳动市场竞争的能力减弱或丧失。对于我国这样一个劳动力大国，这一问题显得尤为明显。而工伤康复能有效地预防工伤职工残疾和各种后遗症的发生和发展，提高工伤职工的身体功能和职业劳动能力，降低工伤职工和社会的经济负担，从而缓解因此而引发的各种社会矛盾。因此，应大力发展工伤康复事业。

从2005年开始，我国工伤康复有了长足的发展。2005年，劳动和社会保障部在广东从化召开"工伤康复国际研讨会"，全面借鉴国际工伤康复经验，对我国工伤康复模式进行了初步探讨。2007年，在地区试点工作，特别是广东省试点工作的基础上，劳动和社会保障部印发《关于加强工伤康复试点工作的指导意见》（劳社厅发［2007］7号），要求各地全面启动工伤康复试点工作。2008年，在广东省相关工伤康复标准的基础上，人力资源和社会保障部组织全国专家制定《工伤康复诊疗规范》和《工伤康复服务项目》，并在全国试行，第一次明确了医疗康复、职业康复和社会康复服务的具体项目及服务规范。2009年以来，人力资源和社会保障部按照严格标准、稳步推进、示范引导的原则，在全国范围内遴选了工伤康复试点机构，并在广东省设立"全国工伤康复综合基地"，通过国家评审的工伤康复试点机构由5年前的1家扩大到现在的35家，覆盖全国的工伤康复服务体系建设工作随之启动。与此同时，全国各地纷纷开展工伤康复试点工作，据不完全统计，各地工伤康复试点或协议机构近300家。

5年来，我国的工伤康复从无到有，从概念到试点再到全面推进，初步建立起了我国工伤康复的标准体系和服务体系。

二、工伤预防和工伤康复现状与发展

2009年全国认定工伤人数95.3万人，申请劳动能力鉴定人数46.7万人，工伤保险基金支出156亿元，全年享受工伤保险待遇人数达130万人，各项工伤保险待遇普遍提高。随着工伤保险事业的发展，工伤预防和职业康复工作也将进一步向规范化、制度化拓展。

1. 工伤预防的"治本之策"

目前，我国的工伤保险制度以医疗、补偿为主，工伤基金更多地用于支付工伤职工的医疗费及伤残赔偿。但是，单纯地强化工伤赔偿，不能从源头上遏止工伤事故的发生。我国的工伤保险制度建设应该树立工伤预防、待遇补偿和工伤康复相结合的理念，从补偿功能向预防和康复功能延伸，逐步建立三者有机结合的、完善的工伤保险制度。

工伤预防是从根本上降低工伤事故发生率的“治本之策”，但是“两项费率”对工伤预防干预力度不够。现行制度规定，要为新开户的用人单位确定“行业差别费率”和“相应的浮动费率”两项费率。《工伤保险行业风险分类表》规定有三大类别12个费率档次，最高1.6%，最低0.4%，区别不明显。

在日本，其工伤保险行业费率划分为八大产业53个行业，最高行业费率为14.8%，最低行业费率为0.5%，各行业都附加0.1%的通勤事故保险费率。德国是工伤保险制度运行时间最长、运行最平稳、运行效果最好的国家之一，工伤费率由行业、行业内部确定的企业风险等级和补充风险等级三个层次的差别费率（系数）共同确定，这一制度使得处于同一风险等级的企业之间彼此缴费相差幅度可达25%，通过这三个层次共同确定出的各行业费率达700多个。

通过比较不难看出，我国目前的工伤费率制定只是单纯地从工伤基金的收支平衡出发，过于简单笼统，无法通过有效的费率调整机制使用人单位形成预防优先的意识，对促进安全生产和工伤预防的作用十分有限。

我国可以借鉴国际经验，从政策上拉开参保企业工伤费率的差距，在将“两项费率”与企业的安全生产状况和职业危险程度紧密联系起来的基础上，综合企业的工作环境、安全教育普及程度和企业员工的安全意识等方面对工伤费率进行定时调整，通过减扣或增收保险费来促使企业形成预防优先的意识。此外，还可以通过建立切实有效的奖惩机制来激励企业重视工伤预防工作。

2. 加强工伤康复工作

在工伤康复方面，2009年，人力资源和社会保障部在全国开展了康复试点机构的评估工作，确定了23家达到试点准入条件和评估标准的康复机构作为全国第一批工伤康复试点机构。17个省份制定了工伤康复（试点）管理办法和工伤康复费用结算办法。2010年，人力资源和社会保障部对工伤康复试点机构进行评估，并要求各地对康复试点机构进行跟踪检查，建立考核机制。对《工伤康复诊疗规范（试行）》和《工伤康复服务项目（试行）》进行研讨和修订，及时出台。目前，各地正在努力做好以医疗康复为主要服务内容的康复工作，逐步把重点向职业康复和社会康复领域拓展，逐步建立以医疗康复为基础、以职业康复和社会康复为主要内容的工伤康复服务体系。

三、工伤康复的有关规定和进展

2013年4月22日，人力资源和社会保障部下发《关于印发〈工伤康复服务项目（试行)〉和〈工伤康复服务规范（试行)〉(修订版）的通知》。《通知》指出，为进一步规范和加强工伤康复管理工作，在总结2008年制定的《工伤康复服务项目（试行)》和《工伤康复诊疗规范（试行)》执行情况基础上，结合国家发改委、卫生部、国家中医药管理局颁布的《全国医疗服务价格项目规范（2012年版)》(以下简称《价格项目规范》)，组织修订了《工伤康复服务项目（试行)》(以下简称《服务项目》) 和《工伤康复服务规范（试行)》(以下简称《服务规范》)。

1. 对工伤康复服务项目和服务规范的要求

在人力资源和社会保障部《关于印发〈工伤康复服务项目（试行)〉和〈工伤康复服务规范（试行)〉(修订版）的通知》中，对工伤康复服务项目和服务规范提出了以下要求：

(1)《服务项目》和《服务规范》既是工伤康复试点机构开展工伤康复服务的业务指南和工作规程，也是工伤保险行政管理部门、社会保险经办机构和劳动能力鉴定机构进行工伤康复监督管理的重要依据。工伤保险行政管理部门和经办机构要密切配合，积极协调有关方面，特别是结合贯彻《国家发展改革委、卫生部、国家中医药管理局关于规范医疗服务价格管理及有关问题的通知》(发改价格［2012］1170号)，认真做好《服务项目》和《服务规范》的实施工作。

(2)《服务项目》和《服务规范》的使用范围仅限于在各地确定的工伤康复协议机构进行康复的工伤人员。工伤职工康复期间必须使用的中医治疗、康复类项目按本地《工伤保险诊疗项目目录》的规定执行。

(3) 各地在贯彻实施《服务项目》和《服务规范》中，应坚持实事求是的原则，根据当地康复技术发展水平对《服务项目》进行适当调整，调整幅度控制在《服务项目》总数10%范围内，并加强对康复服务项目使用合理性的管理，明确康复服务项目使用适应证、服务项目合理次数等要求。同时结合本地实际对《服务规范》进一步细化。各地对《服务项目》和《服务规范》的调整情况报我部备案。

(4)《服务项目》中列入《价格项目规范》的康复项目，各地要严格执行发改价格［2012］1170号文件相关规定；未列入《价格项目规范》的康复项目，各地要按照有关规定，积极与当地价格主管部门协商，争取支持。未经批准或同意的医疗康复服务项目暂不开展。

(5) 各地要加强管理，制定切实可行的康复管理办法和评估办法，细化与康复机构签订的协议内容，探索工伤康复费用结算方式，确保基金支付合法、合理、安全。

(6) 各地在《服务项目》和《服务规范》试行过程中，对其中尚未涉及的伤残病种，要不断加强探索，继续开展深入研究，总结经验，摸索规律。

2.《工伤康复服务项目（试行）》的主要内容

2013年4月，人力资源和社会保障部对《工伤康复服务项目（试行）》（2013年修订）作出说明，主要内容如下：

（1）《工伤康复服务项目（试行）》（以下简称《服务项目》）按照康复医学和措施分类方法，分为医疗康复服务和职业社会康复服务两大类，共计236项（未计中医治疗类项目），基本涵盖了工伤康复服务所必需的各种功能评定和治疗训练项目。其中，医疗康复服务包括康复功能评定、康复治疗、康复护理和其他治疗四类，共190项；职业社会康复服务包括评估和训练两类，共46项。

（2）项目来源有两类：一类来自《全国医疗服务价格项目规范（2012年版）》（发改价格［2012］1170号）（以下简称《价格项目规范》）中已有的康复医疗相关项目（在每个项目后附有标准编码）；另一类参考已开展工伤康复工作的省（市、区）及港台相关康复机构康复服务项目，根据工伤康复实际需要补充。

（3）本《服务项目》每个项目包括项目编码、项目名称、计价单位、计价说明、项目内涵、除外内容、适用范围和标准编码，其中项目名称、计价单位、项目内涵和除外内容的表述按照《价格项目规范》相关要求编制。“计价说明”中“包括”后面所列的不同服务内容和技术方法，可以单独计费；“计价说明”中“含”表示在该项目中应当提供的服务内容，这些服务内容不得单独分解计费。

（4）本《服务项目》用于指导各地在工伤康复工作中，明确服务项目内容，规范开展工伤康复服务。

（5）随着康复技术的发展和工伤康复试点工作的深入，《服务项目》将及时调整修订和完善。

3.《工伤康复服务规范（试行）》的主要内容

2013年4月，人力资源和社会保障部对《工伤康复服务规范（试行）》（2013年修订）作出说明，主要内容如下：

工伤康复是在工伤保险制度框架下，利用现代康复理论和技术，为工伤人员提供康复服务，最大限度地改善和提高其生理功能和职业劳动能力，促进其回归社会和重返工作岗位。

本规范针对颅脑损伤、持续性植物状态、脊柱脊髓损伤、周围神经损伤、骨折、截肢、手外伤、关节及软组织损伤和烧伤等九个常见工伤病种的住院康复服务内容，从康复住院标准、康复住院时限、医疗康复、职业社会康复和出院标准等五个方面进行了规范。上述各工伤病种的临床检查、治疗、基础护理以及各种并发症的诊治按照卫生行政部门制定的相关诊疗常规或临床路径执行。

（1）康复住院标准。康复住院标准对工伤职工由临床治疗转入康复治疗的指征进行了规范。工伤职工住院康复的一般标准是：经临床急性期治疗后，生命体征基本平稳，病情相对稳定，但仍有持续性功能障碍（如运动、感觉、言语、认知、精神、吞咽、排尿排便和性功能等障碍）而影响生活自理、劳动能力下降，仍不能回归家庭和社会，且具有恢复潜力和康复价值者，均应及早转入康复协议机构住院康复治疗。对于后遗症期病情变化出现新的功能障碍等问题并且有康复价值的，参照上述标准入院康复治疗。

（2）康复住院时限。根据受伤部位与损伤类型、功能障碍程度和康复潜力大小，对康复住院时间予以合理限制，住院康复时间不超过12个月。职业康复住院时限一般为60天，最长不超过180天，职业康复住院时限可分段累计计算。如住院期间病情发生变化影响康复进程，或已到出院时限，但仍有较大康复治疗价值，需继续康复治疗或安装辅助器具者，必须由康复协议机构出具诊断意见和延期康复建议书，经社会保险经办机构核准后方可适当延长住院时间。

（3）医疗康复规范。医疗康复规范包括功能评定、康复治疗和康复护理三部分。

◆功能评定部分根据不同工伤病种功能障碍特点，结合国际功能、残疾和健康分类方式和康复治疗专业分工，对运动、感觉、吞咽、排尿排便和性功能等躯体功能障碍的评定以及心理、认知和言语等功能的评估进行了规范。

◆康复治疗部分包括物理治疗（含运动疗法、理疗和水疗等）、作业治疗（含日常生活活动训练和认知训练等）、言语治疗、行为心理治疗、中医康复治疗以及康复辅助器具应用等康复治疗和康复辅助技术的应用常规。

◆康复护理部分包括康复护理评估、康复护理技术常规及心理护理、家庭护理和社区康复护理指导。

（4）职业社会康复规范。职业社会康复规范是根据近几年我国部分地区职业社会康复的探索经验，并借鉴中国香港和台湾地区以及美国、德国、澳大利亚等国家职业康复相关的技术、管理标准制定的。

工伤职工进行职业康复的一般标准是：工伤职工有就业意愿，没有严重认知功能障碍和相关禁忌证，身体功能大部分恢复，但是仍然受限影响重返工作岗位的；或者由于工伤后各种因素造成身体功能、工作行为、职业技能或就业信心等方面的改变影响重返工作岗位的；或者工伤后不能返回原单位、原岗位需工作能力重建或工作职务再设计的，均应及早安排职业康复治疗。达到退休年龄的工伤职工不进行职业康复介入。

（5）出院标准。工伤职工经康复治疗后已达到预期康复目标，各项功能已恢复到一定水平并基本稳定，生活自理能力提高，无明显的并发症或并发症已控制，安装假肢、矫形器者已能够独立完成穿戴和使用。严重功能障碍的工伤职工，须病情稳定，基本达到预期康复目标或已无进一步康复治疗价值。

第四章　工伤事故与职业病预防及职业病鉴定

工伤保险制度主要有三个职能或任务，即补偿、预防、康复。在《工伤保险条例》第一条，即立法目的中明确：为了保障因工作遭受事故伤害或者患职业病的职工获得医疗救治和经济补偿，促进工伤预防和职业康复，分散用人单位的工伤风险，制定本条例。工伤保险制度不仅需要保障因工作遭受事故伤害或者患职业病的职工获得医疗救治和经济补偿，分散用人单位的工伤风险，而且还需要促进工伤事故的预防，通过采用差别费率和浮动费率的方式，促进用人单位对工伤事故的预防工作，这也是实行工伤保险制度的一个重要目标。

第一节　以工伤保险促进事故的预防

工伤保险制度对工伤事故预防的促进作用，主要体现在保险费用的收缴和支出两个方面。在保险金的收缴方面，采用差别费率和浮动费率，可以根据行业风险类别、职业伤害频率、企业安全生产基础条件等，划分不同的费率档次。风险较大、职业伤害频率较高和安全基础较差的企业，缴纳的保险费率相应就高。同时将费率与企业一段时间内的事故和赔付情况挂钩，定期调整缴费标准，对安全措施得力、事故减少、赔付率低的企业，以降低保险费率作为奖励；反之，则以提高费率作为惩罚。通过费率机制的作用，促使企业重视做好安全生产工作，加强安全防范。在支出方面，主要是从保险基金中专门列支一定比例的经费，用于社会性、公共性的安全生产工作以及为安全生产提供服务。

一、建立工伤保险与事故预防相结合的运作机制

1. 形成安全监管与工伤保险机构协调配合机制

建立工伤保险制度与事故预防相结合机制，切实保障企业和劳动者的合法权益，是工伤保险制度改革的一项重要举措。从我国工伤保险制度改革试点地区的做法来看，工伤保险在促进事故预防方面正处于探索阶段，并在一些地区初见成效，有待建立和形成一套完整的工伤保险与事故预防相结合的运作机制。

建立和形成完整的工伤保险与事故预防相结合的运作机制，首先需要建立安全监管与工伤保险机构协调配合机制。安全监管与工伤保险属于两个不同的范畴，其工作范围各有

侧重，但是防范和治理职业危害的宗旨、目的是一致的，都是运用自身的行为手段与调控体系减少和控制伤亡事故，都是立足于和服务于企业的安全生产及劳动者的健康和生命安全。

建立安全监管与工伤保险机构协调配合机制，需要注意以下几点：

（1）健全工伤保险部门与安全监管部门定期联系、互通信息制度。安全监管部门根据国家安全监管要求和年度工作目标任务，定期向工伤保险部门提供企业安全状况、职业危害程度及污染岗位分布情况，工伤保险部门应把企业工伤事故与职业病发生情况定期向安全监管部门通报，为对企业安全生产实施有效的监督、对企业工伤保险费率实行“预警”和对有害作业进行积极的预防提供依据。

（2）建立工伤事故双向报告制度。企业发生事故不仅要向安全监管部门报告，同时也要向工伤保险部门通报。实行事故双向报告制度，可以为及时、准确地认定工伤提供可靠的依据，避免工伤纠纷的产生。

（3）建立工伤事故管理与伤残鉴定的制约反馈制度。为了避免对同一事故的重复性调查、分析，减少事故处理上的人力、物力浪费，提高工作效率，安全监管部门在组织事故调查分析时应邀请工伤保险部门积极参与，并建立“工伤事故会审制度”，定期交流工伤事故管理、伤残鉴定情况及企业的安全状况、职业危害等信息，以防企业瞒报、漏报或迟报工伤事故而影响伤残人员医疗康复现象的出现。

2. 切实发挥工伤保险基金的效力

工伤保险机构应把管好用好工伤保险基金当作深化工伤保险制度改革的重点工作来抓，从引进约束机制入手，强化基金管理，把好“六道防线”。一是坚持思想教育到位，夯实管好用好基金的基础防线。二是坚持规章制度到位，筑起基金管理使用环节的防线。三是坚持组织管理到位，强化工伤保险机构的职能防线。四是坚持业务培训到位，把好会计管理基金的财会防线。五是坚持监督审计到位，建立内部相互制约防线。六是坚持基金发放到位，努力做好工伤保险服务工作。

二、以“两项费率”为调节杠杆强化事故预防工作

1. 运用“两项费率”，要确定合理的费率差和费率量

根据行业或企业工伤事故频率及风险概率实行行业差别费率和企业浮动费率，是发挥工伤保险事故预防功能的手段，也是目前运用经济杠杆搞好企业生产的有效途径。

运用好“两项费率”，要确定合理的费率差和费率量。行业或企业的工伤事故往往具有反复性和不可预见性，受生产工艺特点、作业环境、劳动条件以及广大职工，特别是各级

领导干部的安全素质的影响很大。这说明“两项费率”的确定如果不与行业或企业的安全生产状况、职业危险程度及风险概率等直接挂钩，就不利于调动行业或企业安全管理的积极性。因此，“两项费率”，特别是企业的浮动费率应与其安全状况挂钩，而且应是动态的。尤其是企业的浮动费率应以上年企业的工伤事故频率、作业环境、安全措施的改善和预防费用的投入以及员工的安全教育、法人安全意识等综合因素为依据定时调整，优则下浮，差则上调，以激励行业或企业抓好安全生产的积极性和主动性。

2. 健全工伤保险奖惩机制，充分发挥事故预防功能

实现工伤保险与安全监察相结合，仅靠“两项费率”措施是不够的，还必须健全奖惩机制。对于当年未发生工伤事故与职业病或事故发生率低于本行业平均水平的企业，除对该企业下浮费率外，还可以从当年缴纳的工伤保险费中提取一定的比例返还给企业，以奖励在事故预防和工伤保险方面有突出贡献的企业和个人；对于工伤事故率和职业病发生率大大高于本行业平均水平的企业，除对该企业上浮费率外，安全生产监察部门还应按照有关奖惩制度对其进行惩罚，并限期整改。

3. 抓好工伤保险“源头”工作，促进工伤保险工作的深化

工伤保险的主要任务是：事故预防与职业病防范、工伤事故的赔偿和补偿、受伤人员的医疗与康复以及为再就业创造条件。其中事故预防与职业病防范是工伤保险的最主要任务，是工伤保险的“源头”工作，也是促进工伤保险工作顺利开展的主线。它可以用经济、法制、技术、管理等一切手段对企业安全生产进行有效的约束，而不是干预企业的经营自主权。只有抓住事故预防这条主线才能从根本上改善企业的环境，减轻企业负担，由被动的工伤赔偿转为积极的事故预防。只有把安全监督的外部压力和企业的内在动力有机地结合起来，才能使事故预防和工伤保险工作得以相互促进，不断深化发展。

三、确定工伤预防费的使用原则与运行机制

1. 工伤预防费的使用原则

对于工伤预防问题，新的《工伤保险条例》有了突破性进展，不仅保留了条例总则中关于工伤预防的表述，更重要的是明确工伤保险基金可以用于工伤预防。这就为落实工伤预防工作奠定了基础，并对工伤预防费的提取比例、使用和管理提出了要求。

工伤预防应遵循“合理、安全、有效”的原则。

（1）合理的原则。合理有三层意思：一是在工伤保险制度安排中，工伤预防的安排合理。即在确保工伤补偿的基础上再开展工伤预防工作。工伤预防费的提取比例、使用项目、

管理措施等各项制度安排都应与目前工伤预防的功能定位相一致。二是与其他部门以及雇主的工作要衔接合理。要与安全监管部门、卫生部门紧密配合，既要各司其职，不是把预防费拨给其他部门不了了之，又要理清职责，不能越俎代庖，干预其他部门的工作，还要协调形成资源合力。三是推进步骤要合理。即慎重推进、稳妥起步、试点先行。

（2）安全的原则。安全既指基金安全，又指运行安全。工伤预防资金使用比较灵活，范围比较广泛，在资金安全上要保证不出问题，就应注意管理办法、操作流程要规范，监管措施要到位，要严格执行有关政策措施，探索建立社会监督机制。

（3）有效的原则。如何使工伤预防各项措施充分发挥作用，减少企业事故风险，降低事故发生率，保证工伤预防式干预既有效又可度量？一般来说，首先要对工伤事故发生情况进行全面分析，梳理出本地区工伤事故的易发点、易发环节、易发原因等，再研究确定工伤预防的有效干预重点和措施；其次是要加强工伤预防的评估体系建设，包括科学的评估指标、严谨的评估程序、合适的评估主体等。

2. 建立“两项费率”的经济调节杠杆

根据高危行业安全生产事故频率及风险概率，实行差别费率和浮动费率，以费率为经济调节杠杆，确定合理的费率和费率差，与企业的安全生产状况、职业危险程度等直接挂钩，尤其是企业的浮动费率应以上年度企业的工伤事故频率、作业环境、安全措施的改善和预防费用的投入以及员工的安全教育、企业法人安全意识等综合因素为依据定时调整，优则下浮，差则上调，以激励行业或企业抓好安全生产的积极性和主动性。

在工伤事故预防上，需要建立有效的机制。

（1）建立健全有效的职业伤害保险奖惩机制。对于当年未发生安全生产事故、职业病或事故发生率低于本行业平均水平的企业，除下浮费率外，还可由政府设立专项费用，对工伤预防先进单位和个人进行奖励；对于工伤事故率和职业病发生率大大高于本行业平均水平的企业，除上浮费率外，还应会同安全生产监察部门对其进行惩罚，并限期整改。

（2）建立高危行业安全生产评估和预防性检查机制。设置高危行业安全生产评估机构，建立高危行业安全生产评估与检查系统，每年对企业安全生产状况开展评估，开展预防性安全检查。一是普查，每年年初企业上报指标数据，主管部门审核数据后，录入评估系统进行评价。二是抽查，针对安全生产状况不好或不稳定的企业以及当年度抽查重点对象，进行现场评估和检查。

（3）形成安全监察与保险机构协调配合机制。安全监管与工伤保险属于两个范畴，工作范围各有侧重，但宗旨都是运用自身的行政手段与调控体系，减少和控制伤亡事故，都是立足和服务于企业的安全生产及劳动者的健康和生命安全。在事故预防方面，只靠工伤保险机构孤军作战是不利于事故预防和控制事故的，只有强化安全监管部门与工伤保险机构的配合，形成共管体系，才能从根本上搞好事故预防。因此，应本着“分工负责、归口管理、协调配合、相互制约”的原则，建立健全安全监察与工伤保险的协调配合机制。

3. 设置科学合理的预防机构

在工伤事故预防上，还需要建立相关工作制度。

（1）健全工伤保险机构与安全监管部门定期联系、互通信息制度。安全监管部门定期向工伤保险机构提供企业安全状况、职业危害程度及污染岗位分布情况，同时工伤保险机构把企业工伤事故与职业病发生情况定期向安全监管部门通报，从而对企业安全生产实施有效的监督，为企业职业伤害保险费率调整提供参考以及为积极预防有害作业提供依据。

（2）建立安全生产事故双向报告制度。企业发生安全生产事故不仅要向安全监管部门报告，同时也要向工伤保险机构通报。实行事故双向报告制度，可以为及时、准确地认定职业伤害提供可靠的依据，避免纠纷的产生。

（3）建立事故管理与伤残鉴定的制约反馈制度。为提高工作效率，安全监管部门在组织事故调查分析时应邀请工伤保险有关人员参与，并建立“事故会审制度”，定期交流安全生产事故管理、伤残鉴定情况及企业的安全状况、职业危害等信息，避免企业瞒报、漏报或迟报影响工伤伤残人员医疗康复。

（4）加大安全生产和工伤预防的宣传力度，形成齐抓共管的工作环境。如有的地方的工伤保险机构就结合自身工作特点，在安全监管部门每年举办的“安全生产宣传月”活动中，抽调专人参加，给予大力支持。同时，配合安全监管部门，深入企业进行经常性的安全生产检查工作，查事故隐患的整改和职工安全生产意识，查安全生产规章和工伤保险政策的落实情况，督促企业和职工重视安全生产，及时排除事故隐患，使安全生产工作保持持续良好态势。

四、工伤事故预防的相关规定

1.《部分行业企业工伤保险费缴纳办法》相关规定

2010 年 12 月 31 日，人力资源和社会保障部第 56 次部务会议通过《部分行业企业工伤保险费缴纳办法》（人力资源和社会保障部令第 10 号），自 2011 年 1 月 1 日起施行。

《部分行业企业工伤保险费缴纳办法》对相关事项作了规定。

◆本办法中所称的部分行业企业是指建筑、服务、矿山等行业中难以直接按照工资总额计算缴纳工伤保险费的建筑施工企业、小型服务企业、小型矿山企业等。

小型服务企业、小型矿山企业的划分标准可以参照《中小企业标准暂行规定》（国经贸中小企［2003］143 号）执行。

◆建筑施工企业可以实行以建筑施工项目为单位，按照项目工程总造价的一定比例，计算缴纳工伤保险费。

◆商贸、餐饮、住宿、美容美发、洗浴以及文体娱乐等小型服务业企业以及有雇工的个体工商户，可以按照营业面积的大小核定应参保人数，按照所在统筹地区上一年度职工月平均工资的一定比例和相应的费率，计算缴纳工伤保险费；也可以按照营业额的一定比例计算缴纳工伤保险费。

◆小型矿山企业可以按照总产量、吨矿工资含量和相应的费率计算缴纳工伤保险费。

◆本办法中所列部分行业企业工伤保险费缴纳的具体计算办法，由省级社会保险行政部门根据本地区实际情况确定。

2.《关于工伤保险费率问题的通知》相关规定

2003 年 10 月 29 日，劳动和社会保障部、财政部、卫生部、国家安全生产监督管理局联合下发《关于工伤保险费率问题的通知》（劳社部发［2003］29 号）。《通知》指出，为贯彻实施《工伤保险条例》，合理确定工伤保险费率，促进工伤预防，实现工伤保险费用社会共济，经国务院批准，现就工伤保险费率问题通知如下：

（1）关于行业划分。根据不同行业的工伤风险程度，参照《国民经济行业分类》（GB/T 4754—2002），将行业划分为三个类别：一类为风险较小行业，二类为中等风险行业，三类为风险较大行业。三类行业分别实行三种不同的工伤保险缴费率。统筹地区社会保险经办机构要根据用人单位的工商登记和主要经营生产业务等情况，分别确定各用人单位的行业风险类别。行业风险分类见附件。

（2）关于费率确定。各省、自治区、直辖市工伤保险费平均缴费率原则上要控制在职工工资总额的 1.0%左右。在这一总体水平下，各统筹地区三类行业的基准费率要分别控制在用人单位职工工资总额的 0.5%左右、1.0%左右、2.0%左右。各统筹地区劳动保障部门要会同财政、卫生、安全监管部门，按照以支定收、收支平衡的原则，根据工伤保险费使用、工伤发生率、职业病危害程度等情况提出分类行业基准费率的具体标准，报统筹地区人民政府批准后实施。基准费率的具体标准可定期调整。

（3）关于费率浮动。用人单位属一类行业的，按行业基准费率缴费，不实行费率浮动。用人单位属二、三类行业的，费率实行浮动。用人单位的初次缴费费率，按行业基准费率确定，以后由统筹地区社会保险经办机构根据用人单位工伤保险费使用、工伤发生率、职业病危害程度等因素，1～3 年浮动一次。在行业基准费率的基础上，可上下各浮动两档：上浮第一档到本行业基准费率的 120%，上浮第二档到本行业基准费率的 150%；下浮第一档到本行业基准费率的 80%，下浮第二档到本行业基准费率的 50%。费率浮动的具体办法由各统筹地区劳动保障行政部门会同财政、卫生、安全监管部门制定。

工伤保险行业风险分类见表 4—1。

表 4—1　　工伤保险行业风险分类表

行业类别	行业名称
一	银行业，证券业，保险业，其他金融活动，居民服务业，其他服务业，租赁业，商务服务业，住宿业，餐饮业，批发业，零售业，仓储业，邮政业，电信和其他信息传输服务业，计算机服务业，软件业，卫生，社会保障业，社会福利业，新闻出版业，广播、电视、电影和音像业，文化艺术业，教育，研究与试验发展，专业技术服务业，科技交流和推广服务业，城市公共交通业
二	房地产业，体育，娱乐业，水利管理业，环境管理业，公共设施管理业，农副食品加工业，食品制造业，饮料制造业，烟草制造业，纺织业，纺织服装、鞋、帽制造业，皮革、毛皮、羽毛（绒）及其制品业，林业，农业，畜牧业，渔业，农、林、牧、渔服务业，木材加工及木、竹、藤、棕、草制品业，家具制造业，造纸及纸制品业，印刷业和记录媒介的复制，文教体育用品制造业，化学纤维制造业，医药制造业，通用设备制造业，专用设备制造业，交通运输设备制造业，电气机械及器材制造业，仪器仪表及文化、办公用机械制造业，非金属矿物制品业，金属制品业，橡胶制品业，塑料制品业，通信设备、计算机及其他电子设备制造业，工艺品及其他制造业，废弃资源和废旧材料回收加工业，电力、热力的生产和供应业，燃气生产和供应业，水的生产和供应业，房屋和土木工程建筑业，建筑安装业，建筑装饰业，其他建筑业，地质勘查业，铁路运输业，道路运输业，水上运输业，航空运输业，管道运输业，装卸搬运和其他运输服务业
三	石油加工，炼焦及核能燃料加工业，化学原料及化学制品制造业，黑色金属冶炼及压延加工业，有色金属冶炼及压延加工业，石油和天然气开采业，黑色金属矿采选业，有色金属矿采选业，非金属矿采选业，煤炭开采和洗选业，其他采矿业

3.《关于做好工伤保险费率浮动工作的通知》相关规定

2011 年 9 月 21 日，人力资源和社会保障部办公厅下发《关于做好工伤保险费率浮动工作的通知》（人社厅发〔2011〕93 号）。《通知》指出，2003 年劳动和社会保障部发布了《关于工伤保险费率问题的通知》（人社厅发〔2011〕29 号）（以下简称 29 号文件），对行业差别费率及费率档次作出规定，同时授权统筹地区制定费率浮动的具体办法。几年来，各地认真贯彻 29 号文件，工伤保险费率浮动工作取得积极进展，但有的统筹地区至今尚未出台费率浮动的具体办法，有的地方虽出台了办法，但在实践中并未实施，导致工伤保险费率浮动机制的作用没有充分发挥。为更好地贯彻社会保险法和新修订的《工伤保险条例》，切实做好工伤保险费率浮动工作，现就有关事项通知如下：

（1）充分认识费率浮动的重要性。工伤保险费率实行浮动是国际上的通行做法，做好费率浮动工作，能够促进工伤预防工作，有利于减少工伤事故和职业病的发生，从根本上保障职工合法权益；能够充分发挥费率的调节作用，有利于在均衡用人单位负担的同时，维护基金平衡。各地要高度重视这项工作，使工伤保险的费率真正“浮动”起来。

（2）各省（自治区、直辖市）要切实加强对地市工伤保险费率浮动工作的督促指导，确保辖区内未出台费率浮动具体办法的统筹地区在2011年年底前出台相关文件，并定期对费率浮动的执行情况进行监督检查。要在汇总地方实施情况的基础上，对费率浮动的确定指标、浮动周期、浮动效果等进行分析研究，指导各统筹地区逐步完善费率浮动办法。

第二节　职业病防治的有关规定与方法

职业病防治是指预防、治理和治疗。预防是指控制和消除职业病危害，为劳动者创造良好的工作环境和劳动条件，保障劳动者获得职业卫生保护，防止职业病的发生。治疗则是对职业病危害、职业病患者进行积极的诊治，保障职业病患者的诊断、医治和康复，包括职业健康、职业能力在内的职业素质尽可能地恢复。

与职业病预防相关的法律法规有《职业病防治法》《安全生产法》《使用有毒物品作业场所劳动保护条例》《尘肺病防治条例》《放射性同位素与射线装置安全和防护条例》等。此外，国家安全生产监督管理总局于近期发布了《工作场所职业卫生监督管理规定》《职业病危害项目申报办法》《用人单位职业健康监护监督管理办法》《职业卫生技术服务机构监督管理暂行办法》《建设项目职业卫生“三同时”监督管理暂行办法》以及相关规范、标准等。

一、《职业病防治法》有关职业病预防的规定

2011年12月31日，第十一届全国人民代表大会常务委员会第二十四次会议通过《关于修改〈中华人民共和国职业病防治法〉的决定》，自公布之日起施行。

修订后的《职业病防治法》分为七章九十条，各章内容为：第一章总则，第二章前期预防，第三章劳动过程中的防护与管理，第四章职业病诊断与职业病病人保障，第五章监督检查，第六章法律责任，第七章附则。

制定《职业病防治法》的目的是为了预防、控制和消除职业病危害，防治职业病，保护劳动者健康及其相关权益，促进经济社会发展。本法适用于中华人民共和国领域内的职业病防治活动。本法所称职业病，是指企业、事业单位和个体经济组织等用人单位的劳动者在职业活动中，因接触粉尘、放射性物质和其他有毒、有害因素而引起的疾病。

《职业病防治法》是防治职业病的主要法律，在《职业病防治法》中，重点突出了预防，在第一章总则、第二章前期预防、第三章劳动过程中的防护与管理、第六章法律责任中，都明确规定了用人单位在职业病防治中的责任与义务。有关内容如下：

1.《职业病防治法》总则中的有关规定

在《职业病防治法》第一章总则中，对相关事项作了规定。

◆职业病防治工作坚持预防为主、防治结合的方针，建立用人单位负责、行政机关监管、行业自律、职工参与和社会监督的机制，实行分类管理、综合治理。

◆劳动者依法享有职业卫生保护的权利。用人单位应当为劳动者创造符合国家职业卫生标准和卫生要求的工作环境和条件，并采取措施保障劳动者获得职业卫生保护。工会组织依法对职业病防治工作进行监督，维护劳动者的合法权益。用人单位制定或者修改有关职业病防治的规章制度，应当听取工会组织的意见。

◆用人单位应当建立、健全职业病防治责任制，加强对职业病防治的管理，提高职业病防治水平，对本单位产生的职业病危害承担责任。

◆用人单位的主要负责人对本单位的职业病防治工作全面负责。

◆用人单位必须依法参加工伤保险。国务院和县级以上地方人民政府劳动保障行政部门应当加强对工伤保险的监督管理，确保劳动者依法享受工伤保险待遇。

◆国家鼓励和支持研制、开发、推广、应用有利于职业病防治和保护劳动者健康的新技术、新工艺、新设备、新材料，加强对职业病的机理和发生规律的基础研究，提高职业病防治科学技术水平；积极采用有效的职业病防治技术、工艺、设备、材料；限制使用或者淘汰职业病危害严重的技术、工艺、设备、材料。

◆任何单位和个人有权对违反本法的行为进行检举和控告。有关部门收到相关的检举和控告后，应当及时处理。对防治职业病成绩显著的单位和个人，给予奖励。

2. 有关前期预防的规定

在《职业病防治法》第二章前期预防中，对相关事项作了规定。

◆用人单位应当依照法律、法规要求，严格遵守国家职业卫生标准，落实职业病预防措施，从源头上控制和消除职业病危害。

◆产生职业病危害的用人单位的设立除应当符合法律、行政法规规定的设立条件外，其工作场所还应当符合下列职业卫生要求：

（1）职业病危害因素的强度或者浓度符合国家职业卫生标准。

（2）有与职业病危害防护相适应的设施。

（3）生产布局合理，符合有害与无害作业分开的原则。

（4）有配套的更衣间、洗浴间、孕妇休息间等卫生设施。

（5）设备、工具、用具等设施符合保护劳动者生理、心理健康的要求。

（6）法律、行政法规和国务院卫生行政部门、安全生产监督管理部门关于保护劳动者健康的其他要求。

◆国家建立职业病危害项目申报制度。用人单位工作场所存在职业病目录所列职业病的危害因素的，应当及时、如实向所在地安全生产监督管理部门申报危害项目，接受监督。

◆建设项目的职业病防护设施所需费用应当纳入建设项目工程预算，并与主体工程同时设计、同时施工、同时投入生产和使用。

3. 有关劳动过程中的防护与管理的规定

在《职业病防治法》第三章劳动过程中的防护与管理中，对相关事项作了规定。

◆用人单位应当采取下列职业病防治管理措施：

（1）设置或者指定职业卫生管理机构或者组织，配备专职或者兼职的职业卫生管理人员，负责本单位的职业病防治工作。

（2）制定职业病防治计划和实施方案。

（3）建立、健全职业卫生管理制度和操作规程。

（4）建立、健全职业卫生档案和劳动者健康监护档案。

（5）建立、健全工作场所职业病危害因素监测及评价制度。

（6）建立、健全职业病危害事故应急救援预案。

◆用人单位应当保障职业病防治所需的资金投入，不得挤占、挪用，并对因资金投入不足导致的后果承担责任。

◆用人单位必须采用有效的职业病防护设施，并为劳动者提供个人使用的职业病防护用品。用人单位为劳动者个人提供的职业病防护用品必须符合防治职业病的要求；不符合要求的，不得使用。

◆用人单位应当优先采用有利于防治职业病和保护劳动者健康的新技术、新工艺、新设备、新材料，逐步替代职业病危害严重的技术、工艺、设备、材料。

◆产生职业病危害的用人单位，应当在醒目位置设置公告栏，公布有关职业病防治的规章制度、操作规程、职业病危害事故应急救援措施和工作场所职业病危害因素检测结果。

对产生严重职业病危害的作业岗位，应当在其醒目位置，设置警示标识和中文警示说明。警示说明应当载明产生职业病危害的种类、后果、预防以及应急救治措施等内容。

◆对可能发生急性职业损伤的有毒、有害工作场所，用人单位应当设置报警装置，配置现场急救用品、冲洗设备、应急撤离通道和必要的泄险区。

对放射工作场所和放射性同位素的运输、贮存，用人单位必须配置防护设备和报警装置，保证接触放射线的工作人员佩戴个人剂量计。

对职业病防护设备、应急救援设施和个人使用的职业病防护用品，用人单位应当进行经常性的维护、检修，定期检测其性能和效果，确保其处于正常状态，不得擅自拆除或者停止使用。

◆用人单位应当实施由专人负责的职业病危害因素日常监测，并确保监测系统处于正常运行状态。

用人单位应当按照国务院安全生产监督管理部门的规定，定期对工作场所进行职业病危害因素检测、评价。检测、评价结果存入用人单位职业卫生档案，定期向所在地安全生产监督管理部门报告并向劳动者公布。

职业病危害因素检测、评价由依法设立的取得国务院安全生产监督管理部门或者设区的市级以上地方人民政府安全生产监督管理部门按照职责分工给予资质认可的职业卫生技术服务机构进行。职业卫生技术服务机构所作检测、评价应当客观、真实。

发现工作场所职业病危害因素不符合国家职业卫生标准和卫生要求时，用人单位应当立即采取相应治理措施，仍然达不到国家职业卫生标准和卫生要求的，必须停止存在职业病危害因素的作业；职业病危害因素经治理后，符合国家职业卫生标准和卫生要求的，方可重新作业。

◆职业卫生技术服务机构依法从事职业病危害因素检测、评价工作，接受安全生产监督管理部门的监督检查。安全生产监督管理部门应当依法履行监督职责。

◆向用人单位提供可能产生职业病危害的设备的，应当提供中文说明书，并在设备的醒目位置设置警示标识和中文警示说明。警示说明应当载明设备性能、可能产生的职业病危害、安全操作和维护注意事项、职业病防护以及应急救治措施等内容。

◆向用人单位提供可能产生职业病危害的化学品、放射性同位素和含有放射性物质的材料的，应当提供中文说明书。说明书应当载明产品特性、主要成分、存在的有害因素、可能产生的危害后果、安全使用注意事项、职业病防护以及应急救治措施等内容。产品包装应当有醒目的警示标识和中文警示说明。贮存上述材料的场所应当在规定的部位设置危险物品标识或者放射性警示标识。

◆任何单位和个人不得生产、经营、进口和使用国家明令禁止使用的可能产生职业病危害的设备或者材料。

◆任何单位和个人不得将产生职业病危害的作业转移给不具备职业病防护条件的单位和个人。不具备职业病防护条件的单位和个人不得接受产生职业病危害的作业。

◆用人单位对采用的技术、工艺、设备、材料，应当知悉其产生的职业病危害，对有职业病危害的技术、工艺、设备、材料隐瞒其危害而采用的，对所造成的职业病危害后果承担责任。

◆用人单位与劳动者订立劳动合同（含聘用合同，下同）时，应当将工作过程中可能产生的职业病危害及其后果、职业病防护措施和待遇等如实告知劳动者，并在劳动合同中写明，不得隐瞒或者欺骗。

劳动者在已订立劳动合同期间因工作岗位或者工作内容变更，从事与所订立劳动合同中未告知的存在职业病危害的作业时，用人单位应当依照前款规定，向劳动者履行如实告知的义务，并协商变更原劳动合同相关条款。

用人单位违反前两款规定的，劳动者有权拒绝从事存在职业病危害的作业，用人单位不得因此解除与劳动者所订立的劳动合同。

◆用人单位的主要负责人和职业卫生管理人员应当接受职业卫生培训，遵守职业病防治法律、法规，依法组织本单位的职业病防治工作。

用人单位应当对劳动者进行上岗前的职业卫生培训和在岗期间的定期职业卫生培训，普及职业卫生知识，督促劳动者遵守职业病防治法律、法规、规章和操作规程，指导劳动者正确使用职业病防护设备和个人使用的职业病防护用品。

劳动者应当学习和掌握相关的职业卫生知识，增强职业病防范意识，遵守职业病防治法律、法规、规章和操作规程，正确使用、维护职业病防护设备和个人使用的职业病防护用品，发现职业病危害事故隐患应当及时报告。

劳动者不履行前款规定义务的，用人单位应当对其进行教育。

◆对从事接触职业病危害的作业的劳动者，用人单位应当按照国务院安全生产监督管理部门、卫生行政部门的规定组织上岗前、在岗期间和离岗时的职业健康检查，并将检查结果书面告知劳动者。职业健康检查费用由用人单位承担。

用人单位不得安排未经上岗前职业健康检查的劳动者从事接触职业病危害的作业；不得安排有职业禁忌的劳动者从事其所禁忌的作业；对在职业健康检查中发现有与所从事的职业相关的健康损害的劳动者，应当调离原工作岗位，并妥善安置；对未进行离岗前职业健康检查的劳动者不得解除或者终止与其订立的劳动合同。

职业健康检查应当由省级以上人民政府卫生行政部门批准的医疗卫生机构承担。

◆用人单位应当为劳动者建立职业健康监护档案，并按照规定的期限妥善保存。

职业健康监护档案应当包括劳动者的职业史、职业病危害接触史、职业健康检查结果和职业病诊疗等有关个人健康资料。

劳动者离开用人单位时，有权索取本人职业健康监护档案复印件，用人单位应当如实、无偿提供，并在所提供的复印件上签章。

◆发生或者可能发生急性职业病危害事故时，用人单位应当立即采取应急救援和控制措施，并及时报告所在地安全生产监督管理部门和有关部门。安全生产监督管理部门接到报告后，应当及时会同有关部门组织调查处理；必要时，可以采取临时控制措施。卫生行政部门应当组织做好医疗救治工作。

对遭受或者可能遭受急性职业病危害的劳动者，用人单位应当及时组织救治、进行健康检查和医学观察，所需费用由用人单位承担。

◆用人单位不得安排未成年工从事接触职业病危害的作业；不得安排孕期、哺乳期的女职工从事对本人和胎儿、婴儿有危害的作业。

◆劳动者享有下列职业卫生保护权利：

（1）获得职业卫生教育、培训。

（2）获得职业健康检查、职业病诊疗、康复等职业病防治服务。

（3）了解工作场所产生或者可能产生的职业病危害因素、危害后果和应当采取的职业病防护措施。

（4）要求用人单位提供符合防治职业病要求的职业病防护设施和个人使用的职业病防护用品，改善工作条件。

（5）对违反职业病防治法律、法规以及危及生命健康的行为提出批评、检举和控告。

（6）拒绝违章指挥和强令进行没有职业病防护措施的作业。

（7）参与用人单位职业卫生工作的民主管理，对职业病防治工作提出意见和建议。

用人单位应当保障劳动者行使前款所列权利。因劳动者依法行使正当权利而降低其工资、福利等待遇或者解除、终止与其订立的劳动合同的，其行为无效。

◆工会组织应当督促并协助用人单位开展职业卫生宣传教育和培训，有权对用人单位的职业病防治工作提出意见和建议，依法代表劳动者与用人单位签订劳动安全卫生专项集体合同，与用人单位就劳动者反映的有关职业病防治的问题进行协调并督促解决。

工会组织对用人单位违反职业病防治法律、法规，侵犯劳动者合法权益的行为，有权要求纠正；产生严重职业病危害时，有权要求采取防护措施，或者向政府有关部门建议采取强制性措施；发生职业病危害事故时，有权参与事故调查处理；发现危及劳动者生命健康的情形时，有权向用人单位建议组织劳动者撤离危险现场，用人单位应当立即作出处理。

◆用人单位按照职业病防治要求，用于预防和治理职业病危害、工作场所卫生检测、健康监护和职业卫生培训等费用，按照国家有关规定，在生产成本中据实列支。

◆职业卫生监督管理部门应当按照职责分工，加强对用人单位落实职业病防护管理措施情况的监督检查，依法行使职权，承担责任。

4. 有关法律责任的规定

在《职业病防治法》第六章法律责任中，对相关事项作了规定。

◆违反本法规定，有下列行为之一的，由安全生产监督管理部门给予警告，责令限期改正；逾期不改正的，处10万元以下的罚款：

（1）工作场所职业病危害因素检测、评价结果没有存档、上报、公布的。

（2）未采取本法第二十一条规定的职业病防治管理措施的。

（3）未按照规定公布有关职业病防治的规章制度、操作规程、职业病危害事故应急救援措施的。

（4）未按照规定组织劳动者进行职业卫生培训，或者未对劳动者个人职业病防护采取指导、督促措施的。

（5）国内首次使用或者首次进口与职业病危害有关的化学材料，未按照规定报送毒性鉴定资料以及经有关部门登记注册或者批准进口的文件的。

◆用人单位违反本法规定，有下列行为之一的，由安全生产监督管理部门责令限期改正，给予警告，可以并处5万元以上10万元以下的罚款：

（1）未按照规定及时、如实向安全生产监督管理部门申报产生职业病危害的项目的。

（2）未实施由专人负责的职业病危害因素日常监测，或者监测系统不能正常监测的。

（3）订立或者变更劳动合同时，未告知劳动者职业病危害真实情况的。

（4）未按照规定组织职业健康检查、建立职业健康监护档案或者未将检查结果书面告知劳动者的。

（5）未依照本法规定在劳动者离开用人单位时提供职业健康监护档案复印件的。

◆用人单位违反本法规定，有下列行为之一的，由安全生产监督管理部门给予警告，责令限期改正，逾期不改正的，处5万元以上20万元以下的罚款；情节严重的，责令停止产生职业病危害的作业，或者提请有关人民政府按照国务院规定的权限责令关闭：

（1）工作场所职业病危害因素的强度或者浓度超过国家职业卫生标准的。

（2）未提供职业病防护设施和个人使用的职业病防护用品，或者提供的职业病防护设施和个人使用的职业病防护用品不符合国家职业卫生标准和卫生要求的。

（3）对职业病防护设备、应急救援设施和个人使用的职业病防护用品未按照规定进行维护、检修、检测，或者不能保持正常运行、使用状态的。

（4）未按照规定对工作场所职业病危害因素进行检测、评价的。

（5）工作场所职业病危害因素经治理仍然达不到国家职业卫生标准和卫生要求时，未停止存在职业病危害因素的作业的。

（6）未按照规定安排职业病病人、疑似职业病病人进行诊治的。

（7）发生或者可能发生急性职业病危害事故时，未立即采取应急救援和控制措施或者未按照规定及时报告的。

（8）未按照规定在产生严重职业病危害的作业岗位醒目位置设置警示标识和中文警示说明的。

（9）拒绝职业卫生监督管理部门监督检查的。

（10）隐瞒、伪造、篡改、毁损职业健康监护档案、工作场所职业病危害因素检测评价结果等相关资料，或者拒不提供职业病诊断、鉴定所需资料的。

（11）未按照规定承担职业病诊断、鉴定费用和职业病病人的医疗、生活保障费用的。

◆向用人单位提供可能产生职业病危害的设备、材料，未按照规定提供中文说明书或者设置警示标识和中文警示说明的，由安全生产监督管理部门责令限期改正，给予警告，并处5万元以上20万元以下的罚款。

◆用人单位和医疗卫生机构未按照规定报告职业病、疑似职业病的，由有关主管部门依据职责分工责令限期改正，给予警告，可以并处1万元以下的罚款；弄虚作假的，并处2万元以上5万元以下的罚款；对直接负责的主管人员和其他直接责任人员，可以依法给予降级或者撤职的处分。

◆违反本法规定，有下列情形之一的，由安全生产监督管理部门责令限期治理，并处5万元以上30万元以下的罚款；情节严重的，责令停止产生职业病危害的作业，或者提请有关人民政府按照国务院规定的权限责令关闭：

（1）隐瞒技术、工艺、设备、材料所产生的职业病危害而采用的。

（2）隐瞒本单位职业卫生真实情况的。

（3）可能发生急性职业损伤的有毒、有害工作场所、放射工作场所或者放射性同位素的运输、贮存不符合本法第二十六条规定的。

（4）使用国家明令禁止使用的可能产生职业病危害的设备或者材料的。

（5）将产生职业病危害的作业转移给没有职业病防护条件的单位和个人，或者没有职业病防护条件的单位和个人接受产生职业病危害的作业的。

（6）擅自拆除、停止使用职业病防护设备或者应急救援设施的。

（7）安排未经职业健康检查的劳动者、有职业禁忌的劳动者、未成年工或者孕期、哺乳期女职工从事接触职业病危害的作业或者禁忌作业的。

（8）违章指挥和强令劳动者进行没有职业病防护措施的作业的。

◆生产、经营或者进口国家明令禁止使用的可能产生职业病危害的设备或者材料的，依照有关法律、行政法规的规定给予处罚。

◆用人单位违反本法规定，已经对劳动者生命健康造成严重损害的，由安全生产监督管理部门责令停止产生职业病危害的作业，或者提请有关人民政府按照国务院规定的权限责令关闭，并处10万元以上50万元以下的罚款。

◆用人单位违反本法规定，造成重大职业病危害事故或者其他严重后果，构成犯罪的，对直接负责的主管人员和其他直接责任人员，依法追究刑事责任。

◆违反本法规定，构成犯罪的，依法追究刑事责任。

二、《使用有毒物品作业场所劳动保护条例》有关职业病预防的规定

2002年5月12日，国务院公布《使用有毒物品作业场所劳动保护条例》（国务院令第

352号），自公布之日起施行。

制定《使用有毒物品作业场所劳动保护条例》的目的是为了保证作业场所安全使用有毒物品，预防、控制和消除职业中毒危害，保护劳动者的生命安全、身体健康及其相关权益。作业场所使用有毒物品可能产生职业中毒危害的劳动保护，适用本条例。本条例分为八章七十一条，各章内容为：第一章总则，第二章作业场所的预防措施，第三章劳动过程的防护，第四章职业健康监护，第五章劳动者的权利与义务，第六章监督管理，第七章罚则，第八章附则。

1.《使用有毒物品作业场所劳动保护条例》总则中的有关规定

在《使用有毒物品作业场所劳动保护条例》第一章总则中，对相关事项作了规定。

◆按照有毒物品产生的职业中毒危害程度，有毒物品分为一般有毒物品和高毒物品。国家对作业场所使用高毒物品实行特殊管理。

◆从事使用有毒物品作业的用人单位（以下简称用人单位）应当使用符合国家标准的有毒物品，不得在作业场所使用国家明令禁止使用的有毒物品或者使用不符合国家标准的有毒物品。

用人单位应当尽可能使用无毒物品；需要使用有毒物品的，应当优先选择使用低毒物品。

◆用人单位应当依照本条例和其他有关法律、行政法规的规定，采取有效的防护措施，预防职业中毒事故的发生，依法参加工伤保险，保障劳动者的生命安全和身体健康。

◆国家鼓励研制、开发、推广、应用有利于预防、控制、消除职业中毒危害和保护劳动者健康的新技术、新工艺、新材料；限制使用或者淘汰有关职业中毒危害严重的技术、工艺、材料；加强对有关职业病的机理和发生规律的基础研究，提高有关职业病防治科学技术水平。

◆禁止使用童工。用人单位不得安排未成年人和孕期、哺乳期的女职工从事使用有毒物品的作业。

◆工会组织应当督促并协助用人单位开展职业卫生宣传教育和培训，对用人单位的职业卫生工作提出意见和建议，与用人单位就劳动者反映的职业病防治问题进行协调并督促解决。

工会组织对用人单位违反法律、法规，侵犯劳动者合法权益的行为，有权要求纠正；产生严重职业中毒危害时，有权要求用人单位采取防护措施，或者向政府有关部门建议采取强制性措施；发生职业中毒事故时，有权参与事故调查处理；发现危及劳动者生命、健康的情形时，有权建议用人单位组织劳动者撤离危险现场，用人单位应当立即作出处理。

2. 有关作业场所的预防措施的规定

在《使用有毒物品作业场所劳动保护条例》第二章作业场所的预防措施中，对相关事项作了规定。

◆用人单位的设立，应当符合有关法律、行政法规规定的设立条件，并依法办理有关手续，取得营业执照。

用人单位的使用有毒物品作业场所，除应当符合职业病防治法规定的职业卫生要求外，还必须符合下列要求：

（1）作业场所与生活场所分开，作业场所不得住人。

（2）有害作业与无害作业分开，高毒作业场所与其他作业场所隔离。

（3）设置有效的通风装置；可能突然泄漏大量有毒物品或者易造成急性中毒的作业场所，设置自动报警装置和事故通风设施。

（4）高毒作业场所设置应急撤离通道和必要的泄险区。

用人单位及其作业场所符合前两款规定的，由卫生行政部门发给职业卫生安全许可证，方可从事使用有毒物品的作业。

◆使用有毒物品作业场所应当设置黄色区域警示线、警示标识和中文警示说明。警示说明应当载明产生职业中毒危害的种类、后果、预防以及应急救治措施等内容。

高毒作业场所应当设置红色区域警示线、警示标识和中文警示说明，并设置通讯报警设备。

◆从事使用高毒物品作业的用人单位，应当配备应急救援人员和必要的应急救援器材、设备，制定事故应急救援预案，并根据实际情况变化对应急救援预案适时进行修订，定期组织演练。事故应急救援预案和演练记录应当报当地卫生行政部门、安全生产监督管理部门和公安部门备案。

3. 有关劳动过程的防护的规定

在《使用有毒物品作业场所劳动保护条例》第三章劳动过程的防护中，对相关事项作了规定。

◆用人单位应当依照职业病防治法的有关规定，采取有效的职业卫生防护管理措施，加强劳动过程中的防护与管理。

从事使用高毒物品作业的用人单位，应当配备专职的或者兼职的职业卫生医师和护士；不具备配备专职的或者兼职的职业卫生医师和护士条件的，应当与依法取得资质认证的职业卫生技术服务机构签订合同，由其提供职业卫生服务。

◆用人单位应当与劳动者订立劳动合同，将工作过程中可能产生的职业中毒危害及其后果、职业中毒危害防护措施和待遇等如实告知劳动者，并在劳动合同中写明，不得隐瞒或者欺骗。

劳动者在已订立劳动合同期间因工作岗位或者工作内容变更，从事劳动合同中未告知的存在职业中毒危害的作业时，用人单位应当依照前款规定，如实告知劳动者，并协商变更原劳动合同有关条款。

用人单位违反前两款规定的，劳动者有权拒绝从事存在职业中毒危害的作业，用人单位不得因此单方面解除或者终止与劳动者所订立的劳动合同。

◆用人单位有关管理人员应当熟悉有关职业病防治的法律、法规以及确保劳动者安全使用有毒物品作业的知识。

用人单位应当对劳动者进行上岗前的职业卫生培训和在岗期间的定期职业卫生培训，普及有关职业卫生知识，督促劳动者遵守有关法律、法规和操作规程，指导劳动者正确使用职业中毒危害防护设备和个人使用的职业中毒危害防护用品。

劳动者经培训考核合格，方可上岗作业。

◆用人单位应当确保职业中毒危害防护设备、应急救援设施、通讯报警装置处于正常适用状态，不得擅自拆除或者停止运行。

用人单位应当对前款所列设施进行经常性的维护、检修，定期检测其性能和效果，确保其处于良好运行状态。

职业中毒危害防护设备、应急救援设施和通讯报警装置处于不正常状态时，用人单位应当立即停止使用有毒物品作业；恢复正常状态后，方可重新作业。

◆用人单位应当为从事使用有毒物品作业的劳动者提供符合国家职业卫生标准的防护用品，并确保劳动者正确使用。

◆有毒物品必须附具说明书，如实载明产品特性、主要成分、存在的职业中毒危害因素、可能产生的危害后果、安全使用注意事项、职业中毒危害防护以及应急救治措施等内容；没有说明书或者说明书不符合要求的，不得向用人单位销售。

用人单位有权向生产、经营有毒物品的单位索取说明书。

◆有毒物品的包装应当符合国家标准，并以易于劳动者理解的方式加贴或者拴挂有毒物品安全标签。有毒物品的包装必须有醒目的警示标识和中文警示说明。

经营、使用有毒物品的单位，不得经营、使用没有安全标签、警示标识和中文警示说明的有毒物品。

◆用人单位维护、检修存在高毒物品的生产装置，必须事先制订维护、检修方案，明确职业中毒危害防护措施，确保维护、检修人员的生命安全和身体健康。

维护、检修存在高毒物品的生产装置，必须严格按照维护、检修方案和操作规程进行。维护、检修现场应当有专人监护，并设置警示标志。

◆需要进入存在高毒物品的设备、容器或者狭窄封闭场所作业时，用人单位应当事先采取下列措施：

（1）保持作业场所良好的通风状态，确保作业场所职业中毒危害因素浓度符合国家职业卫生标准。

（2）为劳动者配备符合国家职业卫生标准的防护用品。

（3）设置现场监护人员和现场救援设备。

未采取前款规定措施或者采取的措施不符合要求的，用人单位不得安排劳动者进入存在高毒物品的设备、容器或者狭窄封闭场所作业。

◆用人单位应当按照国务院卫生行政部门的规定，定期对使用有毒物品作业场所职业中毒危害因素进行检测、评价。检测、评价结果存入用人单位职业卫生档案，定期向所在地卫生行政部门报告并向劳动者公布。

从事使用高毒物品作业的用人单位应当至少每一个月对高毒作业场所进行一次职业中毒危害因素检测；至少每半年进行一次职业中毒危害控制效果评价。

高毒作业场所职业中毒危害因素不符合国家职业卫生标准和卫生要求时，用人单位必须立即停止高毒作业，并采取相应的治理措施；经治理，职业中毒危害因素符合国家职业卫生标准和卫生要求的，方可重新作业。

◆从事使用高毒物品作业的用人单位应当设置淋浴间和更衣室，并设置清洗、存放或者处理从事使用高毒物品作业劳动者的工作服、工作鞋帽等物品的专用间。

劳动者结束作业时，其使用的工作服、工作鞋帽等物品必须存放在高毒作业区域内，不得穿戴到非高毒作业区域。

◆用人单位应当按照规定对从事使用高毒物品作业的劳动者进行岗位轮换。用人单位应当为从事使用高毒物品作业的劳动者提供岗位津贴。

◆用人单位转产、停产、停业或者解散、破产的，应当采取有效措施，妥善处理留存或者残留有毒物品的设备、包装物和容器。

◆用人单位应当对本单位执行本条例规定的情况进行经常性的监督检查；发现问题，应当及时依照本条例规定的要求进行处理。

三、《工作场所职业卫生监督管理规定》有关职业病预防的规定

2012 年 3 月 6 日，国家安全生产监督管理总局局长办公会议审议通过《工作场所职业卫生监督管理规定》（国家安全生产监督管理总局令第 47 号），自 2012 年 6 月 1 日起施行。国家安全生产监督管理总局 2009 年 7 月 1 日公布的《作业场所职业健康监督管理暂行规定》同时废止。

制定《工作场所职业卫生监督管理规定》的目的是为了加强职业卫生监督管理工作，强化用人单位职业病防治的主体责任，预防、控制职业病危害，保障劳动者健康和相关权益。用人单位的职业病防治和安全生产监督管理部门对其实施监督管理，适用本规定。本规定分为五章六十一条，各章内容为：第一章总则，第二章用人单位的职责，第三章监督管理，第四章法律责任，第五章附则。

1.《工作场所职业卫生监督管理规定》总则中的有关规定

在《工作场所职业卫生监督管理规定》第一章总则中，对相关事项作了规定。

◆用人单位应当加强职业病防治工作，为劳动者提供符合法律、法规、规章、国家职业卫生标准和卫生要求的工作环境和条件，并采取有效措施保障劳动者的职业健康。

◆用人单位是职业病防治的责任主体，并对本单位产生的职业病危害承担责任。

用人单位的主要负责人对本单位的职业病防治工作全面负责。

◆国家安全生产监督管理总局依照《中华人民共和国职业病防治法》和国务院规定的职责，负责全国用人单位职业卫生的监督管理工作。

县级以上地方人民政府安全生产监督管理部门依照《中华人民共和国职业病防治法》和本级人民政府规定的职责，负责本行政区域内用人单位职业卫生的监督管理工作。

◆任何单位和个人均有权向安全生产监督管理部门举报用人单位违反本规定的行为和职业病危害事故。

2. 有关用人单位的职责的规定

在《工作场所职业卫生监督管理规定》第二章用人单位的职责中，对相关事项作了规定。

◆职业病危害严重的用人单位，应当设置或者指定职业卫生管理机构或者组织，配备专职职业卫生管理人员。

其他存在职业病危害的用人单位，劳动者超过 100 人的，应当设置或者指定职业卫生管理机构或者组织，配备专职职业卫生管理人员；劳动者在 100 人以下的，应当配备专职或者兼职的职业卫生管理人员，负责本单位的职业病防治工作。

◆用人单位的主要负责人和职业卫生管理人员应当具备与本单位所从事的生产经营活动相适应的职业卫生知识和管理能力，并接受职业卫生培训。

用人单位主要负责人、职业卫生管理人员的职业卫生培训，应当包括下列主要内容：

（1）职业卫生相关法律、法规、规章和国家职业卫生标准。

（2）职业病危害预防和控制的基本知识。

（3）职业卫生管理相关知识。

（4）国家安全生产监督管理总局规定的其他内容。

◆用人单位应当对劳动者进行上岗前的职业卫生培训和在岗期间的定期职业卫生培训，普及职业卫生知识，督促劳动者遵守职业病防治的法律、法规、规章、国家职业卫生标准和操作规程。

用人单位应当对职业病危害严重的岗位的劳动者，进行专门的职业卫生培训，经培训合格后方可上岗作业。

因变更工艺、技术、设备、材料，或者岗位调整导致劳动者接触的职业病危害因素发生变化的，用人单位应当重新对劳动者进行上岗前的职业卫生培训。

◆存在职业病危害的用人单位应当制定职业病危害防治计划和实施方案，建立、健全下列职业卫生管理制度和操作规程：

（1）职业病危害防治责任制度。

（2）职业病危害警示与告知制度。

（3）职业病危害项目申报制度。

（4）职业病防治宣传教育培训制度。

（5）职业病防护设施维护检修制度。

（6）职业病防护用品管理制度。

（7）职业病危害监测及评价管理制度。

（8）建设项目职业卫生“三同时”管理制度。

（9）劳动者职业健康监护及其档案管理制度。

（10）职业病危害事故处置与报告制度。

（11）职业病危害应急救援与管理制度。

（12）岗位职业卫生操作规程。

（13）法律、法规、规章规定的其他职业病防治制度。

◆产生职业病危害的用人单位的工作场所应当符合下列基本要求：

（1）生产布局合理，有害作业与无害作业分开。

（2）工作场所与生活场所分开，工作场所不得住人。

（3）有与职业病防治工作相适应的有效防护设施。

（4）职业病危害因素的强度或者浓度符合国家职业卫生标准。

（5）有配套的更衣间、洗浴间、孕妇休息间等卫生设施。

（6）设备、工具、用具等设施符合保护劳动者生理、心理健康的要求。

（7）法律、法规、规章和国家职业卫生标准的其他规定。

◆用人单位工作场所存在职业病目录所列职业病的危害因素的，应当按照《职业病危害项目申报办法》的规定，及时、如实向所在地安全生产监督管理部门申报职业病危害项目，并接受安全生产监督管理部门的监督检查。

◆新建、改建、扩建的工程建设项目和技术改造、技术引进项目（以下统称建设项目）可能产生职业病危害的，建设单位应当按照《建设项目职业卫生“三同时”监督管理暂行办法》的规定，向安全生产监督管理部门申请备案、审核、审查和竣工验收。

◆产生职业病危害的用人单位，应当在醒目位置设置公告栏，公布有关职业病防治的规章制度、操作规程、职业病危害事故应急救援措施和工作场所职业病危害因素检测结果。

存在或者产生职业病危害的工作场所、作业岗位、设备、设施，应当按照《工作场所职业病危害警示标识》（GBZ 158）的规定，在醒目位置设置图形、警示线、警示语句等警示标识和中文警示说明。警示说明应当载明产生职业病危害的种类、后果、预防和应急处置措施等内容。

存在或产生高毒物品的作业岗位，应当按照《高毒物品作业岗位职业病危害告知规范》（GBZ/T 203）的规定，在醒目位置设置高毒物品告知卡，告知卡应当载明高毒物品的名称、理化特性、健康危害、防护措施及应急处理等告知内容与警示标识。

◆用人单位应当为劳动者提供符合国家职业卫生标准的职业病防护用品，并督促、指导劳动者按照使用规则正确佩戴、使用，不得以发放钱物替代发放职业病防护用品。

用人单位应当对职业病防护用品进行经常性的维护、保养，确保防护用品有效，不得使用不符合国家职业卫生标准或者已经失效的职业病防护用品。

◆在可能发生急性职业损伤的有毒、有害工作场所，用人单位应当设置报警装置，配置现场急救用品、冲洗设备、应急撤离通道和必要的泄险区。

现场急救用品、冲洗设备等应当设在可能发生急性职业损伤的工作场所或者临近地点，并在醒目位置设置清晰的标识。

在可能突然泄漏或者逸出大量有害物质的密闭或者半密闭工作场所，除遵守本条第一款、第二款规定外，用人单位还应当安装事故通风装置以及与事故排风系统相联锁的泄漏报警装置。

生产、销售、使用、贮存放射性同位素和射线装置的场所，应当按照国家有关规定设置明显的放射性标志，其入口处应当按照国家有关安全和防护标准的要求，设置安全和防护设施以及必要的防护安全联锁、报警装置或者工作信号。放射性装置的生产调试和使用场所，应当具有防止误操作、防止工作人员受到意外照射的安全措施。用人单位必须配备与辐射类型和辐射水平相适应的防护用品和监测仪器，包括个人剂量测量报警、固定式和便携式辐射监测、表面污染监测、流出物监测等设备，并保证可能接触放射线的工作人员佩戴个人剂量计。

◆用人单位应当对职业病防护设备、应急救援设施进行经常性的维护、检修和保养，定期检测其性能和效果，确保其处于正常状态，不得擅自拆除或者停止使用。

◆存在职业病危害的用人单位，应当实施由专人负责的工作场所职业病危害因素日常监测，确保监测系统处于正常工作状态。

◆存在职业病危害的用人单位，应当委托具有相应资质的职业卫生技术服务机构，每年至少进行一次职业病危害因素检测。

职业病危害严重的用人单位，除遵守前款规定外，应当委托具有相应资质的职业卫生技术服务机构，每 3 年至少进行一次职业病危害现状评价。

检测、评价结果应当存入本单位职业卫生档案，并向安全生产监督管理部门报告和劳动者公布。

◆用人单位在日常的职业病危害监测或者定期检测、现状评价过程中，发现工作场所职业病危害因素不符合国家职业卫生标准和卫生要求时，应当立即采取相应治理措施，确保其符合职业卫生环境和条件的要求；仍然达不到国家职业卫生标准和卫生要求的，必须停止存在职业病危害因素的作业；职业病危害因素经治理后，符合国家职业卫生标准和卫生要求的，方可重新作业。

◆向用人单位提供可能产生职业病危害的设备的，应当提供中文说明书，并在设备的醒目位置设置警示标识和中文警示说明。警示说明应当载明设备性能、可能产生的职业病危害、安全操作和维护注意事项、职业病防护措施等内容。

用人单位应当检查前款规定的事项，不得使用不符合要求的设备。

◆任何用人单位不得使用国家明令禁止使用的可能产生职业病危害的设备或者材料。

◆任何单位和个人不得将产生职业病危害的作业转移给不具备职业病防护条件的单位和个人。不具备职业病防护条件的单位和个人不得接受产生职业病危害的作业。

◆用人单位应当优先采用有利于防治职业病危害和保护劳动者健康的新技术、新工艺、新材料、新设备，逐步替代产生职业病危害的技术、工艺、材料、设备。

◆用人单位对采用的技术、工艺、材料、设备，应当知悉其可能产生的职业病危害，并采取相应的防护措施。对有职业病危害的技术、工艺、设备、材料，故意隐瞒其危害而采用的，用人单位对其所造成的职业病危害后果承担责任。

◆用人单位与劳动者订立劳动合同（含聘用合同）时，应当将工作过程中可能产生的职业病危害及其后果、职业病防护措施和待遇等如实告知劳动者，并在劳动合同中写明，不得隐瞒或者欺骗。

劳动者在履行劳动合同期间因工作岗位或者工作内容变更，从事与所订立劳动合同中未告知的存在职业病危害的作业时，用人单位应当依照前款规定，向劳动者履行如实告知的义务，并协商变更原劳动合同相关条款。

用人单位违反本条规定的，劳动者有权拒绝从事存在职业病危害的作业，用人单位不得因此解除与劳动者订立的劳动合同。

◆对从事接触职业病危害因素作业的劳动者，用人单位应当按照《用人单位职业健康监护监督管理办法》、《放射工作人员职业健康管理办法》、《职业健康监护技术规范》(GBZ 188)、《放射工作人员职业健康监护技术规范》(GBZ 235) 等有关规定组织上岗前、在岗期间、离岗时的职业健康检查，并将检查结果书面如实告知劳动者。

职业健康检查费用由用人单位承担。

◆用人单位应当按照《用人单位职业健康监护监督管理办法》的规定，为劳动者建立职业健康监护档案，并按照规定的期限妥善保存。

职业健康监护档案应当包括劳动者的职业史，职业病危害接触史，职业健康检查结果、处理结果和职业病诊疗等有关个人健康资料。

劳动者离开用人单位时，有权索取本人职业健康监护档案复印件，用人单位应当如实、无偿提供，并在所提供的复印件上签章。

◆劳动者健康出现损害需要进行职业病诊断、鉴定的，用人单位应当如实提供职业病诊断、鉴定所需的劳动者职业史和职业病危害接触史、工作场所职业病危害因素检测结果和放射工作人员个人剂量监测结果等资料。

◆用人单位不得安排未成年工从事接触职业病危害的作业，不得安排有职业禁忌的劳动者从事其所禁忌的作业，不得安排孕期、哺乳期女职工从事对本人和胎儿、婴儿有危害的作业。

◆用人单位应当建立、健全下列职业卫生档案资料：

(1) 职业病防治责任制文件。

(2) 职业卫生管理规章制度、操作规程。

(3) 工作场所职业病危害因素种类清单、岗位分布以及作业人员接触情况等资料。

(4) 职业病防护设施、应急救援设施基本信息，以及其配置、使用、维护、检修与更换等记录。

(5) 工作场所职业病危害因素检测、评价报告与记录。

(6) 职业病防护用品配备、发放、维护与更换等记录。

(7) 主要负责人、职业卫生管理人员和职业病危害严重工作岗位的劳动者等相关人员职业卫生培训资料。

(8) 职业病危害事故报告与应急处置记录。

(9) 劳动者职业健康检查结果汇总资料，存在职业禁忌证、职业健康损害或者职业病的劳动者处理和安置情况记录。

(10) 建设项目职业卫生“三同时”有关技术资料，以及其备案、审核、审查或者验收等有关回执或者批复文件。

(11) 职业卫生安全许可证申领、职业病危害项目申报等有关回执或者批复文件。

(12) 其他有关职业卫生管理的资料或者文件。

◆用人单位发生职业病危害事故，应当及时向所在地安全生产监督管理部门和有关部门报告，并采取有效措施，减少或者消除职业病危害因素，防止事故扩大。对遭受或者可能遭受急性职业病危害的劳动者，用人单位应当及时组织救治、进行健康检查和医学观察，并承担所需费用。

用人单位不得故意破坏事故现场、毁灭有关证据，不得迟报、漏报、谎报或者瞒报职业病危害事故。

◆用人单位发现职业病病人或者疑似职业病病人时，应当按照国家规定及时向所在地安全生产监督管理部门和有关部门报告。

◆工作场所使用有毒物品的用人单位，应当按照有关规定向安全生产监督管理部门申请办理职业卫生安全许可证。

◆用人单位在安全生产监督管理部门行政执法人员依法履行监督检查职责时，应当予以配合，不得拒绝、阻挠。

3. 有关法律责任的规定

在《工作场所职业卫生监督管理规定》第四章法律责任中，对相关事项作了规定。

◆用人单位有下列情形之一的，给予警告，责令限期改正，可以并处5 000元以上2万元以下的罚款：

(1) 未按照规定实行有害作业与无害作业分开、工作场所与生活场所分开的。

(2) 用人单位的主要负责人、职业卫生管理人员未接受职业卫生培训的。

◆用人单位有下列情形之一的，给予警告，责令限期改正；逾期未改正的，处10万元以下的罚款：

(1) 未按照规定制定职业病防治计划和实施方案的。

(2) 未按照规定设置或者指定职业卫生管理机构或者组织，或者未配备专职或者兼职的职业卫生管理人员的。

(3) 未按照规定建立、健全职业卫生管理制度和操作规程的。

(4) 未按照规定建立、健全职业卫生档案和劳动者健康监护档案的。

(5) 未建立、健全工作场所职业病危害因素监测及评价制度的。

(6) 未按照规定公布有关职业病防治的规章制度、操作规程和职业病危害事故应急救援措施的。

(7) 未按照规定组织劳动者进行职业卫生培训，或者未对劳动者个体防护采取有效的指导、督促措施的。

(8) 工作场所职业病危害因素检测、评价结果未按照规定存档、上报和公布的。

◆用人单位有下列情形之一的，责令限期改正，给予警告，可以并处5万元以上10万元以下的罚款：

(1) 未按照规定及时、如实申报产生职业病危害的项目的。

(2) 未实施由专人负责职业病危害因素日常监测，或者监测系统不能正常监测的。

(3) 订立或者变更劳动合同时，未告知劳动者职业病危害真实情况的。

(4) 未按照规定组织劳动者进行职业健康检查、建立职业健康监护档案或者未将检查结果书面告知劳动者的。

(5) 未按照规定在劳动者离开用人单位时提供职业健康监护档案复印件的。

◆用人单位有下列情形之一的，给予警告，责令限期改正；逾期未改正的，处5万元以上20万元以下的罚款；情节严重的，责令停止产生职业病危害的作业，或者提请有关人民政府按照国务院规定的权限责令关闭：

(1) 工作场所职业病危害因素的强度或者浓度超过国家职业卫生标准的。

(2) 未提供职业病防护设施和劳动者使用的职业病防护用品，或者提供的职业病防护设施和劳动者使用的职业病防护用品不符合国家职业卫生标准和卫生要求的。

(3) 未按照规定对职业病防护设备、应急救援设施和劳动者职业病防护用品进行维护、检修、检测，或者不能保持正常运行、使用状态的。

(4) 未按照规定对工作场所职业病危害因素进行检测、现状评价的。

(5) 工作场所职业病危害因素经治理仍然达不到国家职业卫生标准和卫生要求时，未停止存在职业病危害因素的作业的。

(6) 发生或者可能发生急性职业病危害事故，未立即采取应急救援和控制措施或者未按照规定及时报告的。

(7) 未按照规定在产生严重职业病危害的作业岗位醒目位置设置警示标识和中文警示说明的。

(8) 拒绝安全生产监督管理部门监督检查的。

(9) 隐瞒、伪造、篡改、毁损职业健康监护档案、工作场所职业病危害因素检测评价结果等相关资料，或者不提供职业病诊断、鉴定所需要资料的。

(10) 未按照规定承担职业病诊断、鉴定费用和职业病病人的医疗、生活保障费用的。

◆用人单位有下列情形之一的，责令限期改正，并处5万元以上30万元以下的罚款；情节严重的，责令停止产生职业病危害的作业，或者提请有关人民政府按照国务院规定的权限责令关闭：

(1) 隐瞒技术、工艺、设备、材料所产生的职业病危害而采用的。

(2) 隐瞒本单位职业卫生真实情况的。

(3) 可能发生急性职业损伤的有毒、有害工作场所或者放射工作场所不符合本规定第十七条规定的。

（4）使用国家明令禁止使用的可能产生职业病危害的设备或者材料的。

（5）将产生职业病危害的作业转移给没有职业病防护条件的单位和个人，或者没有职业病防护条件的单位和个人接受产生职业病危害的作业的。

（6）擅自拆除、停止使用职业病防护设备或者应急救援设施的。

（7）安排未经职业健康检查的劳动者、有职业禁忌的劳动者、未成年工或者孕期、哺乳期女职工从事接触产生职业病危害的作业或者禁忌作业的。

（8）违章指挥和强令劳动者进行没有职业病防护措施的作业的。

◆用人单位违反《中华人民共和国职业病防治法》的规定，已经对劳动者生命健康造成严重损害的，责令停止产生职业病危害的作业，或者提请有关人民政府按照国务院规定的权限责令关闭，并处10万元以上50万元以下的罚款。

造成重大职业病危害事故或者其他严重后果，构成犯罪的，对直接负责的主管人员和其他直接责任人员，依法追究刑事责任。

◆向用人单位提供可能产生职业病危害的设备或者材料，未按照规定提供中文说明书或者设置警示标识和中文警示说明的，责令限期改正，给予警告，并处5万元以上20万元以下的罚款。

◆用人单位未按照规定报告职业病、疑似职业病的，责令限期改正，给予警告，可以并处1万元以下的罚款；弄虚作假的，并处2万元以上5万元以下的罚款。

◆本规定所规定的行政处罚，由县级以上安全生产监督管理部门决定。法律、行政法规和国务院有关规定对行政处罚决定机关另有规定的，依照其规定。

四、职业病预防的主要方法

1. 职业病危害与职业病危害因素

职业病危害是指对从事职业活动的劳动者可能导致职业病的各种危害。职业病危害因素包括：职业活动中存在的各种有害的化学、物理、生物因素以及在作业过程中产生的其他职业有害因素。

预防职业病，就是在整个职业病防治过程中，把预防措施作为根本措施和首要环节放在先导地位，控制职业病危害源头，并在一切职业活动中尽可能地控制和消除职业病危害因素的产生，使工作场所职业卫生防护符合国家职业卫生标准和卫生要求。

目前世界上对某些职业病还没有有效的根治手段，例如矽肺病、尘肺病等，劳动者一旦罹患这些职业病，通常是不可逆转的。所以，防治职业病的关键在于预防，控制职业病必须从源头抓起，这个源头就是职业病危害因素。不良劳动条件存在各种职业病危害因素，按其来源可分为三类。

（1）生产过程中产生的有害因素。生产过程中产生的有害因素主要分为化学因素、物理因素、生物因素三类。

化学因素：有毒物质，如铅、汞、苯、砷、锰、镉、铊、氯、一氧化碳、有机磷农药等；生产性粉尘，无机性粉尘如矽尘、石棉尘、煤尘等，有机性粉尘如棉花、亚麻、烟草、茶叶等，以及混合性粉尘、放射性粉尘。

物理因素：不良气象条件，如高温、高湿、低温、高气压、低气压等；噪声、振动；高频电磁场、微波、红外线、紫外线、激光、X射线、γ射线等。

生物因素：如附着在皮毛上的炭疽杆菌、附着在蔗渣上的霉菌，以及布氏杆菌、森林脑炎病毒等。

（2）劳动过程中的有害因素。劳动过程中的有害因素主要有：①劳动组织和劳动制度不合理，如劳动时间过长，休息制度不合理、不健全等；②劳动中的精神（心理）过度紧张，劳动强度过大或劳动安排不当，如安排的作业与劳动者的生理状况不相适应、生产定额过高、超负荷加班加点等；③个别器官或系统过度紧张，如长时间用眼引起的视力疲劳、长时间处于某种不良体位或使用不合理的工具等。

（3）生产环境中的有害因素。生产场所设计不符合卫生标准或要求，如厂房低矮、狭窄，布局不合理，有毒和无毒的工段安排在一起等；缺乏必要的卫生技术设施，如没有通风换气、照明、防尘防毒、防噪声振动设备，或效果不好；职业危害防护设施和个人防护用品不全。在实际生产场所中，职业病危害因素往往不是单一存在的，而是多种因素同时对劳动者的健康产生作用，此时危害更大。

通常来讲，许多职业病病因明确，病因即职业危害因素，在控制病因或作用条件后，可以消除或减少发病。因此，根据职业病危害因素和职业病的特点，控制职业病必须从源头抓起，坚持预防为主。

2. 职业卫生工作的三级预防原则

（1）三级预防原则。预防职业病危害，即职业卫生工作的首要职责和任务是：识别、评价和控制生产中的不良劳动条件，保护劳动者的健康。职业卫生工作应遵循三级预防原则。

一级预防：从根本上使劳动者不接触职业病危害因素，如改进工艺和生产过程，确定容许接触量或接触水平，使生产过程达到安全标准；对人群中的易感者，根据职业禁忌避免有关人员进入职业禁忌岗位。

二级预防：在一级预防达不到要求，职业病危害因素已开始损伤劳动者的健康时，应及时发现，采取补救措施。主要工作为进行职业危害及健康的早期检测与及时处理，防止其进一步发展。

三级预防：对已患职业病者，作出正确诊断，及时处理，包括及时脱离接触进行治疗，防止恶化和并发症，使其恢复健康。

（2）三级预防的主要工作内容。根据上述三级预防原则，职业卫生工作应包括下列内容：

1）通过职业卫生调查，掌握职业病危害因素产生的原因、条件及其影响的程度，分析其对生产环境的污染和对健康危害的程度，建立记录档案，为进行全面调查和经常性的职业卫生监督提供资料，提出改善职业卫生条件的劳动保护措施和要求。

2）对接触职业病危害因素的劳动者进行定期体检，掌握作业工人的健康情况，做好职业病管理工作，建立健全职业病报告和登记制度，及时掌握职业病的发病情况，采取有效的预防措施。对职业病患者及时予以抢救、治疗和处理。确诊后，对其进行劳动能力鉴定。

3）根据有关职业卫生与职业病防治的法规和标准，对工业企业进行预防性和经常性的卫生监督。预防性的卫生监督包括对新建、扩建和改建设备设施的工业企业的设计进行卫生检查，对新工艺进行卫生学评价，对新化学物质进行卫生毒理学鉴定等，判断是否可以施工、投产或使用，以及确定必须采取哪些预防措施。经常性的卫生监督包括对劳动条件的卫生调查、生产环境的监测和对劳动者的健康监护。

4）宣传普及职业卫生与职业病防治的基本常识，提高广大职工的劳动保护意识，动员各有关方面力量密切配合，做好控制职业病危害因素的工作。

5）结合企业的特点、常见的职业病危害和存在的劳动保护问题，进行调查研究，分析总结，为制定有关法规、职业卫生标准和预防措施等提供科学依据。

实践证明，职业病是完全可以预防的，从控制职业病危害源头抓预防，预防工作重心前移，才能最有效地改善劳动条件，净化生产环境，保障劳动者的健康与安全。

3. 创造符合国家职业卫生标准要求的劳动条件

创造符合国家职业卫生标准要求的劳动条件，是用人单位的责任，也是法律法规的要求。《职业病防治法》第四条规定：用人单位应当为劳动者创造符合国家职业卫生标准和卫生要求的工作环境和条件，并采取措施保障劳动者获得职业卫生保护。第五条规定：用人单位应当建立、健全职业病防治责任制，加强对职业病防治的管理，提高职业病防治水平，对本单位产生的职业病危害承担责任。第六条规定：用人单位的主要负责人对本单位的职业病防治工作全面负责。对照法律法规的规定，用人单位不能一味追求本企业眼前经济利益，以牺牲劳动者的生命与健康为代价来换取本企业的短暂经济发展，这是违反《职业病防治法》的。

由于某些职业病一旦发生很难治愈，所以用人单位必须坚持预防为主、防治结合的方针，认真按照职业病前期预防、劳动过程中的防护与管理、职业病发生后的诊断治疗与职业病病人的保障三个阶段，根据《职业病防治法》的有关规定，逐一予以落实。

（1）用人单位应认真贯彻执行国家职业卫生标准。用人单位必须严格执行国家职业卫生标准，其工作场所职业病危害因素的强度或浓度，应符合国家职业卫生标准的要求。企业不能走“先危害、后治理”的发展道路，更不能将产生职业病危害的作业转移到经济不发达地区、乡镇企业等不具备职业病防护条件的单位或个人。用人单位发现工作场所职业病危害因素不符合国家职业卫生标准要求时，必须立即停止作业，只有在职业病危害因素治理达到国家职业卫生标准要求后，才可以重新作业。

（2）用人单位应大力改善职工的劳动条件。大力改善工作场所职工的劳动条件，是控制职业病危害的最佳途径。①应执行前面所述的新建、扩建、改建建设项目和技术改造、技术引进项目的工业企业，必须依法遵循职业卫生“三同时”原则。②用人单位应提醒、告知有严重职业病危害的作业岗位的职工，并在作业岗位处的醒目位置设置标明产生职业病危害的种类、后果、预防及应急救治措施等内容的警示标志。对可能产生急性职业中毒等职业病危害的场所，应有报警装置，并配有现场急救用品、冲洗设备等，工作场所还应配置防护设备和报警装置。③用人单位应对工作场所进行经常性的职业安全卫生检查；对职业病防护设备、应急救援设施和劳动防护用品，也应经常性地进行检测、维护与维修，确保其保持良好状态。④用人单位应采用有利于预防职业病危害、保护劳动者健康的新工艺、新技术、新材料，以替代职业病危害严重的工艺、技术及材料。⑤用人单位不得将有职业病危害的项目与作业转移给不具备职业病防护条件的单位、企业及个人生产作业。⑥用人单位应制订事故应急预案，当发生或可能发生急性职业病危害事故时，应按有关规定立即采取应急救援和控制措施，并按规定报告所在地卫生行政部门和有关部门。

（3）用人单位工作场所应符合职业卫生要求。生产、使用或产生有害因素的各类用人单位，工作场所应符合职业卫生要求，并认真执行国家职业卫生标准《工作场所有害因素职业接触限值》的规定。

《工作场所有害因素职业接触限值》主要内容如下：

职业接触限值是职业性有害因素的接触限制量值，指劳动者在职业活动过程中长期反复接触对机体不引起急性或慢性有害健康影响的容许接触量值。化学因素的职业接触限值可分为时间加权平均容许浓度、最高容许浓度和短时间接触容许浓度三类。时间加权平均容许浓度指以时间为权数规定的 8 h 工作日的平均容许接触水平。最高容许浓度指工作地点、一个工作日内、任何时间均不应超过的有毒化学物质的浓度。短时间接触容许浓度指一个工作日内，任何一次接触不得超过 15 min 时间加权平均的容许接触水平。工作场所指劳动者进行职业活动的全部地点。工作地点指劳动者从事职业活动或进行生产管理而经常或定时停留的地点。

五、劳动者依法享有的权利和承担的义务

1. 劳动者依法享有的职业卫生保护权利

从业人员既是生产经营活动中最活跃、最积极的因素，也是职业病危害最直接、最严重的受伤害者。基于此，为了在生产经营活动中预防和控制职业病危害，从业人员应当依法享有职业卫生保护的权利。

（1）享有获得职业卫生、劳动保护教育培训的权利。《职业病防治法》第三十五条规定：用人单位应当对劳动者进行上岗前的职业卫生培训和在岗期间的定期职业卫生培训，普及职业卫生知识，督促劳动者遵守职业病防治法律、法规、规章和操作规程，指导劳动者正确使用职业病防护设备和个人使用的职业病防护用品。此外，生产经营活动的复杂性和多样性，也决定了劳动者必须接受职业卫生、劳动保护教育培训的必要性。从业人员应当学习了解有关职业卫生与职业病防治法律法规知识，增强劳动保护法制意识。应当学习和掌握本职工作所需要的劳动保护知识，学习和掌握符合劳动保护要求的操作规程，提高安全生产技能，掌握生产中防范职业病危害的措施，学习有关职业病危害的常识。应当学会如何正确佩戴和使用个人劳动防护用品，掌握正确使用、维护职业病防护设备的知识。

（2）享有职业健康监护的权利。用人单位对从事接触职业病危害的作业的劳动者，应当按照规定组织上岗前、在岗期间和离岗时的职业健康检查，并将检查结果如实告知劳动者。职业健康检查费用由用人单位承担。用人单位不得安排未经上岗前职业健康检查的劳动者从事接触职业病危害的作业；不得安排有职业禁忌的劳动者从事其所禁忌的作业；对在职业健康检查中发现有与从事的职业相关的健康损害的劳动者，应当调离原工作岗位，并妥善安置；对未进行离岗前职业健康检查的劳动者不得解除或者终止与其订立的劳动合同。用人单位应当为劳动者建立职业健康监护档案，并按照规定的期限妥善保存。劳动者离开用人单位时，有权索取本人职业健康监护档案复印件，用人单位应当如实、无偿提供，并在所提供的复印件上签章。

（3）享有工作场所职业病危害因素、危害后果和应采取的劳动保护措施的知情权。《职业病防治法》第三十四条规定：用人单位与劳动者订立劳动合同（含聘用合同）时，应当将工作过程中可能产生的职业病危害及其后果、职业病防护措施和待遇等如实告知劳动者，并在劳动合同中写明，不得隐瞒或者欺骗。这就是劳动者所享有的知情权。劳动者有权知道自己所从事生产作业的工作场所及劳动过程中可能产生的职业病危害因素与危害后果，以及应采取的劳动保护措施，用人单位不得欺骗或隐瞒。

（4）享有要求提供职业病防护设施、用品与条件的权利。从事接触职业病危害的作业的劳动者，享有要求用人单位提供符合防治职业病要求的职业病防护设施和个人使用的职

业病防护用品以及改善工作条件的权利。

（5）享有对违反职业病防治法律法规行为的批评、检举、控告权。劳动者是生产经营活动的直接承担者，也是工作场所职业病危害的直接面对者。实践中，劳动者对本单位的劳动保护工作有切身的感受和体会，能够提出一些切中要害的批评与建议。因此，赋予劳动者对本单位劳动保护工作提出批评与建议权，不仅可以充分调动劳动者在劳动保护管理方面的主动性和积极性，体现劳动保护管理的民主性，而且有利于减少用人单位劳动保护工作中的失误，保障劳动保护工作的科学性、合理性，有效地防止职业病危害事故的发生。

（6）享有拒绝违章指挥和强令进行没有职业病防护措施的冒险作业的权利。违章指挥是指用人单位有关管理人员违反国家关于劳动保护、职业病防治的法律法规和有关规章制度的规定，对劳动者具体的生产经营活动进行指挥；强令进行没有职业病防护措施的冒险作业，是指用人单位有关管理人员在明知开始或者继续作业会有职业病危害的情况下，仍然强迫劳动者进行作业的行为。用人单位违章指挥、强令冒险作业，违背了“预防为主、防治结合”的方针，侵犯了劳动者的合法权益，是严重的违法行为，也是直接导致职业病危害事故的重要原因。实践中，许多职业病危害事故的发生都与违章指挥、强令冒险作业有关。因此，规定从业人员有权拒绝违章指挥和强令冒险作业，对于维护正常的生产秩序，有效地防止职业病危害事故发生，保护劳动者的人身安全与健康，具有十分重要的意义。

（7）依法享受国家规定的职业病待遇权利。《职业病防治法》有关条款规定，职业病病人依法享受国家规定的职业病待遇。用人单位应当安排职业病病人进行治疗、康复和定期检查。对不适宜继续从事原工作的职业病病人，应当调离原岗位，并妥善安置。对从事接触职业病危害的作业的劳动者，应当给予适当岗位津贴。职业病病人的诊疗和康复费用、伤残以及丧失劳动能力的职业病病人的社会保障，按照国家有关工伤保险的规定执行。依照有关民事法律，尚有获得赔偿的权利的，有权向用人单位提出赔偿要求。

《劳动法》和《社会保险法》有关条款规定，劳动者在退休、患病或负伤、因工伤残或患有职业病、失业、生育等情况下，依法享受社会保险待遇。劳动者因职业病死亡后，其遗属依法享受有关抚恤金。劳动者享受的社会保险待遇必须按时足额支付。

2. 劳动者在职业病防治中须承担的义务

劳动者在享有职业健康保护权利的同时，也必须履行相应的义务，概括起来主要包括以下几个方面：

（1）遵守安全卫生规章制度和操作规程的义务。劳动者应当学习和掌握相关的职业卫生知识，增强职业病防范意识，遵守职业病防治法律、法规、规章和操作规程，正确使用、维护职业病防护设备和个人使用的职业病防护用品，发现职业病危害事故隐患应当及时报告。这就意味着在生产活动过程中，劳动者必须增强法制观念，自觉遵章守纪，把遵守规章制度和落实操作规程贯穿于具体的作业活动之中。

（2）服从管理的义务。为了保持良好的生产劳动秩序，保障自身与他人的安全和健康，劳动者必须服从管理人员依照规章制度和操作规程进行的安全卫生管理。根据法律规定，劳动者不服从管理，违反劳动安全卫生规章制度和操作规程的，由生产经营单位对其进行批评教育，依照有关规章制度给予处分；造成重大事故，构成犯罪的，依法追究刑事责任。

（3）正确佩戴和使用劳动防护用品的义务。正确佩戴和使用劳动防护用品，是因为不同的劳动防护用品具有特定的佩戴和使用的规则及方法，劳动者要努力掌握这些规则及方法，并且在需要佩戴和使用的场所能够正确佩戴和使用。

（4）掌握劳动安全卫生知识与提高技术技能的义务。通过接受劳动安全卫生教育培训，掌握劳动安全卫生知识和提高技术技能，既是劳动者享有的权利，同时也是劳动者必须履行的一项法定义务。这就要求劳动者必须自觉地接受劳动安全卫生教育培训，不断适应生产活动的知识和技能要求。

（5）发现事故隐患和职业危害并及时报告的义务。劳动者发现事故隐患或者其他不安全因素，应当立即向现场管理人员或者本单位负责人报告。这项义务要求劳动者不仅要具备对各类事故隐患的识别能力，还必须具有强烈的责任心和大局意识。

第三节　职业病的诊断与鉴定

近年来，随着我国工业化的迅速发展，职业病危害形势十分严峻，职业病危害已经成为影响劳动者健康，导致劳动者失去劳动能力的最主要因素。因粉尘、放射性污染和有毒、有害作业导致劳动者患职业病死亡、致残、部分丧失劳动能力的人数不断增加，其危害程度远高于生产安全事故和交通事故。

职业病的诊断与鉴定主要执行两个法律法规，即《职业病防治法》和《职业病诊断与鉴定管理办法》。其中《职业病诊断与鉴定管理办法》（卫生部令第 91 号）于 2013 年 2 月 19 日公布，自 2013 年 4 月 10 日起施行。2002 年 3 月 28 日卫生部公布的《职业病诊断与鉴定管理办法》同时废止。

一、《职业病防治法》的有关规定

2011 年 12 月 31 日，第十一届全国人民代表大会常务委员会第二十四次会议通过《全国人民代表大会常务委员会关于修改〈中华人民共和国职业病防治法〉的决定》，自公布之日起施行。

在修订后的《职业病防治法》第四章职业病诊断与职业病病人保障中，专门对相关事项作出规定。主要内容如下：

◆医疗卫生机构承担职业病诊断，应当经省、自治区、直辖市人民政府卫生行政部门批准。省、自治区、直辖市人民政府卫生行政部门应当向社会公布本行政区域内承担职业病诊断的医疗卫生机构的名单。

承担职业病诊断的医疗卫生机构应当具备下列条件：

（1）持有《医疗机构执业许可证》。

（2）具有与开展职业病诊断相适应的医疗卫生技术人员。

（3）具有与开展职业病诊断相适应的仪器、设备。

（4）具有健全的职业病诊断质量管理制度。

承担职业病诊断的医疗卫生机构不得拒绝劳动者进行职业病诊断的要求。

◆劳动者可以在用人单位所在地、本人户籍所在地或者经常居住地依法承担职业病诊断的医疗卫生机构进行职业病诊断。

◆职业病诊断标准和职业病诊断、鉴定办法由国务院卫生行政部门制定。职业病伤残等级的鉴定办法由国务院劳动保障行政部门会同国务院卫生行政部门制定。

◆职业病诊断，应当综合分析下列因素：

（1）病人的职业史。

（2）职业病危害接触史和工作场所职业病危害因素情况。

（3）临床表现以及辅助检查结果等。

没有证据否定职业病危害因素与病人临床表现之间的必然联系的，应当诊断为职业病。

承担职业病诊断的医疗卫生机构在进行职业病诊断时，应当组织 3 名以上取得职业病诊断资格的执业医师集体诊断。

职业病诊断证明书应当由参与诊断的医师共同签署，并经承担职业病诊断的医疗卫生机构审核盖章。

◆用人单位应当如实提供职业病诊断、鉴定所需的劳动者职业史和职业病危害接触史、工作场所职业病危害因素检测结果等资料；安全生产监督管理部门应当监督检查和督促用人单位提供上述资料；劳动者和有关机构也应当提供与职业病诊断、鉴定有关的资料。

职业病诊断、鉴定机构需要了解工作场所职业病危害因素情况时，可以对工作场所进行现场调查，也可以向安全生产监督管理部门提出，安全生产监督管理部门应当在 10 日内组织现场调查。用人单位不得拒绝、阻挠。

◆职业病诊断、鉴定过程中，用人单位不提供工作场所职业病危害因素检测结果等资料的，诊断、鉴定机构应当结合劳动者的临床表现、辅助检查结果和劳动者的职业史、职业病危害接触史，并参考劳动者的自述、安全生产监督管理部门提供的日常监督检查信息等，作出职业病诊断、鉴定结论。

劳动者对用人单位提供的工作场所职业病危害因素检测结果等资料有异议，或者因劳动者的用人单位解散、破产，无用人单位提供上述资料的，诊断、鉴定机构应当提请安全生产监督管理部门进行调查，安全生产监督管理部门应当自接到申请之日起 30 日内对存在异议的资料或者工作场所职业病危害因素情况作出判定；有关部门应当配合。

◆职业病诊断、鉴定过程中，在确认劳动者职业史、职业病危害接触史时，当事人对劳动关系、工种、工作岗位或者在岗时间有争议的，可以向当地的劳动人事争议仲裁委员会申请仲裁；接到申请的劳动人事争议仲裁委员会应当受理，并在 30 日内作出裁决。

当事人在仲裁过程中对自己提出的主张，有责任提供证据。劳动者无法提供由用人单位掌握管理的与仲裁主张有关的证据的，仲裁庭应当要求用人单位在指定期限内提供；用人单位在指定期限内不提供的，应当承担不利后果。

劳动者对仲裁裁决不服的，可以依法向人民法院提起诉讼。

用人单位对仲裁裁决不服的，可以在职业病诊断、鉴定程序结束之日起 15 日内依法向人民法院提起诉讼；诉讼期间，劳动者的治疗费用按照职业病待遇规定的途径支付。

◆用人单位和医疗卫生机构发现职业病病人或者疑似职业病病人时，应当及时向所在地卫生行政部门和安全生产监督管理部门报告。确诊为职业病的，用人单位还应当向所在地劳动保障行政部门报告。接到报告的部门应当依法作出处理。

◆县级以上地方人民政府卫生行政部门负责本行政区域内的职业病统计报告的管理工作，并按照规定上报。

◆当事人对职业病诊断有异议的，可以向作出诊断的医疗卫生机构所在地地方人民政府卫生行政部门申请鉴定。

职业病诊断争议由设区的市级以上地方人民政府卫生行政部门根据当事人的申请，组织职业病诊断鉴定委员会进行鉴定。

当事人对设区的市级职业病诊断鉴定委员会的鉴定结论不服的，可以向省、自治区、直辖市人民政府卫生行政部门申请再鉴定。

◆职业病诊断鉴定委员会由相关专业的专家组成。

省、自治区、直辖市人民政府卫生行政部门应当设立相关的专家库，需要对职业病争议作出诊断鉴定时，由当事人或者当事人委托有关卫生行政部门从专家库中以随机抽取的方式确定参加诊断鉴定委员会的专家。

职业病诊断鉴定委员会应当按照国务院卫生行政部门颁布的职业病诊断标准和职业病诊断、鉴定办法进行职业病诊断鉴定，向当事人出具职业病诊断鉴定书。职业病诊断、鉴定费用由用人单位承担。

◆职业病诊断鉴定委员会组成人员应当遵守职业道德，客观、公正地进行诊断鉴定，并承担相应的责任。职业病诊断鉴定委员会组成人员不得私下接触当事人，不得收受当事人的财物或者其他好处，与当事人有利害关系的，应当回避。

人民法院受理有关案件需要进行职业病鉴定时，应当从省、自治区、直辖市人民政府卫生行政部门依法设立的相关的专家库中选取参加鉴定的专家。

◆医疗卫生机构发现疑似职业病病人时，应当告知劳动者本人并及时通知用人单位。

用人单位应当及时安排对疑似职业病病人进行诊断；在疑似职业病病人诊断或者医学观察期间，不得解除或者终止与其订立的劳动合同。

疑似职业病病人在诊断、医学观察期间的费用，由用人单位承担。

◆用人单位应当保障职业病病人依法享受国家规定的职业病待遇。用人单位应当按照国家有关规定，安排职业病病人进行治疗、康复和定期检查。用人单位对不适宜继续从事原工作的职业病病人，应当调离原岗位，并妥善安置。用人单位对从事接触职业病危害的作业的劳动者，应当给予适当岗位津贴。

◆职业病病人的诊疗、康复费用，伤残以及丧失劳动能力的职业病病人的社会保障，按照国家有关工伤保险的规定执行。

◆职业病病人除依法享有工伤保险外，依照有关民事法律，尚有获得赔偿的权利的，有权向用人单位提出赔偿要求。

◆劳动者被诊断患有职业病，但用人单位没有依法参加工伤保险的，其医疗和生活保障由该用人单位承担。

◆职业病病人变动工作单位，其依法享有的待遇不变。

用人单位在发生分立、合并、解散、破产等情形时，应当对从事接触职业病危害的作业的劳动者进行健康检查，并按照国家有关规定妥善安置职业病病人。

◆用人单位已经不存在或者无法确认劳动关系的职业病病人，可以向地方人民政府民政部门申请医疗救助和生活等方面的救助。

地方各级人民政府应当根据本地区的实际情况，采取其他措施，使前款规定的职业病病人获得医疗救治。

二、《职业病诊断与鉴定管理办法》的有关规定

制定《职业病诊断与鉴定管理办法》的目的是为了规范职业病诊断与鉴定工作，加强职业病诊断与鉴定管理。本办法分为七章六十三条，各章内容为：第一章总则，第二章诊断机构，第三章诊断，第四章鉴定，第五章监督管理，第六章法律责任，第七章附则。

1.《职业病诊断与鉴定管理办法》总则中的有关规定

在《职业病诊断与鉴定管理办法》第一章总则中，对相关事项作了规定。

◆职业病诊断与鉴定工作应当按照《职业病防治法》、本办法的有关规定及国家职业病诊断标准进行，遵循科学、公正、及时、便民的原则。

◆职业病诊断机构的设置必须适应职业病防治工作实际需要，充分利用现有医疗卫生资源，实现区域覆盖。

◆各地要加强职业病诊断机构能力建设，提供必要的保障条件，配备相关的人员、设备和工作经费，以满足职业病诊断工作的需要。

2. 有关诊断机构的规定

在《职业病诊断与鉴定管理办法》第二章诊断机构中，对相关事项作了规定。

◆省、自治区、直辖市人民政府卫生行政部门（以下简称省级卫生行政部门）应当结合本行政区域职业病防治工作制定职业病诊断机构设置规划，报省级人民政府批准后实施。

◆职业病诊断机构应当具备下列条件：

（1）持有《医疗机构执业许可证》。

（2）具有相应的诊疗科目及与开展职业病诊断相适应的职业病诊断医师等相关医疗卫生技术人员。

（3）具有与开展职业病诊断相适应的场所和仪器、设备。

（4）具有健全的职业病诊断质量管理制度。

◆医疗卫生机构申请开展职业病诊断，应当向省级卫生行政部门提交以下资料：

（1）职业病诊断机构申请表。

（2）《医疗机构执业许可证》及副本的复印件。

（3）与申请开展的职业病诊断项目相关的诊疗科目及相关资料。

（4）与申请项目相适应的职业病诊断医师等相关医疗卫生技术人员情况。

（5）与申请项目相适应的场所和仪器、设备清单。

（6）职业病诊断质量管理制度有关资料。

（7）省级卫生行政部门规定提交的其他资料。

◆省级卫生行政部门收到申请材料后，应当在5个工作日内作出是否受理的决定，不受理的应当说明理由并书面通知申请单位。

决定受理的，省级卫生行政部门应当及时组织专家组进行技术评审。专家组应当自卫生行政部门受理申请之日起60日内完成和提交技术评审报告，并对提交的技术评审报告负责。

◆省级卫生行政部门应当自收到技术评审报告之日起 20 个工作日内，作出是否批准的决定。

对批准的申请单位颁发职业病诊断机构批准证书；不批准的应当说明理由并书面通知申请单位。

职业病诊断机构批准证书有效期为 5 年。

◆职业病诊断机构需要延续依法取得的职业病诊断机构批准证书有效期的，应当在批准证书有效期届满 30 日前，向原批准机关申请延续。经原批准机关审核合格的，延续批准证书。

◆符合本办法第六条规定的公立医疗卫生机构可以申请开展职业病诊断工作。

设区的市没有医疗卫生机构申请开展职业病诊断的，省级卫生行政部门应当根据职业病诊断工作的需要，指定公立医疗卫生机构承担职业病诊断工作，并使其在规定时间内达到本办法第六条规定的条件。

◆职业病诊断机构的职责是：

(1) 在批准的职业病诊断项目范围内开展职业病诊断。

(2) 报告职业病。

(3) 报告职业病诊断工作情况。

(4) 承担《职业病防治法》中规定的其他职责。

◆职业病诊断机构依法独立行使诊断权，并对其作出的职业病诊断结论负责。

◆职业病诊断机构应当建立和健全职业病诊断管理制度，加强职业病诊断医师等有关医疗卫生人员技术培训和政策、法律培训，并采取措施改善职业病诊断工作条件，提高职业病诊断服务质量和水平。

◆职业病诊断机构应当公开职业病诊断程序，方便劳动者进行职业病诊断。

职业病诊断机构及其相关工作人员应当尊重、关心、爱护劳动者，保护劳动者的隐私。

◆从事职业病诊断的医师应当具备下列条件，并取得省级卫生行政部门颁发的职业病诊断资格证书：

(1) 具有医师执业证书。

(2) 具有中级以上卫生专业技术职务任职资格。

(3) 熟悉职业病防治法律法规和职业病诊断标准。

(4) 从事职业病诊断、鉴定相关工作 3 年以上。

(5) 按规定参加职业病诊断医师相应专业的培训，并考核合格。

◆职业病诊断医师应当依法在其资质范围内从事职业病诊断工作，不得从事超出其资质范围的职业病诊断工作。

◆省级卫生行政部门应当向社会公布本行政区域内职业病诊断机构名单、地址、诊断项目等相关信息。

3. 有关职业病诊断的规定

在《职业病诊断与鉴定管理办法》第三章诊断中，对相关事项作了规定。

◆劳动者可以选择用人单位所在地、本人户籍所在地或者经常居住地的职业病诊断机构进行职业病诊断。

◆职业病诊断机构应当按照《职业病防治法》、本办法的有关规定和国家职业病诊断标准，依据劳动者的职业史、职业病危害接触史和工作场所职业病危害因素情况、临床表现以及辅助检查结果等，进行综合分析，作出诊断结论。

◆职业病诊断需要以下资料：

（1）劳动者职业史和职业病危害接触史（包括在岗时间、工种、岗位、接触的职业病危害因素名称等）。

（2）劳动者职业健康检查结果。

（3）工作场所职业病危害因素检测结果。

（4）职业性放射性疾病诊断还需要个人剂量监测档案等资料。

（5）与诊断有关的其他资料。

◆劳动者依法要求进行职业病诊断的，职业病诊断机构应当接诊，并告知劳动者职业病诊断的程序和所需材料。劳动者应当填写《职业病诊断就诊登记表》，并提交其掌握的本办法第二十一条规定的职业病诊断资料。

◆在确认劳动者职业史、职业病危害接触史时，当事人对劳动关系、工种、工作岗位或者在岗时间有争议的，职业病诊断机构应当告知当事人依法向用人单位所在地的劳动人事争议仲裁委员会申请仲裁。

◆职业病诊断机构进行职业病诊断时，应当书面通知劳动者所在的用人单位提供其掌握的本办法所规定的职业病诊断资料，用人单位应当在接到通知后的10日内如实提供。

◆用人单位未在规定时间内提供职业病诊断所需要资料的，职业病诊断机构可以依法提请安全生产监督管理部门督促用人单位提供。

◆劳动者对用人单位提供的工作场所职业病危害因素检测结果等资料有异议，或者因劳动者的用人单位解散、破产，无用人单位提供上述资料的，职业病诊断机构应当依法提请用人单位所在地安全生产监督管理部门进行调查。

职业病诊断机构在安全生产监督管理部门作出调查结论或者判定前应当中止职业病诊断。

◆职业病诊断机构需要了解工作场所职业病危害因素情况时，可以对工作场所进行现场调查，也可以依法提请安全生产监督管理部门组织现场调查。

◆经安全生产监督管理部门督促，用人单位仍不提供工作场所职业病危害因素检测结果、职业健康监护档案等资料或者提供资料不全的，职业病诊断机构应当结合劳动者的临床表现、辅助检查结果和劳动者的职业史、职业病危害接触史，并参考劳动者自述、安全生产监督管理部门提供的日常监督检查信息等，作出职业病诊断结论。仍不能作出职业病诊断的，应当提出相关医学意见或者建议。

◆职业病诊断机构在进行职业病诊断时，应当组织 3 名以上单数职业病诊断医师进行集体诊断。

职业病诊断医师应当独立分析、判断、提出诊断意见，任何单位和个人无权干预。

◆职业病诊断机构在进行职业病诊断时，诊断医师对诊断结论有意见分歧的，应当根据半数以上诊断医师的一致意见形成诊断结论，对不同意见应当如实记录。参加诊断的职业病诊断医师不得弃权。

◆职业病诊断机构可以根据诊断需要，聘请其他单位职业病诊断医师参加诊断。必要时，可以邀请相关专业专家提供咨询意见。

◆职业病诊断机构作出职业病诊断结论后，应当出具职业病诊断证明书。

职业病诊断证明书应当包括以下内容：

（1）劳动者、用人单位基本信息。

（2）诊断结论。确诊为职业病的，应当载明职业病的名称、程度（期别）、处理意见。

（3）诊断时间。

职业病诊断证明书应当由参加诊断的医师共同签署，并经职业病诊断机构审核盖章。

职业病诊断证明书一式三份，劳动者、用人单位各一份，诊断机构存档一份。职业病诊断证明书的格式由卫生部统一规定。

◆职业病诊断机构应当建立职业病诊断档案并永久保存，档案应当包括：

（1）职业病诊断证明书。

（2）职业病诊断过程记录，包括参加诊断的人员、时间、地点、讨论内容及诊断结论。

（3）用人单位、劳动者和相关部门、机构提交的有关资料。

（4）临床检查与实验室检验等资料。

（5）与诊断有关的其他资料。

◆职业病诊断机构发现职业病病人或者疑似职业病病人时，应当及时向所在地卫生行政部门和安全生产监督管理部门报告。

确诊为职业病的，职业病诊断机构可以根据需要，向相关监管部门、用人单位提出专业建议。

◆未取得职业病诊断资质的医疗卫生机构，在诊疗活动中怀疑劳动者健康损害可能与其所从事的职业有关时，应当及时告知劳动者到职业病诊断机构进行职业病诊断。

4. 有关职业病鉴定的规定

在《职业病诊断与鉴定管理办法》第四章鉴定中，对相关事项作了规定。

◆当事人对职业病诊断机构作出的职业病诊断结论有异议的，可以在接到职业病诊断证明书之日起 30 日内，向职业病诊断机构所在地设区的市级卫生行政部门申请鉴定。

设区的市级职业病诊断鉴定委员会负责职业病诊断争议的首次鉴定。

当事人对设区的市级职业病鉴定结论不服的，可以在接到鉴定书之日起 15 日内，向原鉴定组织所在地省级卫生行政部门申请再鉴定。

职业病鉴定实行两级鉴定制，省级职业病鉴定结论为最终鉴定。

◆卫生行政部门可以指定办事机构，具体承担职业病鉴定的组织和日常性工作。职业病鉴定办事机构的职责是：

（1）接受当事人申请。

（2）组织当事人或者接受当事人委托抽取职业病鉴定专家。

（3）组织职业病鉴定会议，负责会议记录、职业病鉴定相关文书的收发及其他事务性工作。

（4）建立并管理职业病鉴定档案。

（5）承担卫生行政部门委托的有关职业病鉴定的其他工作。

职业病诊断机构不能作为职业病鉴定办事机构。

◆设区的市级以上地方卫生行政部门应当向社会公布本行政区域内依法承担职业病鉴定工作的办事机构的名称、工作时间、地点和鉴定工作程序。

◆省级卫生行政部门应当设立职业病鉴定专家库（以下简称专家库），并根据实际工作需要及时调整其成员。专家库可以按照专业类别进行分组。

◆专家库应当以取得各类职业病诊断资格的医师为主要成员，吸收临床相关学科、职业卫生、放射卫生等相关专业的专家组成。专家应当具备下列条件：

（1）具有良好的业务素质和职业道德。

（2）具有相关专业的高级专业技术职务任职资格。

（3）熟悉职业病防治法律法规和职业病诊断标准。

（4）身体健康，能够胜任职业病鉴定工作。

◆参加职业病鉴定的专家，应当由申请鉴定的当事人或者当事人委托的职业病鉴定办事机构从专家库中按照专业类别以随机抽取的方式确定。抽取的专家组成职业病鉴定专家组（以下简称专家组）。

经当事人同意，职业病鉴定办事机构可以根据鉴定需要聘请本省、自治区、直辖市以外的相关专业专家作为专家组成员，并有表决权。

◆专家组人数为5人以上单数，其中相关专业职业病诊断医师应当为本次专家人数的半数以上。疑难病例应当增加专家组人数，充分听取意见。专家组设组长1名，由专家组成员推举产生。职业病鉴定会议由专家组组长主持。

◆参与职业病鉴定的专家有下列情形之一的，应当回避：

(1) 是职业病鉴定当事人或者当事人近亲属的。

(2) 已参加当事人职业病诊断或者首次鉴定的。

(3) 与职业病鉴定当事人有利害关系的。

(4) 与职业病鉴定当事人有其他关系，可能影响鉴定公正的。

◆当事人申请职业病鉴定时，应当提供以下资料：

(1) 职业病鉴定申请书。

(2) 职业病诊断证明书，申请省级鉴定的还应当提交市级职业病鉴定书。

(3) 卫生行政部门要求提供的其他有关资料。

◆职业病鉴定办事机构应当自收到申请资料之日起5个工作日内完成资料审核，对资料齐全的发给受理通知书；资料不全的，应当书面通知当事人补充。资料补充齐全的，应当受理申请并组织鉴定。

职业病鉴定办事机构收到当事人鉴定申请之后，根据需要可以向原职业病诊断机构或者首次职业病鉴定办事机构调阅有关的诊断、鉴定资料。原职业病诊断机构或者首次职业病鉴定办事机构应当在接到通知之日起15日内提交。

职业病鉴定办事机构应当在受理鉴定申请之日起60日内组织鉴定、形成鉴定结论，并在鉴定结论形成后15日内出具职业病鉴定书。

◆根据职业病鉴定工作需要，职业病鉴定办事机构可以向有关单位调取与职业病诊断、鉴定有关的资料，有关单位应当如实、及时提供。

专家组应当听取当事人的陈述和申辩，必要时可以组织进行医学检查。

需要了解被鉴定人的工作场所职业病危害因素情况时，职业病鉴定办事机构根据专家组的意见可以对工作场所进行现场调查，或者依法提请安全生产监督管理部门组织现场调查。依法提请安全生产监督管理部门组织现场调查的，在现场调查结论或者判定作出前，职业病鉴定应当中止。

职业病鉴定应当遵循客观、公正的原则，专家组进行职业病鉴定时，可以邀请有关单位人员旁听职业病鉴定会。所有参与职业病鉴定的人员应当依法保护被鉴定人的个人隐私。

◆专家组应当认真审阅鉴定资料，依照有关规定和职业病诊断标准，经充分合议后，根据专业知识独立进行鉴定。在事实清楚的基础上，进行综合分析，作出鉴定结论，并制作鉴定书。鉴定结论应当经专家组2/3以上成员通过。

◆职业病鉴定书应当包括以下内容：

（1）劳动者、用人单位的基本信息及鉴定事由。

（2）鉴定结论及其依据，如果为职业病，应当注明职业病名称、程度（期别）。

（3）鉴定时间。

鉴定书加盖职业病诊断鉴定委员会印章。

首次鉴定的职业病鉴定书一式四份，劳动者、用人单位、原诊断机构各一份，职业病鉴定办事机构存档一份；再次鉴定的职业病鉴定书一式五份，劳动者、用人单位、原诊断机构、首次职业病鉴定办事机构各一份，再次职业病鉴定办事机构存档一份。

◆职业病鉴定书应当于鉴定结论作出之日起 20 日内由职业病鉴定办事机构送达当事人。

◆鉴定结论与诊断结论或者首次鉴定结论不一致的，职业病鉴定办事机构应当及时向相关卫生行政部门和安全生产监督管理部门报告。

◆职业病鉴定办事机构应当如实记录职业病鉴定过程，内容应当包括：

（1）专家组的组成。

（2）鉴定时间。

（3）鉴定所用资料。

（4）鉴定专家的发言及其鉴定意见。

（5）表决情况。

（6）经鉴定专家签字的鉴定结论。

（7）与鉴定有关的其他资料。

有当事人陈述和申辩的，应当如实记录。

鉴定结束后，鉴定记录应当随同职业病鉴定书一并由职业病鉴定办事机构存档，永久保存。

5. 有关监督管理的规定

在《职业病诊断与鉴定管理办法》第五章监督管理中，对相关事项作了规定。

◆县级以上地方卫生行政部门应当制定职业病诊断机构年度监督检查计划，定期对职业病诊断机构进行监督检查，检查内容包括：

（1）法律法规、标准的执行情况。

（2）规章制度建立情况。

（3）人员、岗位职责落实和培训等情况。

（4）职业病报告情况等。

省级卫生行政部门每年应当至少组织一次监督检查；设区的市级卫生行政部门每年应当至少组织一次监督检查并不定期抽查；县级卫生行政部门负责日常监督检查。

◆设区的市级以上地方卫生行政部门应当加强对职业病鉴定办事机构的监督管理，对职业病鉴定工作程序、制度落实情况及职业病报告等相关工作情况进行监督检查。

◆省级卫生行政部门负责对职业病诊断机构进行定期考核。

6. 有关法律责任的规定

在《职业病诊断与鉴定管理办法》第六章法律责任中，对相关事项作了规定。

◆医疗卫生机构未经批准擅自从事职业病诊断的，由县级以上地方卫生行政部门按照《职业病防治法》第八十条的规定进行处罚。

◆职业病诊断机构有下列行为之一的，由县级以上地方卫生行政部门按照《职业病防治法》第八十一条的规定进行处罚：

（1）超出批准范围从事职业病诊断的。

（2）不按照《职业病防治法》规定履行法定职责的。

（3）出具虚假证明文件的。

◆职业病诊断机构未按照规定报告职业病、疑似职业病的，由县级以上地方卫生行政部门按照《职业病防治法》第七十五条的规定进行处罚。

◆职业病诊断机构违反本办法规定，有下列情形之一的，由县级以上地方卫生行政部门责令限期改正；逾期不改正的，给予警告，并可以根据情节轻重处以 2 万元以下的罚款：

（1）未建立职业病诊断管理制度。

（2）不按照规定向劳动者公开职业病诊断程序。

（3）泄露劳动者涉及个人隐私的有关信息、资料。

（4）其他违反本办法的行为。

◆职业病诊断鉴定委员会组成人员收受职业病诊断争议当事人的财物或者其他好处的，由省级卫生行政部门按照《职业病防治法》第八十二条的规定进行处罚。

三、职业病的界定及职业病目录

1. 职业病的界定

根据《职业病防治法》第二条规定，职业病是指企业、事业单位和个体经济组织等用人单位的劳动者在职业活动中，因接触粉尘、放射性物质和其他有毒、有害因素而引起的疾病。其中，职业病危害因素是指职业活动中存在的各种有害的化学、物理、生物因素以及在作业过程中产生的其他职业有害因素。

构成《职业病防治法》所称的职业病，必须具备四个要件：

（1）患病主体必须是企业、事业单位或者个体经济组织的劳动者。

（2）必须是在从事职业活动的过程中产生的。

（3）必须是因接触粉尘、放射性物质和其他有毒、有害物质等职业病危害因素而引起的，其中放射性物质是指放射性同位素或射线装置发出的 α 射线、β 射线、γ 射线、X 射线、中子射线等电离辐射。

（4）必须是国家公布的职业病分类和目录所列的职业病。

在上述四个要件中，缺少任何一个要件，都不属于《职业病防治法》所称的职业病。

2. 职业病的特点

当职业病危害因素作用于人体的强度与时间超过一定的限度时，人体不能代偿其所造成的功能性或器质性病理的改变，从而出现相应的临床症状，影响劳动能力，这类疾病在医学上通称为职业病，即泛指职业病危害因素所引起的特定疾病。

职业病的发生，一般与这样三个因素有关：该疾病应与工作场所的职业病危害因素密切相关；所接触的危害因素的剂量（浓度或强度）无论是过去还是现在，都足够可以导致疾病的发生；必须区别职业性与非职业性病因所起的作用，而前者的可能性必须大于后者。

一些职业病防治医学专家认为，职业病还具有以下七个特点：

（1）病因明确，病因即职业病危害因素，在控制病因或作用条件后，可以消除或减少发病。

（2）所接触的病因大多是可以检测的，而且其浓度或强度需要达到一定的程度，才能使劳动者致病，一般接触职业病危害因素的浓度或强度与病因有直接关系。

（3）在接触同样有害因素的人群中，常有一定数量的发病率，很少只出现个别病人。

（4）如能早期诊断，及早、妥善治疗与处理，预后相对较好，康复相对容易。

（5）不少职业病，目前世界上尚无特效治疗，只能对症治疗，所以发现并确诊越晚疗效越差。

（6）职业病是可以预防的。

（7）在同一生产环境从事同一种工作的劳动者中，个体发生职业病的机会和程度也有很大差别，这主要取决于以下因素：遗传因素、年龄和性别的差异、营养状况、其他疾病和精神因素、生活方式或个人习惯等。如长期摄取不合理膳食、吸烟、过量饮酒、缺乏锻炼和精神过度紧张等，都有可能增加职业性损害程度；而掌握职业病防治科学知识的劳动者，并具有健康的生活方式、良好的生活习惯，就能较为自觉地采取预防危害因素的措施。

3. 职业病的分类和目录

《职业病防治法》将职业病范围限定于对劳动者身体健康危害大的几类职业病，并且授权国务院卫生行政部门会同国务院劳动保障行政部门规定、调整并公布职业病的分类和目录。2002年4月18日，卫生部、劳动和社会保障部颁布了《职业病目录》。

《职业病目录》分为10类115种，具体内容如下：

（1）尘肺：①矽肺；②煤工尘肺；③石墨尘肺；④碳黑尘肺；⑤石棉肺；⑥滑石尘肺；⑦水泥尘肺；⑧云母尘肺；⑨陶工尘肺；⑩铝尘肺；⑪电焊工尘肺；⑫铸工尘肺；⑬根据《尘肺病诊断标准》和《尘肺病理诊断标准》可以诊断的其他尘肺。

（2）职业性放射性疾病：①外照射急性放射病；②外照射亚急性放射病；③外照射慢性放射病；④内照射放射病；⑤放射性皮肤疾病；⑥放射性肿瘤；⑦放射性骨损伤；⑧放射性甲状腺疾病；⑨放射性性腺疾病；⑩放射复合伤；⑪根据《职业性放射性疾病诊断标准（总则）》可以诊断的其他放射性损伤。

（3）职业中毒：①铅及其化合物中毒（不包括四乙基铅）；②汞及其化合物中毒；③锰及其化合物中毒；④镉及其化合物中毒；⑤铍病；⑥铊及其化合物中毒；⑦钡及其化合物中毒；⑧钒及其化合物中毒；⑨磷及其化合物中毒；⑩砷及其化合物中毒；⑪铀中毒；⑫砷化氢中毒；⑬氯气中毒；⑭二氧化碳中毒；⑮光气中毒；⑯氨中毒；⑰偏二甲基肼中毒；⑱氮氧化合物中毒；⑲一氧化碳中毒；⑳二硫化碳中毒；㉑硫化氢中毒；㉒磷化氢、磷化锌、磷化铝中毒；㉓工业性氟病；㉔氰及腈类化合物中毒；㉕四乙基铅中毒；㉖有机锡中毒；㉗羰基镍中毒；㉘苯中毒；㉙甲苯中毒；㉚二甲苯中毒；㉛正己烷中毒；㉜汽油中毒；㉝一甲胺中毒；㉞有机氟聚合物单体及其热裂解物中毒；㉟二氯乙烷中毒；㊱四氯化碳中毒；㊲氯乙烯中毒；㊳三氯乙烯中毒；㊴氯丙烯中毒；㊵氯丁二烯中毒；㊶苯的氨基及硝基化合物（不包括三硝基甲苯）中毒；㊷三硝基甲苯中毒；㊸甲醇中毒；㊹酚中毒；㊺五氯酚（钠）中毒；㊻甲醛中毒；㊼硫酸二甲酯中毒；㊽丙烯酰胺中毒；㊾二甲基甲酰胺中毒；㊿有机磷农药中毒；51氨基甲酸酯类农药中毒；52杀虫脒中毒；53溴甲烷中毒；54拟除虫菊酯类农药中毒；55根据《职业性中毒性肝病诊断标准》可以诊断的职业性中毒性肝病；56根据《职业性急性化学物中毒诊断标准（总则）》可以诊断的其他职业性急性中毒。

（4）物理因素所致职业病：①中暑；②减压病；③高原病；④航空病；⑤手臂振动病。

（5）生物因素所致职业病：①炭疽；②森林脑炎；③布氏杆菌病。

（6）职业性皮肤病：①接触性皮炎；②光敏性皮炎；③电光性皮炎；④黑变病；⑤痤疮；⑥溃疡；⑦化学性皮肤灼伤；⑧根据《职业性皮肤病诊断标准（总则）》可以诊断的其他职业性皮肤病。

（7）职业性眼病：①化学性眼部灼伤；②电光性眼炎；③职业性白内障（含放射性白内障、三硝基甲苯白内障）。

（8）职业性耳鼻喉口腔疾病：①噪声聋；②铬鼻病；③牙酸蚀病。

（9）职业性肿瘤：①石棉所致肺癌、间皮瘤；②联苯胺所致膀胱癌；③苯所致白血病；

④氯甲醚所致肺癌；⑤砷所致肺癌、皮肤癌；⑥氯乙烯所致肝血管肉瘤；⑦焦炉工人肺癌；⑧铬酸盐制造业工人肺癌。

（10）其他职业病：①金属烟热；②职业性哮喘；③职业性变态反应性肺泡炎；④棉尘病；⑤煤矿井下工人滑囊炎。

为适应我国职业病防治工作需要，切实保障劳动者的职业健康及其相关权益，促进经济社会的可持续发展，根据《职业病防治法》的相关规定，对2002年公布的《职业病目录》正在公开征求意见，即将进行修订调整。

四、职业病诊断与鉴定相关事项

1. 有关职业病诊断机构的规定

据统计，全国目前共有各级各类职业病诊断机构和组织708个，其中省级诊断机构和组织86个，设区的市级620个，县级2个。这其中包括经国家认定具有诊断权的产业系统诊断组织97个。

随着改革开放和市场经济的发展，一些地方的职业病诊断工作由于掌握标准不统一、把关不严而出现了不少新问题。一是一些不具有法人资格的诊断组织从事职业病诊断工作，在出现诊断争议或法律纠纷时，推卸责任，劳动者的权益难以保障。二是误诊、漏诊、错诊情况时有发生。为了确保诊断质量，维护劳动者的合法权益，《职业病防治法》规定职业病诊断应当由省级以上人民政府卫生行政部门批准的医疗卫生机构承担，包括经省级以上人民政府卫生行政部门批准的具有开展职业病诊断资格的职业病防治机构、疾病预防控制机构和县级以上医疗机构等。其他一切未取得省级以上人民政府卫生行政部门批准的医疗卫生机构不得从事职业病诊断。

《职业病防治法》第四十五条规定：劳动者可以在用人单位所在地、本人户籍所在地或者经常居住地依法承担职业病诊断的医疗卫生机构进行职业病诊断。这是关于劳动者职业病诊断地选择权的规定。这条规定有以下三个方面的含义：一是劳动者可以在用人单位所在地进行职业病诊断；二是劳动者可以在本人户籍所在地或者经常居住地进行职业病诊断；三是用人单位所在地及劳动者本人户籍所在地或者经常居住地有多家取得职业病诊断资格的医疗卫生机构的，劳动者有权选择任何一家机构进行职业病诊断。

2. 职业病诊断原则和程序的规定

职业病诊断与一般疾病诊断有很大的区别，是一项技术性、政策性很强的工作。进行诊断时，劳动者本人或用人单位必须提供详细的职业接触史和现场劳动卫生学资料。

职业病诊断应当综合分析下列因素：①病人的职业史。②职业病危害接触史、现场调查与危害评价。职业病危害接触史包括接触毒物的种类、浓度以及接触毒物的时间。现场调查与危害评价包括职业病防护设施运转状态及个人防护用品佩戴情况，同一作业场所其他作业工人是否受到伤害或有类似的表现，工作场所毒物检测与分析。③临床表现及实验室检查结果等。临床表现包括患者的症状与体征，根据其临床表现和患者的职业接触史及现场调查情况，有针对性地进行实验室检查并作出相应的分析，如职业病危害因素的危害作用与病人的临床表现是否相符；接触危害因素的浓度（强度）与疾病严重程度是否一致；接触危害因素的时间、方式与职业病发病规律是否相符；病人发病过程和（或）病情进展或其临床表现，与拟诊断的职业病规律是否相符。这些因素是职业病诊断的基本要素，任何职业病诊断都不得排除上述因素。

基于职业病危害因素种类的多样性、职业病临床表现的复杂性、职业病危害因素对每一个体所产生的损害程度不尽相同，以及临床表现的差异等，进行职业病诊断必须遵循以下原则：

一是职业病诊断必须由取得省级以上人民政府卫生行政部门资质认定的医疗卫生机构依照确定的职业病诊断范围进行，如尘肺的诊断、职业中毒的诊断、物理因素所致职业病的诊断、职业性皮肤病的诊断、职业性耳鼻喉口腔疾病的诊断及职业性放射性疾病的诊断等。承担职业病诊断的医疗卫生机构不得超出确定的诊断范围进行职业病诊断。

二是为了有效保护劳动者的健康权益，承担职业病诊断的医疗卫生机构对相关因素进行综合分析后，没有证据否定职业病危害因素与病人临床表现之间的必然联系的，在排除其他疾病因素后，应当诊断为职业病。

3. 有关职业病诊断程序的要求

职业病诊断一般要经历四个阶段：

（1）劳动者或用人单位（以下简称“当事人”）提出诊断申请。申请时，当事人应当提供以下资料：①职业史、既往史书面材料；②职业健康监护档案复印件；③职业健康检查结果；④作业场所历年职业卫生监测资料；⑤接尘者应提交最近一次 X 射线胸片和报告单；⑥诊断机构要求提供的其他有关材料。

（2）受理。对当事人所提供资料审核符合要求的，予以受理；不符合要求的应当通知当事人予以补充。

（3）现场调查取证。在职业病诊断过程中，除当事人提供的资料外，必要时，诊断机构要深入现场，针对诊断中的疑点进行取证。用人单位应当按照诊断机构的要求为申请职业病诊断的劳动者提供有关资料。

（4）诊断。参加诊断的职业卫生医师应当根据临床检查结果，对照受理或现场取证的所有资料进行综合分析，按照职业病诊断标准提出诊断意见。

为了保证职业病诊断机构作出的诊断科学、客观、公正，并便于明确诊断责任，《职业病防治法》对职业病诊断程序提出两项特别要求：一是关于集体诊断。实行集体诊断是进行职业病诊断的原则之一。根据规定，承担职业病诊断的医疗卫生机构在进行职业病诊断时要有 3 名或 3 名以上取得职业病诊断资格的执业医师共同诊断。二是关于集体签章。职业病诊断机构对劳动者作出职业病诊断，必须出具职业病诊断证明书。职业病诊断证明书是具有法律效力的文书。劳动者依据其诊断证明可依法享受职业病待遇。同时，职业病诊断证明书必须由参与职业病诊断的医师共同署名，必须经承担职业病诊断的医疗卫生机构审核并加盖诊断机构公章，一方面是确保诊断证明书的法律效力，另一方面是明确作出诊断的医疗卫生机构及诊断医师应承担的法律责任，这对于保证诊断质量、防止权力滥用是必要的。

4. 申请职业病诊断需要准备的材料

职工申请职业病诊断应提交申请书、本人健康损害证明、用人单位提供的职业史证明等。职业史证明的内容应从开始接触有害物质作业的时间算起，尽可能包括工种、工龄、接触生产性有害物质的种类、操作方式或操作特点、每日或每月的接触时间、是否连续接触有害物质、作业场所的环境条件、设备设施及其效果、历年作业场所有害物质浓度检测数据等。

职业病诊断、鉴定需要用人单位提供有关职业卫生和健康监护等资料时，用人单位应当及时、如实提供，职工和有关机构也应当提供与职业病诊断、鉴定有关的资料。职工不能提供职业史证明的，可提交劳动关系证明材料作为佐证。劳动关系证明应当以劳动合同、劳动关系仲裁或法院判决书以及用人单位自认的材料为依据。

对于用人单位未与职工签订劳动合同或劳动合同期满，已经与用人单位解除劳动合同的，职工申请职业病诊断时如果用人单位否认与职工的劳动关系，职工提供以下任何一种凭证并经过劳动部门认定，职业病诊断机构都可以作为职业病诊断的依据。

（1）能够证明劳动用工关系的资料，如工资支付凭证或记录（工资支付花名册）、缴纳的各项社会保险费记录等。

（2）能够表明职工身份的资料，如用人单位向职工发放的工作证等证件。

（3）能够证明用工招用关系的资料，如职工填写的用人单位招聘登记表和报名表等招用记录。

（4）考勤记录以及 3 人以上其他职工的证言等。

5. 关于职业病诊断与鉴定争议的规定

职业病诊断与鉴定直接关系到职业病病人的切身利益，发生争议时应当按照以下规定处理。

（1）职业病诊断争议当事人及其权利。根据《职业病防治法》的规定，当事人对职业病诊断有异议的，可以向作出职业病诊断的医疗卫生机构所在地地方人民政府卫生行政部门申请鉴定。这里的当事人是指劳动者及其有关用人单位。接受当事人申请的部门是作出诊断的医疗卫生机构所在地地方人民政府卫生行政部门，包括县级卫生行政部门。这样规定，既给予当事人获得救治的机会，也便于当事人就近主张权利。卫生行政部门在收到当事人的申请报告后，应当依法及时组织鉴定。申请人应提供下列资料：①鉴定申请书，包括对职业病诊断争议的书面陈述、申辩；②职业病诊断病历记录、诊断证明书；③鉴定委员会要求提供的其他材料。卫生行政部门应责成作出职业病诊断的医疗卫生机构按照鉴定委员会的要求，移交鉴定诊断所需的全部资料。

（2）职业病诊断争议的鉴定。对有异议的职业病诊断，根据当事人的要求，可进行两级鉴定，即设区的市级职业病诊断鉴定委员会鉴定和省级职业病诊断鉴定委员会鉴定。对设区的市级职业病诊断鉴定委员会所作出的鉴定结论有异议的，可以申请省级职业病诊断鉴定委员会再鉴定。由设区的市级以上人民政府卫生行政部门组织职业病诊断鉴定委员会进行鉴定，有利于集中相关专业的专家。

鉴定程序一般包括：①审核申请鉴定当事人提供的与鉴定有关的资料并受理。②组织鉴定取证，必要时由第三方对患者进行体检或提取相关现场证据。当事人应当按照鉴定委员会的要求，予以配合。③组成鉴定委员会进行鉴定，鉴定委员会应当认真审阅鉴定资料，在事实清楚、证据确凿的基础上，通过综合分析，对诊断争议作出鉴定结论。鉴定意见不一致时，应当予以注明。④出具鉴定书，内容应当包括：被鉴定人的职业接触史、作业场所监测数据和有关检查资料、当事人对职业病诊断的主要争议以及鉴定结论和鉴定时间。鉴定书必须由所有参加鉴定的成员共同签署，并加盖鉴定委员会公章。

应当强调的是，职业病诊断鉴定委员会的鉴定属于技术鉴定，当事人对鉴定结论有异议的，可以选择向人民法院起诉。

6. 关于用人单位提供资料的规定

在职业病诊断鉴定中，需要用人单位提供有关职业卫生和健康监护等资料。对此，《职业病防治法》第四十八条规定：用人单位应当如实提供职业病诊断、鉴定所需的劳动者职业史和职业病危害接触史、工作场所职业病危害因素检测结果等资料；安全生产监督管理部门应当监督检查和督促用人单位提供上述资料；劳动者和有关机构也应当提供与职业病诊断鉴定有关的资料。

职业健康监护档案是职业病诊断鉴定的重要依据之一，也是区分健康损害责任和进行职业病诊断鉴定的重要证据，因此，规范职业健康监护档案的内容、保存期限、保存责任人的意义十分重大。

(1) 用人单位应当为劳动者建立职业健康监护档案，并按照规定的期限妥善保存。这是对用人单位保存职业健康监护档案的义务的规定。用人单位应当按照规定，在规定的期限内保存职业健康监护档案。

(2) 职业健康监护档案应当包括劳动者的职业史、职业病危害接触史、职业健康检查结果和职业病诊疗等有关个人健康资料。这是对职业健康监护档案内容的规定。职业史是指劳动者的工作经历，记录劳动者既往工作过的用人单位的起始时间、用人单位名称及其所从事的工种、岗位。职业病危害接触史是指劳动者从事接触职业病危害作业的工种、岗位及其变动情况，接触工龄，接触职业病危害因素的种类、强度或浓度等。

(3) 劳动者离开用人单位时，有权索取本人职业健康监护档案复印件，用人单位应当如实、无偿提供，并在所提供的复印件上签章。这是对用人单位提供职业健康监护档案的义务的规定。用人单位为劳动者提供职业健康监护档案复印件时，不得刁难，不得弄虚作假，不得向劳动者收取任何费用（包括成本费）等。这就为劳动者进行健康损害鉴定、追究健康损害责任提供了证据保证。

7. 发生职业病诊断争议后职工的维权途径

根据《劳动法》《劳动争议调解仲裁法》等法律法规的规定，职工与用人单位因职业卫生和劳动保护发生争议后，可以与本单位进行协商，也可以向本单位劳动争议调解委员会申请调解。调解不成的，可以向劳动争议仲裁委员会申请仲裁。职工也可以在劳动争议发生后直接向劳动争议仲裁委员会申请仲裁。劳动争议仲裁委员会不予受理或者当事人对仲裁裁决不服的，可以向人民法院提起诉讼。

职工的职业健康合法权益受到侵害时，可以拨打职工维权热线“12351”，向各级工会组织反映。职工维权热线已经在全国总工会和省（自治区、直辖市）总工会、地（市）总工会开通运行。职工向当地工会反映情况，可直接拨打本地区职工维权热线“12351”；拨打本地区以外的职工维权热线，在“12351”号码前加拨当地的长途区号。

第五章　工伤保险争议的调解仲裁与事例分析

工伤事故和职业病的发生，不仅数量多，而且情况复杂，往往是不同的工伤职工有着不同的情况，还有一些在特殊情况下发生的工伤事故，情况就更加不同。这样，在工伤认定、劳动能力鉴定、工伤待遇等方面，不可避免地会发生争议。不论是用人单位还是工伤职工和职工亲属，如果产生不同意见，发生争议，那么对所引起的工伤保险争议，解决方式之一就是通过调解组织申请调解或者向劳动争议仲裁委员会申请仲裁。

第一节　劳动及工伤保险争议的调解与仲裁概述

因工伤认定、工伤赔偿、工伤待遇等工伤保险事项所引起的争议，属于劳动争议范畴。工伤保险争议与因劳动合同、劳动报酬、劳动纪律等事项所引起的争议，统称为劳动争议。《劳动法》规定劳动争议处理的基本形式是：依法向劳动争议调解委员会申请调解，向仲裁委员会申请仲裁；向人民法院提起诉讼；当事人自行协商解决。

一、劳动及工伤保险争议的概念与特征

1. 劳动争议的含义与法律特征

（1）根据劳动争议的狭义概念，劳动争议具有以下几层含义：

1）劳动争议的主体须是劳动关系的当事人，一个是用人单位或其团体，另一个则是与用人单位建立劳动关系的劳动者或其团体，如果不是两者之间发生争议，即使发生劳动关系方面的争议，也不属于此范围。

2）劳动争议内容，是劳动争议的主体之间发生的权利义务关系的纠纷。如果不是这方面的纠纷，也不属于劳动争议。

3）劳动争议的客体是指劳动争议所指的对象，是当事人一方对另一方的行为是否符合《劳动法》及其他法规的规定而提出的异议。

（2）劳动争议的法律特征主要体现在以下几个方面：

1）劳动争议的主体是特定的，一方为用人单位或其团体，另一方为劳动者或其团体，两者之间存在着劳动关系。

2）劳动争议当事人之间的关系是复杂的，在生产过程中，他们之间是管理与被管理的

关系；在执行合同过程中，他们之间是同等地位的权利义务关系。正是基于此种情况，他们才有可能发生争议。

3）劳动争议的内容是限定的，只限于劳动关系中的权利义务，这些权利义务在法律法规中明确规定。一方不履行义务，则另一方将受到权利的侵害，这样就产生了劳动争议。

4）劳动争议的影响比较大，因为一旦发生争议，则带来很大的损失。例如工人罢工、怠工，引起社会的不稳定，破坏劳动生产力，给生产和国家带来很大的损失。

2. 因履行劳动合同而发生的争议

因履行劳动合同而发生的争议最多。劳动合同的履行是指劳动合同订立以后，当事人双方按照合同约定的条款实现合同内容的行为，劳动合同的有效，是劳动合同履行的法律依据，也是履行的前提。劳动合同全部有效，必须全面履行；部分有效，只履行有效部分；无效合同，自然不具备法律依据，难以产生履行的结果。在劳动合同的内容上，因履行劳动合同而发生的争议主要有：

（1）因工作内容而产生的劳动争议。所谓工作内容，是指劳动合同双方在合同中约定的劳动者生产、工作岗位及应当完成的任务，工作内容是劳动者与用人单位订立劳动合同的一项重要内容。就用人单位来说，其必须安排劳动者到约定的岗位上生产和工作。对劳动者来说，其在生产过程中为用人单位提供的劳务应当达到量化的标准，即在生产上应达到的数量标准和质量标准等，这一标准也是用人单位对劳动者进行奖惩的重要依据。如果用人单位没有安排劳动者到约定的岗位就业，就不可避免地会产生争议。如果用人单位认为劳动者没有完成指标、任务，或者没有按照规定的时间、标准完成相应的任务，而职工对企业的认定有异议就产生了争议。如果劳动者没有完成指标或任务，用人单位给予劳动者一定的处分，但劳动者对此不服，同样也会产生争议。上述各种争议都属于因工作内容而产生的劳动争议。在这种情况下，劳动者可以依照法定程序向有关机构提出调解、仲裁、诉讼的请求，以求得劳动争议的公正及时解决。

（2）因合同期限、试用期而产生的劳动争议。劳动合同的期限，即劳动合同制工人与用人单位劳动关系的存续期间，是劳动合同双方当事人享有权利、履行义务的法定期限。劳动合同的期限分为固定期限、无固定期限和以完成一定的工作任务为期限。劳动合同中约定了合同期限的，合同双方当事人应当自觉依照约定执行，任何一方不得擅自变更期限或违反合同期限，否则就要承担违约责任。这样，也就容易产生争议。实践中，因合同期限产生的劳动争议大量存在，任何受侵害一方都可以依法申请调解、仲裁和诉讼。

（3）因劳动保护而产生的劳动争议。劳动保护是国家和单位为保护劳动者在劳动生产过程中的安全和健康所采取的立法、组织和技术措施的总和。同时，它也是劳动合同的重要内容。《劳动法》中的劳动保护，是基于劳动关系而产生的保护关系，它区别于社会上一般的安全、防病及卫生保健工作。依据我国各项劳动保护法规的规定，用工单位应当按照工种岗位要求发给劳动者劳保用品，合理配置生产（工作）所必需的基本劳动工具，提供保障劳动者安全和健康的生产工作环境。如果用工单位没有很好地贯彻执行国家有关劳动保护法规，劳动者可依法要求其承担违约责任，据此发生的争议就属于因劳动保护而产生的劳动争议。对于此类争议，任何受侵害一方都可以申请调解、仲裁和诉讼。

（4）因劳动报酬而产生的劳动争议。劳动报酬也称工资，它是用人单位根据劳动者提供的劳动数量和质量，按照劳动合同约定支付的货币报酬，一般是包括奖金、津贴等各种项目的总称。

（5）因劳动纪律而产生的劳动争议。劳动纪律是指劳动者在劳动过程中必须遵守的劳动规则和秩序。它是保证劳动者按照规定的时间、质量、程序和方法，完成自己所承担的工作任务的行为准则。劳动纪律是劳动合同的重要内容。如果劳动者不遵守合同约定的劳动纪律，用人单位可要求其承担一定责任，在劳动者与用人单位因违反劳动纪律的事实及承担责任的认定上发生分歧的时候，就会产生争议。对于劳动纪律来说，很大程度上属于用人单位的自主权。用人单位一般都在劳动合同中明确规定劳动纪律条款。因劳动纪律而产生的劳动争议在实践中是很常见的。

（6）因劳动保险与福利而产生的劳动争议。《劳动法》规定，国家发展社会保险事业，建立社会保险制度，设立社会保险基金，使劳动者在年老、患病、工伤、失业、生育情况下获得帮助和补偿。用人单位和劳动者必须依法参加社会保险，缴纳社会保险费。国家鼓励用人单位根据本单位实际情况为劳动者建立补充保险。根据这些规定，用人单位在与劳动者签订劳动合同时，一般应约定用人单位必须为劳动者提供各种保险，如养老保险、失业保险、工伤保险、医疗保险、生育保险等，并按国家有关规定执行。如果用人单位没有为劳动者提供保险，或者提供了保险，但没有按国家有关规定执行，劳动者可要求用人单位承担违约责任。在这种情况下，就会发生劳动争议。发生争议的，劳动者可以申请调解、仲裁和诉讼。

（7）因劳动合同双方约定的其他事项未被遵守而产生的劳动争议。劳动合同除了法律规定的内容外，还可由劳动合同双方当事人自行约定内容。约定的内容可以包括劳动者的政治待遇、劳动者的培训与考核、违反劳动合同的责任、劳动争议的处理、保守用人单位的商业秘密等。因劳动合同双方约定的内容未被遵守而发生争议也经常遇到，在这种情况下，劳动合同就成为解决这类争议的最主要依据。

3. 因变更劳动合同而产生的争议

劳动合同变更是指当事人双方对依法成立的劳动合同条款所作的修改或增减。一般来说，劳动合同订立以后，当事人双方必须认真履行，任何一方不得擅自变更劳动合同的内容。但在履行合同过程中，由于情况发生变化，当事人也可以依法变更劳动合同的内容。

由于导致劳动合同变更的原因有很多，并且必须按法律规定的程序和双方约定的程序进行，因此，因劳动合同变更而产生争议的情况十分常见。在现实生活中通常表现为以下几类：

（1）依法变更的劳动合同，但劳动合同双方当事人无法达成变更劳动合同的协议而引起的劳动争议。如企业经上级主管部门同意转产，影响到劳动者生产任务的变化，如用人单位与劳动者不能就变更生产任务达成一致意见，就会发生劳动争议。

（2）因劳动合同当事人一方擅自变更劳动合同而引起的劳动争议。

（3）因一方非法变更劳动合同的违约金或赔偿金的支付而引发的劳动争议。违约金是劳动合同当事人因非法变更劳动合同所应支付的金额。违约金有约定和法定两种。如果约定违约金，则违约金规定的不能过高；如是法定违约金，则不能超过法律规定的标准和幅度支付违约金。赔偿金是劳动合同当事人非法变更劳动合同时应承担的赔偿责任。赔偿金应相当于因非法变更劳动合同给当事人造成的损失。

4. 因解除劳动合同而发生的争议

劳动合同解除是指在劳动合同生效以后，当事人一方或双方由于主客观情况发生变化，提前终止合同效力的法律行为。因解除劳动合同发生的争议即是用人单位与劳动者之间因解除劳动合同及与之相关的权利和义务而引起的劳动争议。

解除劳动合同除需要遵循合同解除的一般条件外，更重要的是应遵循法定的具体条件，如果违反这些法定的具体条件，就会发生劳动争议。

（1）因用人单位单方解除劳动合同而发生的劳动争议。《劳动法》规定了用人单位可以单方解除劳动合同的具体条件及限制，如果用人单位违法解除劳动合同，劳动者可依据相关规定，通过调解、仲裁或诉讼维护自身的权利。

（2）因劳动者单方解除劳动合同而发生的劳动争议。《劳动法》对劳动者单方解除劳动合同的条件作了规定，如果出现违反规定的情况，就有可能发生争议。发生争议，可以申请调解、仲裁、诉讼解决。

（3）用人单位因经济性原因裁减人员而发生的劳动争议。企业裁减人员应当慎重，而且必须严格依照法律规定去实施：如果劳动者与用人单位对经济性裁员及与之有关的权利和义务有分歧意见，可以申请调解、仲裁、诉讼解决。

（4）因劳动合同解除程序而引起的劳动争议。对用人单位单方解除劳动合同，《劳动法》规定在某些情况下，用人单位应当提前 30 日以书面形式通知劳动者本人。对用人单位因经济性原因裁减人员，还规定用人单位如在 6 个月内录用人员的，应当优先录用被裁减的人员。对劳动者单方解除劳动合同，规定在某些情况下要提前 30 日以书面形式通知用人单位，以便用人单位做好准备，避免影响生产。解除劳动合同，必须严格遵守这些程序规定，如一方有所违背，对方与之发生争议可以就此提起调解、仲裁或诉讼。

5. 因劳动合同解除后果而发生的争议

即经劳动合同双方当事人协商一致解除劳动合同。劳动者患病或非因工负伤，医疗期满后，不能从事原工作，也不能从事由用人单位另行安排的工作时，用人单位解除劳动合同；劳动者不能胜任工作，经过培训，调整工作岗位，仍不能胜任工作时，用人单位解除劳动合同；劳动合同订立时所依据的客观情况发生重大变化，致使原劳动合同无法履行，经当事人协商不能就变更劳动合同达成协议时，用人单位解除劳动合同；用人单位濒临破产进行法定整顿期间或者生产经营状况发生严重困难，确需裁减人员时，用人单位裁减人员等。在上述种种情况下解除劳动合同，用人单位都要依法给予劳动者经济补偿。此外，按照《劳动法》的规定，劳动者违反《劳动法》规定的条件解除劳动合同，对用人单位造成损失的，应当依法承担赔偿责任。就用人单位经济补偿和劳动者承担赔偿责任发生争议，双方当事人可根据上述规定，申请调解、仲裁、诉讼解决。

二、劳动争议仲裁的性质与原则

1. 劳动争议仲裁的概念与特点

劳动争议仲裁是指劳动争议仲裁机构依据劳动争议当事人的请求，对劳动争议的事实与责任依法作出公正判断和裁决，并对当事人均有约束力并强制执行的一种劳动争议处理方式。

劳动争议仲裁的概念概括地讲，主要体现为以下几点：①仲裁机构是依法成立的机构，当事人无权拒绝。②劳动争议当事人在劳动过程中，因劳动法律、法规中产生的权利义务关系发生争议。③仲裁请求。只要一方提请，不论另一方是否愿意，均可以请求劳动争议仲裁机构进行仲裁。④裁决是由劳动争议仲裁机构依法作出的，具有约束力和强制力，要求劳动争议双方当事人必须遵守、执行。这种强制性是由人民法院按照一定的程序最后实施的。

我国的劳动争议仲裁具有以下四个特点：

（1）及时性。劳动争议仲裁机构对劳动争议仲裁期限的规定比人民法院受理案件的时间规定要短，可及时保护劳动者的合法权益，及时处理劳动争议，保证生产顺利进行和社会的稳定。

（2）简易性。是指劳动争议仲裁的程序比较简便，仲裁实行一裁终局制。对仲裁不服的，可以直接向人民法院提起诉讼，而不必向上一级劳动争议仲裁机构提请复议。

（3）办理案件迅速。由于办理劳动争议仲裁案件的程序比较简易，期限比较短，可使案件得到迅速审理，及时解决劳动争议。

（4）强制性。是指劳动争议仲裁机构作出的裁决具有强制执行性，要求当事人必须执行。如在规定的时间内，当事人不执行也不向人民法院提起诉讼，超过一定期限后，可由人民法院强制其执行。

2. 劳动争议仲裁的性质

我国劳动争议仲裁兼有行政与司法的双重特征，是具有法律效力的行政措施。劳动争议仲裁机构是劳动争议仲裁委员会。仲裁委员会由劳动行政部门代表、同级工会代表、用人单位方面的代表组成。所谓司法特征，是指各级政府对仲裁委员会的领导是方针、政策的领导，而不是干预其具体执行。仲裁委员会的工作不受其他组织和个人的干预。

劳动争议仲裁不同于民事仲裁，主要区别是：

（1）仲裁组织不同。劳动争议仲裁组织是劳动争议仲裁委员会，由劳动行政部门、同级工会和用人单位三方面的代表组成。而民事仲裁组织由有关部门人员，法律、经济贸易专家及有关专业人士组成。

（2）主体地位不同。申请劳动仲裁双方当事人一方为用人单位，另一方为劳动者，双方虽然法律地位平等，但在劳动关系中双方是管理与被管理的关系；而民事仲裁双方当事人具有完全平等的民事法律地位。

（3）仲裁制度不同。根据《劳动法》的规定，发生劳动争议，调解不成的，经过劳动仲裁程序后，还可以向人民法院起诉。而民事仲裁实行或裁或审制度，即当事人或者协议申请仲裁，或者向人民法院起诉。申请仲裁的，不能再向人民法院起诉。劳动争议当事人对仲裁裁决不服的，可以在收到仲裁裁决书之日起 15 日内向人民法院起诉；而民事仲裁实行一裁终局制度。除法律另有规定外，当事人就同一争议向人民法院起诉的，人民法院不予受理。

3. 劳动争议仲裁的原则

劳动争议仲裁在实施过程中应贯彻以下几个原则：

（1）先行调解原则。先行调解原则是指仲裁委员会在作出仲裁裁决之前应当先做好调解工作。调解是仲裁的必经程序，不经调解就不能仲裁。先行调解并不是强行调解，它只表明仲裁委员会在进行仲裁前必须要做这项工作，而当事人拒绝调解或调解达不成协议的不能勉强或强迫达成协议。只有双方当事人自愿达成的协议才有效。

（2）少数服从多数原则。少数服从多数原则是民主集中制原则在劳动争议仲裁中的具体体现。因为仲裁庭与仲裁委员会均由各方面代表组成，对案件的看法难免会产生不同意见，而仲裁委员会和仲裁庭成员均有平等的表决权，为保证对案件公平合理地作出处理决定，故采用少数服从多数原则。

(3) 回避原则。回避原则是仲裁委员会在处理劳动争议案件时，当事人认为由于某种原因仲裁委员会组成人员或仲裁庭成员可能裁决不公或仲裁委员会组成人员或仲裁庭成员认为自己可能由于某种原因而不能公正审理的，应当回避。实行回避原则，目的在于防止办案人员因与当事人或案件有某种关系而影响案件的公正处理，以保障双方当事人的合法权益，有利于杜绝极少数人徇私舞弊，也有利于仲裁裁决的顺利进行及仲裁裁决的及时履行。

(4) 及时原则。及时原则是要求仲裁委员会在仲裁劳动争议案件时，必须严格按照法律规定的期限进行。尽快解决争议，不得拖延。及时原则是一个十分重要的原则，因为如果劳动争议不能得到及时的解决，当事人的合法权益就得不到及时保护；如果劳动争议问题涉及当事人及其家属的生活来源，还可能会影响正常的生产和社会的安定。

4. 劳动争议仲裁机构的组成

劳动争议仲裁机构是对劳动争议进行仲裁的依法成立的专门机构，由劳动争议仲裁委员会、劳动争议仲裁办事机构、劳动争议仲裁庭及劳动争议仲裁员组成，对其职责有专门的规定。

(1) 劳动争议仲裁委员会。劳动争议仲裁委员会由劳动行政部门代表、同级工会代表、用人单位方面的代表组成。劳动争议仲裁委员会主任由劳动行政部门代表担任。

(2) 劳动争议仲裁办事机构。劳动争议仲裁办事机构是劳动行政部门的劳动争议处理机构。它是在仲裁委员会的指导下，负责劳动争议处理的日常工作。

(3) 劳动争议仲裁庭。劳动争议仲裁庭是指由劳动争议仲裁委员会选出的仲裁员组成的审理劳动争议案件的机构。

(4) 劳动争议仲裁员。劳动争议仲裁员是指具有仲裁所需资格，由仲裁委员会聘任的专门从事劳动争议案件处理的专业人员。

第二节　劳动争议调解与仲裁的有关规定

2007 年 12 月 29 日，《劳动争议调解仲裁法》由第十届全国人民代表大会常务委员会第三十一次会议审议通过，自 2008 年 5 月 1 日起施行。《劳动争议调解仲裁法》的颁布，进一步完善了我国劳动保障法律体系，对于公正及时地解决劳动争议、保护当事人合法权益、促进劳动关系和谐稳定、构建社会主义和谐社会，发挥重要作用。需要注意的是，2011 年 1 月 8 日，国务院公布《关于废止和修改部分行政法规的决定》（国务院令第 588 号），自公布之日起施行。《决定》中废止的行政法规包括《企业劳动争议处理条例》（1993 年 7 月 6 日国务院令第 117 号公布）。因此，劳动争议调解仲裁主要依据《劳动争议调解仲裁法》执行。

一、《劳动争议调解仲裁法》相关知识

劳动争议处理制度是解决劳动争议的重要机制，是劳动争议当事人尤其是劳动者维护自身合法权益的重要法律救济途径。我国自 1987 年恢复劳动争议仲裁制度以来，随着 1993 年《企业劳动争议处理条例》和 1994 年《劳动法》的相继颁布实施，确立了以协商、调解、仲裁、诉讼为主要环节的劳动争议处理制度。多年来，这一制度为保护劳动关系双方当事人合法权益、促进劳动关系和谐、维护社会稳定发挥了重要作用。

1. 劳动争议的范围

明确劳动争议的范围，对于依法受理和处理劳动争议案件，公正、及时地保护当事人的合法权益非常重要。《劳动争议调解仲裁法》总结多年来劳动争议处理的实践，明确下列劳动争议适用本法：

（1）因确认劳动关系发生的争议。

（2）因订立、履行、变更、解除和终止劳动合同发生的争议。

（3）因除名、辞退和辞职、离职发生的争议。

（4）因工作时间、休息休假、社会保险、福利、培训以及劳动保护发生的争议。

（5）因劳动报酬、工伤医疗费、经济补偿或者赔偿金等发生的争议。

（6）法律、法规规定的其他劳动争议。

2. 劳动争议处理体制

《劳动法》确立的现行劳动争议处理体制是“协商、调解、一裁两审”。这一体制对于合法、公正地解决劳动争议起到了重要作用，但现行劳动争议处理体制也存在处理周期长的问题。按照有关规定，劳动争议仲裁处理案件的法定期限一般为 2 个月；人民法院一审的法定期限一般为 6 个月，二审的法定期限一般为 3 个月。实践中，有的用人单位以此通过恶意诉讼拖延时间，加大劳动者维权成本，使劳动者在合法权益受到用人单位侵害时不能及时得到法律救济。

为了解决劳动争议处理周期长的问题，及时处理劳动争议，保护劳动者合法权益，《劳

动争议调解仲裁法》按照合法、公正、及时、着重调解的原则，对现行劳动争议处理体制作了必要的改革完善，具体内容是：

（1）发生劳动争议，劳动者可以与用人单位协商，也可以请工会或者第三方共同与用人单位进行协商，达成和解协议。

（2）发生劳动争议，当事人不愿协商、协商不成或者达成和解协议后不履行的，可以向调解组织申请调解。

（3）当事人不愿调解、调解不成或者达成调解协议后不履行的，可以向劳动争议仲裁委员会申请仲裁。

（4）下列劳动争议仲裁案件，除本法另有规定的外，仲裁裁决为终局裁决，裁决书自作出之日起发生法律效力：一是追索劳动报酬、工伤医疗费、经济补偿或者赔偿金，不超过当地月最低工资标准 12 个月金额的争议；二是因执行国家的劳动标准在工作时间、休息休假、社会保险等方面发生的争议。

（5）当事人对实行“一裁终局”案件以外的其他劳动争议案件的仲裁裁决不服的，可以自收到仲裁裁决书之日起 15 日内向人民法院提起诉讼；期满不起诉的，裁决书发生法律效力。

在劳动争议发生后，当事人可以按照协商—调解—仲裁—小额案件和劳动标准案件一裁终局，其他案件提起诉讼的基本程序处理。其中，协商和调解是在双方当事人自愿的原则下选择进行的，当事人也可以直接申请仲裁，而仲裁是劳动争议处理的必经程序。

3. 劳动争议的调解

着重调解是解决劳动争议的重要原则。通过调解解决劳动争议，有利于把争议及时解决在基层，最大限度地降低当事人双方的对抗性，节约仲裁资源和诉讼资源。为了充分发挥调解的作用，《劳动争议调解仲裁法》不仅规定在仲裁程序中，仲裁庭作出裁决前应当先行调解，而且单列一章专门规定调解程序，突出了调解的作用，意在引导当事人双方更多地通过协商和调解解决劳动争议。

（1）调整、充实了劳动争议调解组织。根据现行规定，劳动争议调解组织是指企业劳动争议调解委员会，企业劳动争议调解委员会由职工代表、企业代表和工会代表组成，主任由工会代表担任。《劳动争议调解仲裁法》主要从两个方面对现行规定进行了调整、充实。一是保留企业劳动争议调解委员会，规定企业劳动争议调解委员会由职工代表和企业代表组成；职工代表由工会成员担任或者由全体职工推举产生，主任由工会代表或者双方推举的人员担任。二是增加两类劳动争议调解组织，即依法设立的基层人民调解组织和在乡镇、街道设立的具有劳动争议调解职能的组织。

（2）提高了对劳动争议调解组织及调解员的要求。劳动争议调解组织的调解员应当由公道正派、联系群众、热心调解工作，并具有一定法律知识、政策水平和文化水平的成年公民担任。当事人申请劳动争议调解可以书面申请，也可以口头申请。口头申请的，调解组织应当当场记录申请人基本情况、申请调解的争议事项、理由和时间。调解劳动争议，应当充分听取双方当事人对事实和理由的陈述，耐心疏导，帮助其达成协议。自劳动争议调解组织收到调解申请之日起15日内未达成调解协议的，当事人可以依法申请仲裁。即调解的期限应当为15日内，逾期未达成协议的，视为调解不成。

（3）适当提高了调解协议的效力。为了解决调解协议书约束力不强的问题，《劳动争议调解仲裁法》规定，经调解达成协议的，应当制作调解协议书，由双方当事人签名或者盖章，经调解员签名并加盖调解组织印章后生效，对双方当事人具有约束力，当事人应当履行。如果一方当事人在协议约定期限内不履行调解协议的，另一方当事人可以依法申请仲裁。同时，又特别规定，对于因支付拖欠劳动报酬、工伤医疗费、经济补偿或者赔偿金事项达成调解协议，用人单位在协议约定期限内不履行的，劳动者可以持调解协议书依法向人民法院申请支付令。人民法院应当依法发出支付令。

4. 劳动争议的仲裁管辖

根据现行规定，县、市、市辖区仲裁委员会负责本行政区域内发生的劳动争议；设区的市的仲裁委员会和市辖区的仲裁委员会受理劳动争议案件的范围，由省、自治区人民政府规定。发生劳动争议的用人单位与职工在同一个仲裁委员会管辖地区的，劳动争议由所在地的劳动争议仲裁委员会管辖；用人单位与职工不在同一个仲裁委员会管辖地区的，按照方便职工当事人的原则，由劳动合同履行地的劳动争议仲裁委员会管辖，也可以由劳动关系双方当事人在劳动合同有关仲裁条款中约定的劳动争议仲裁委员会管辖。

《劳动争议调解仲裁法》在总结以上规定执行情况的基础上，对劳动争议管辖作出了以下规定：

（1）规定劳动争议仲裁委员会负责管辖本区域内发生的劳动争议。这是明确劳动争议仲裁管辖的地域管辖。由于劳动争议仲裁委员会不按行政区划层层设立，因而其地域管辖也不按行政区划划分，而是按照设立时划分的管辖区域管辖本辖区内发生的劳动争议。管辖地域可能与行政区划重合，也可能不重合。

（2）规定劳动争议由劳动合同履行地或者用人单位所在地的劳动争议仲裁委员会管辖。也就是说，发生劳动争议，申请人可以选择向劳动合同履行地或者用人单位所在地的劳动争议仲裁委员会中的任何一个劳动争议仲裁委员会提起仲裁申请。

（3）规定双方当事人分别向劳动合同履行地和用人单位所在地的劳动争议仲裁委员会申请仲裁的，由劳动合同履行地的劳动争议仲裁委员会管辖。也就是说，当出现围绕同一争议双方当事人互为申请人和被申请人的两个争议案件时，由劳动合同履行地的劳动争议仲裁委员会管辖。

5. 劳动争议仲裁参加人

《劳动争议调解仲裁法》在归纳和总结现行规定的基础上，对劳动争议仲裁参加人作出了规定，这些规定基本与现行规定一致，但在个别方面补充了新的规定。

（1）规定了当事人。发生劳动争议的劳动者和用人单位为劳动争议仲裁案件的双方当事人。劳动者死亡的，由其近亲属或者代理人参加仲裁活动。同时补充规定了新的内容，即劳务派遣单位或者用工单位与劳动者发生劳动争议的，劳务派遣单位和用工单位为共同当事人。

（2）规定了第三人。与劳动争议案件的处理结果有利害关系的第三人，可以申请参加仲裁活动或者由劳动争议仲裁委员会通知其参加仲裁活动。

（3）规定了代理人。代理人有委托代理人、法定代理人、指定代理人三种。当事人可以委托代理人参加仲裁活动。委托他人参加仲裁活动，应当向劳动争议仲裁委员会提交有委托人签名或者盖章的委托书，委托书应当载明委托事项和权限。丧失或者部分丧失民事行为能力的劳动者，由其法定代理人代为参加仲裁活动。无法定代理人的，由劳动争议仲裁委员会为其指定代理人。

6. 劳动争议仲裁的申请和受理

（1）劳动争议仲裁的申请时效期间。劳动争议仲裁的申请时效期间，是指为了促使当事人及时行使权利，便于劳动争议仲裁机构查明案件事实，正确处理争议，而规定当事人应当在一定期限内提起仲裁申请的期间。超过申请时效期间，劳动争议仲裁机构将不受理仲裁申请。根据《劳动法》的规定，提出仲裁要求的一方应当自劳动争议发生之日起 60 日内向劳动争议仲裁委员会提出书面申请。这一规定是为了尽快解决劳动争议。但在劳动争议处理实践中，由于劳动争议的情况很复杂，当事人尤其是劳动者往往不能在 60 日内申请仲裁，致使其合法权益不能得到法律救济。

为了更好地保护当事人尤其是劳动者的合法权益，《劳动争议调解仲裁法》对申请时效期间制度进行了完善。一是延长了申请时效期间。规定劳动争议申请仲裁的时效期间为 1 年，仲裁时效期间从当事人知道或者应当知道其权利被侵害之日起计算。二是针对实践中拖欠劳动报酬的问题比较突出，而劳动者在劳动关系存续期间往往不敢申请仲裁的情况，作出特别规定：劳动关系存续期间因拖欠劳动报酬而发生争议的，劳动者申请仲裁不受上述仲裁时效期间的限制；但是，劳动关系终止的，应当自劳动关系终止之日起 1 年内提出。三是补充规定了时效中断制度。规定仲裁时效因当事人一方向对方当事人主张权利，或者向有关部门请求权利救济，或者对方当事人同意履行义务而中断。从中断时起，时效期间重新计算。四是完善了时效中止制度。规定因不可抗力或者有其他正当理由，当事人不能在时效期间内申请仲裁的，时效中止。从中止时效的原因消除之日起，时效期间继续计算。

（2）申请劳动争议仲裁的形式。根据现行规定，申请仲裁应当提交书面申请书。为了方便当事人尤其是劳动者，《劳动争议调解仲裁法》在规定“申请仲裁应当提交书面仲裁申请，并按照被申请人人数提交副本”的同时，又特别规定，书写仲裁申请确有困难的，可以口头申请，由劳动争议仲裁委员会记入笔录，并告知对方当事人。

（3）劳动争议仲裁申请的受理。根据现行规定，劳动争议仲裁委员会应当自收到仲裁申请之日起 7 日内作出受理或者不予受理的决定；决定不予受理的，应当说明理由。《劳动争议调解仲裁法》进一步规范了受理行为。一是规定劳动争议仲裁委员会自收到仲裁申请之日起 5 日内，认为符合受理条件的，应当受理，并通知申请人；认为不符合受理条件的，应当书面通知申请人不予受理，并说明理由。二是为了督促劳动争议仲裁委员会依法履行职责，同时不影响当事人行使诉权，规定对劳动争议仲裁委员会不予受理或者逾期未作出决定的，申请人可以就该劳动争议事项向人民法院提起诉讼。

（4）仲裁申请书副本送达及被申请人答辩。根据现行规定，劳动争议仲裁委员会决定受理仲裁申请的，应当自作出决定之日起 7 日内将申诉书的副本送达被诉人。被诉人应当自收到申诉书副本之日起 15 日内提交答辩书和有关证据。被诉人没有按时提交或者不提交答辩书的，不影响案件的审理。《劳动争议调解仲裁法》将以上规定调整为：劳动争议仲裁委员会受理仲裁申请后，应当在 5 日内将仲裁申请书副本送达被申请人。被申请人收到仲裁申请书副本后，应当在 10 日内向劳动争议仲裁委员会提交答辩书。劳动争议仲裁委员会收到答辩书后，应当在 5 日内将答辩书副本送达申请人。被申请人未提交答辩书的，不影响仲裁程序的进行。

《劳动争议调解仲裁法》还在总结实践经验、基本维持现行劳动争议仲裁组庭与开庭制度的基础上，对劳动争议仲裁组庭与开庭、劳动争议仲裁裁决等事项进行了完善，并作出明确的规定。

二、《劳动争议调解仲裁法》主要内容

《劳动争议调解仲裁法》于 2007 年 12 月 29 日公布，自 2008 年 5 月 1 日起施行。制定本法的目的是为了公正及时地解决劳动争议，保护当事人合法权益，促进劳动关系和谐稳定。

《劳动争议调解仲裁法》分为四章五十四条，各章内容为：第一章总则，第二章调解，第三章仲裁，第四章附则。

1.《劳动争议调解仲裁法》总则中的有关规定

在《劳动争议调解仲裁法》第一章总则中，对相关事项作了规定。

◆中华人民共和国境内的用人单位与劳动者发生的下列劳动争议，适用本法：

（1）因确认劳动关系发生的争议。

（2）因订立、履行、变更、解除和终止劳动合同发生的争议。

（3）因除名、辞退和辞职、离职发生的争议。

（4）因工作时间、休息休假、社会保险、福利、培训以及劳动保护发生的争议。

（5）因劳动报酬、工伤医疗费、经济补偿或者赔偿金等发生的争议。

（6）法律、法规规定的其他劳动争议。

◆解决劳动争议，应当根据事实，遵循合法、公正、及时、着重调解的原则，依法保护当事人的合法权益。

◆发生劳动争议，劳动者可以与用人单位协商，也可以请工会或者第三方共同与用人单位协商，达成和解协议。

◆发生劳动争议，当事人不愿协商、协商不成或者达成和解协议后不履行的，可以向调解组织申请调解；不愿调解、调解不成或者达成调解协议后不履行的，可以向劳动争议仲裁委员会申请仲裁；对仲裁裁决不服的，除本法另有规定的外，可以向人民法院提起诉讼。

◆发生劳动争议，当事人对自己提出的主张，有责任提供证据。与争议事项有关的证据属于用人单位掌握管理的，用人单位应当提供；用人单位不提供的，应当承担不利后果。

◆发生劳动争议的劳动者一方在10人以上，并有共同请求的，可以推举代表参加调解、仲裁或者诉讼活动。

◆用人单位违反国家规定，拖欠或者未足额支付劳动报酬，或者拖欠工伤医疗费、经济补偿或者赔偿金的，劳动者可以向劳动行政部门投诉，劳动行政部门应当依法处理。

2. 有关调解的规定

在《劳动争议调解仲裁法》第二章调解中，对相关事项作了规定。

◆发生劳动争议，当事人可以到下列调解组织申请调解：

（1）企业劳动争议调解委员会。

（2）依法设立的基层人民调解组织。

（3）在乡镇、街道设立的具有劳动争议调解职能的组织。

企业劳动争议调解委员会由职工代表和企业代表组成。职工代表由工会成员担任或者由全体职工推举产生，企业代表由企业负责人指定。企业劳动争议调解委员会主任由工会成员或者双方推举的人员担任。

◆劳动争议调解组织的调解员应当由公道正派、联系群众、热心调解工作，并具有一定法律知识、政策水平和文化水平的成年公民担任。

◆当事人申请劳动争议调解可以书面申请，也可以口头申请。口头申请的，调解组织应当当场记录申请人基本情况、申请调解的争议事项、理由和时间。

◆调解劳动争议，应当充分听取双方当事人对事实和理由的陈述，耐心疏导，帮助其达成协议。

◆经调解达成协议的，应当制作调解协议书。调解协议书由双方当事人签名或者盖章，经调解员签名并加盖调解组织印章后生效，对双方当事人具有约束力，当事人应当履行。

自劳动争议调解组织收到调解申请之日起15日内未达成调解协议的，当事人可以依法申请仲裁。

◆达成调解协议后，一方当事人在协议约定期限内不履行调解协议的，另一方当事人可以依法申请仲裁。

◆因支付拖欠劳动报酬、工伤医疗费、经济补偿或者赔偿金事项达成调解协议，用人单位在协议约定期限内不履行的，劳动者可以持调解协议书依法向人民法院申请支付令。人民法院应当依法发出支付令。

3. 有关仲裁的规定

在《劳动争议调解仲裁法》第三章仲裁中，对相关事项作了规定。

◆劳动争议仲裁委员会由劳动行政部门代表、工会代表和企业方面代表组成。劳动争议仲裁委员会组成人员应当是单数。

劳动争议仲裁委员会依法履行下列职责：

（1）聘任、解聘专职或者兼职仲裁员。

（2）受理劳动争议案件。

（3）讨论重大或者疑难的劳动争议案件。

（4）对仲裁活动进行监督。

劳动争议仲裁委员会下设办事机构，负责办理劳动争议仲裁委员会的日常工作。

◆劳动争议仲裁委员会应当设仲裁员名册。

仲裁员应当公道正派并符合下列条件之一：

（1）曾任审判员的。

（2）从事法律研究、教学工作并具有中级以上职称的。

（3）具有法律知识、从事人力资源管理或者工会等专业工作满5年的。

（4）律师执业满3年的。

◆劳动争议仲裁委员会负责管辖本区域内发生的劳动争议。

劳动争议由劳动合同履行地或者用人单位所在地的劳动争议仲裁委员会管辖。双方当事人分别向劳动合同履行地和用人单位所在地的劳动争议仲裁委员会申请仲裁的，由劳动合同履行地的劳动争议仲裁委员会管辖。

◆发生劳动争议的劳动者和用人单位为劳动争议仲裁案件的双方当事人。

劳务派遣单位或者用工单位与劳动者发生劳动争议的，劳务派遣单位和用工单位为共同当事人。

◆与劳动争议案件的处理结果有利害关系的第三人，可以申请参加仲裁活动或者由劳动争议仲裁委员会通知其参加仲裁活动。

◆当事人可以委托代理人参加仲裁活动。委托他人参加仲裁活动，应当向劳动争议仲裁委员会提交有委托人签名或者盖章的委托书，委托书应当载明委托事项和权限。

◆丧失或者部分丧失民事行为能力的劳动者，由其法定代理人代为参加仲裁活动；无法定代理人的，由劳动争议仲裁委员会为其指定代理人。劳动者死亡的，由其近亲属或者代理人参加仲裁活动。

◆劳动争议仲裁公开进行，但当事人协议不公开进行或者涉及国家秘密、商业秘密和个人隐私的除外。

◆劳动争议申请仲裁的时效期间为 1 年。仲裁时效期间从当事人知道或者应当知道其权利被侵害之日起计算。

◆申请人申请仲裁应当提交书面仲裁申请，并按照被申请人人数提交副本。

仲裁申请书应当载明下列事项：

(1) 劳动者的姓名、性别、年龄、职业、工作单位和住所，用人单位的名称、住所和法定代表人或者主要负责人的姓名、职务。

(2) 仲裁请求和所根据的事实、理由。

(3) 证据和证据来源、证人姓名和住所。

书写仲裁申请确有困难的，可以口头申请，由劳动争议仲裁委员会记入笔录，并告知对方当事人。

◆劳动争议仲裁委员会收到仲裁申请之日起 5 日内，认为符合受理条件的，应当受理，并通知申请人；认为不符合受理条件的，应当书面通知申请人不予受理，并说明理由。对劳动争议仲裁委员会不予受理或者逾期未作出决定的，申请人可以就该劳动争议事项向人民法院提起诉讼。

◆劳动争议仲裁委员会受理仲裁申请后，应当在 5 日内将仲裁申请书副本送达被申请人。

被申请人收到仲裁申请书副本后，应当在 10 日内向劳动争议仲裁委员会提交答辩书。

劳动争议仲裁委员会收到答辩书后，应当在5日内将答辩书副本送达申请人。被申请人未提交答辩书的，不影响仲裁程序的进行。

◆劳动争议仲裁委员会裁决劳动争议案件实行仲裁庭制。仲裁庭由3名仲裁员组成，设首席仲裁员。简单劳动争议案件可以由1名仲裁员独任仲裁。

◆劳动争议仲裁委员会应当在受理仲裁申请之日起5日内将仲裁庭的组成情况书面通知当事人。

◆仲裁员有下列情形之一，应当回避，当事人也有权以口头或者书面方式提出回避申请：

（1）是本案当事人或者当事人、代理人的近亲属的。

（2）与本案有利害关系的。

（3）与本案当事人、代理人有其他关系，可能影响公正裁决的。

（4）私自会见当事人、代理人，或者接受当事人、代理人的请客送礼的。

劳动争议仲裁委员会对回避申请应当及时作出决定，并以口头或者书面方式通知当事人。

◆仲裁庭应当在开庭5日前，将开庭日期、地点书面通知双方当事人。当事人有正当理由的，可以在开庭3日前请求延期开庭。是否延期，由劳动争议仲裁委员会决定。

◆申请人收到书面通知，无正当理由拒不到庭或者未经仲裁庭同意中途退庭的，可以视为撤回仲裁申请。

被申请人收到书面通知，无正当理由拒不到庭或者未经仲裁庭同意中途退庭的，可以缺席裁决。

◆仲裁庭对专门性问题认为需要鉴定的，可以交由当事人约定的鉴定机构鉴定；当事人没有约定或者无法达成约定的，由仲裁庭指定的鉴定机构鉴定。

根据当事人的请求或者仲裁庭的要求，鉴定机构应当派鉴定人参加开庭。当事人经仲裁庭许可，可以向鉴定人提问。

◆当事人在仲裁过程中有权进行质证和辩论。质证和辩论终结时，首席仲裁员或者独任仲裁员应当征询当事人的最后意见。

◆当事人提供的证据经查证属实的，仲裁庭应当将其作为认定事实的根据。

劳动者无法提供由用人单位掌握管理的与仲裁请求有关的证据，仲裁庭可以要求用人单位在指定期限内提供。用人单位在指定期限内不提供的，应当承担不利后果。

◆仲裁庭应当将开庭情况记入笔录。当事人和其他仲裁参加人认为对自己陈述的记录有遗漏或者差错的，有权申请补正。如果不予补正，应当记录该申请。

笔录由仲裁员、记录人员、当事人和其他仲裁参加人签名或者盖章。

◆当事人申请劳动争议仲裁后，可以自行和解。达成和解协议的，可以撤回仲裁申请。

◆仲裁庭在作出裁决前，应当先行调解。调解达成协议的，仲裁庭应当制作调解书。调解书应当写明仲裁请求和当事人协议的结果。调解书由仲裁员签名，加盖劳动争议仲裁委员会印章，送达双方当事人。调解书经双方当事人签收后，发生法律效力。

调解不成或者调解书送达前，一方当事人反悔的，仲裁庭应当及时作出裁决。

◆仲裁庭裁决劳动争议案件，应当自劳动争议仲裁委员会受理仲裁申请之日起45日内结束。案情复杂需要延期的，经劳动争议仲裁委员会主任批准，可以延期并书面通知当事人，但是延长期限不得超过15日。逾期未作出仲裁裁决的，当事人可以就该劳动争议事项向人民法院提起诉讼。

仲裁庭裁决劳动争议案件时，其中一部分事实已经清楚，可以就该部分先行裁决。

◆仲裁庭对追索劳动报酬、工伤医疗费、经济补偿或者赔偿金的案件，根据当事人的申请，可以裁决先予执行，移送人民法院执行。

仲裁庭裁决先予执行的，应当符合下列条件：

（1）当事人之间权利义务关系明确。

（2）不先予执行将严重影响申请人的生活。

劳动者申请先予执行的，可以不提供担保。

◆裁决应当按照多数仲裁员的意见作出，少数仲裁员的不同意见应当记入笔录。仲裁庭不能形成多数意见时，裁决应当按照首席仲裁员的意见作出。

◆（第四十七条规定）下列劳动争议，除本法另有规定的外，仲裁裁决为终局裁决，裁决书自作出之日起发生法律效力：

（1）追索劳动报酬、工伤医疗费、经济补偿或者赔偿金，不超过当地月最低工资标准12个月金额的争议。

（2）因执行国家的劳动标准在工作时间、休息休假、社会保险等方面发生的争议。

◆劳动者对本法第四十七条规定的仲裁裁决不服的，可以自收到仲裁裁决书之日起15日内向人民法院提起诉讼。

◆用人单位有证据证明本法第四十七条规定的仲裁裁决有下列情形之一，可以自收到仲裁裁决书之日起30日内向劳动争议仲裁委员会所在地的中级人民法院申请撤销裁决：

（1）适用法律、法规确有错误的。

（2）劳动争议仲裁委员会无管辖权的。

（3）违反法定程序的。

（4）裁决所根据的证据是伪造的。

（5）对方当事人隐瞒了足以影响公正裁决的证据的。

（6）仲裁员在仲裁该案时有索贿受贿、徇私舞弊、枉法裁决行为的。

人民法院经组成合议庭审查核实裁决有前款规定情形之一的，应当裁定撤销。

仲裁裁决被人民法院裁定撤销的，当事人可以自收到裁定书之日起 15 日内就该劳动争议事项向人民法院提起诉讼。

◆当事人对本法第四十七条规定以外的其他劳动争议案件的仲裁裁决不服的，可以自收到仲裁裁决书之日起 15 日内向人民法院提起诉讼；期满不起诉的，裁决书发生法律效力。

◆当事人对发生法律效力的调解书、裁决书，应当依照规定的期限履行。一方当事人逾期不履行的，另一方当事人可以依照民事诉讼法的有关规定向人民法院申请执行。受理申请的人民法院应当依法执行。

三、劳动争议调解仲裁其他相关规定

2009 年 1 月 1 日，人力资源和社会保障部公布《劳动人事争议仲裁办案规则》（人力资源和社会保障部令第 2 号），自公布之日起施行。1993 年 10 月 18 日劳动部颁布的《劳动争议仲裁委员会办案规则》和 1999 年 9 月 6 日人事部颁布的《人事争议处理办案规则》同时废止。

制定《劳动人事争议仲裁办案规则》的目的是为公正及时处理劳动、人事争议，规范仲裁办案程序。本规则分为四章五十八条，各章内容为：第一章总则，第二章一般规定，第三章仲裁程序，第四章附则。

1.《劳动人事争议仲裁办案规则》总则中的有关规定

在《劳动人事争议仲裁办案规则》第一章总则中，对相关事项作了规定。

◆本规则适用下列争议的仲裁：

（1）企业、个体经济组织、民办非企业单位等组织与劳动者之间，以及机关、事业单位、社会团体与其建立劳动关系的劳动者之间，因确认劳动关系，订立、履行、变更、解除和终止劳动合同，工作时间、休息休假、社会保险、福利、培训以及劳动保护，劳动报酬、工伤医疗费、经济补偿或者赔偿金等发生的争议。

（2）实施公务员法的机关与聘任制公务员之间、参照公务员法管理的机关（单位）与聘任工作人员之间因履行聘任合同发生的争议。

（3）事业单位与工作人员之间因除名、辞退、辞职、离职等解除人事关系以及履行聘用合同发生的争议。

（4）社会团体与工作人员之间因除名、辞退、辞职、离职等解除人事关系以及履行聘用合同发生的争议。

（5）军队文职人员聘用单位与文职人员之间因履行聘用合同发生的争议。

(6) 法律、法规规定由仲裁委员会处理的其他争议。

◆仲裁委员会处理争议案件，应当遵循合法、公正的原则，先行调解，及时裁决。

◆劳动者一方在10人以上的争议，或者因履行集体合同发生的劳动争议，仲裁委员会可优先立案、优先审理。仲裁委员会处理因履行集体合同发生的劳动争议，应当按照三方原则组成仲裁庭处理。

2. 有关《劳动人事争议仲裁办案规则》的一般规定

在《劳动人事争议仲裁办案规则》第二章一般规定中，对相关事项作了规定。

◆因履行集体合同发生的劳动争议，经协商解决不成的，工会可以依法申请仲裁；尚未建立工会的，由上级工会指导劳动者推举产生的代表依法申请仲裁。

◆发生争议的劳动者一方在10人以上，并有共同请求的，劳动者可以推举3～5名代表人参加仲裁活动。

◆代表人参加仲裁的行为对其所代表的当事人发生效力，但代表人变更、放弃仲裁请求或者承认对方当事人的仲裁请求，进行和解，必须经被代表的当事人同意。

◆发生争议的用人单位被吊销营业执照、责令关闭、撤销以及用人单位决定提前解散、歇业，不能承担相关责任的，依法将其出资人、开办单位或主管部门作为共同当事人。

◆劳动者与个人承包经营者发生争议，依法向仲裁委员会申请仲裁的，应当将发包的组织和个人承包经营者作为当事人。

◆在争议申请仲裁的时效期间内，有下列情形之一的，仲裁时效中断：从中断时起，仲裁时效期间重新计算：

(1) 一方当事人通过协商、申请调解等方式向对方当事人主张权利的。

(2) 一方当事人通过向有关部门投诉，向仲裁委员会申请仲裁，向人民法院起诉或者申请支付令等方式请求权利救济的。

(3) 对方当事人同意履行义务的。

◆因不可抗力，或者有无民事行为能力或者限制民事行为能力劳动者的法定代理人未确定等其他正当理由，当事人不能在规定的仲裁时效期间申请仲裁的，仲裁时效中止。从中止时效的原因消除之日起，仲裁时效期间继续计算。

◆当事人提出回避申请，应当说明理由，在案件开始审理时提出；回避事由在案件开始审理后知道的，也可以在庭审辩论终结前提出；当事人在庭审辩论终结后提出的，不影响仲裁程序的进行，当事人因此对仲裁裁决不服的，可以依法向人民法院起诉或者申请撤销。

被申请回避的人员在仲裁委员会作出是否回避的决定前，应当暂停参与本案的处理，但因案件需要采取紧急措施的除外。

◆仲裁员是否回避，由仲裁委员会主任或其授权的办事机构负责人决定。仲裁委员会主任担任案件仲裁员是否回避，由仲裁委员会决定。

◆当事人对自己提出的主张有责任提供证据。与争议事项有关的证据属于用人单位掌握管理的，用人单位应当提供；用人单位不提供的，应当承担不利后果。

◆承担举证责任的当事人应当在仲裁委员会指定的期限内提供有关证据。当事人在指定期限内不提供的，应当承担不利后果。

◆当事人因客观原因不能自行收集的证据，仲裁委员会可以根据当事人的申请，参照《中华人民共和国民事诉讼法》有关规定予以收集；仲裁委员会认为有必要的，也可以决定参照《中华人民共和国民事诉讼法》有关规定予以收集。

◆仲裁委员会依法调查取证时，有关组织和个人应当协助配合。

◆争议处理中涉及证据形式、证据提交、证据交换、证据质证、证据认定等事项，本规则未规定的，参照民事诉讼证据规则的有关规定执行。

3. 有关仲裁程序的规定

在《劳动人事争议仲裁办案规则》第三章仲裁程序中，对相关事项作了规定。

◆申请人申请仲裁应当提交书面仲裁申请，并按照被申请人人数提交副本。

仲裁申请书应当载明下列事项：

(1) 劳动者的姓名、性别、年龄、职业、工作单位、住所、通信地址和联系电话，用人单位的名称、住所、通信地址、联系电话和法定代表人或者主要负责人的姓名、职务。

(2) 仲裁请求和所根据的事实、理由。

(3) 证据和证据来源，证人姓名和住所。

书写仲裁申请确有困难的，可以口头申请，由仲裁委员会记入笔录，经申请人签名或者盖章确认。

申请人的书面仲裁申请材料齐备的，仲裁委员会应当出具收件回执。

对于仲裁申请书不规范或者材料不齐备的，仲裁委员会应当当场或者在5日内一并告知申请人需要补正的全部材料。申请人按要求补正全部材料的，仲裁委员会应当出具收件回执。

◆仲裁委员会在申请人申请仲裁时，可以引导当事人通过协商、调解等方式解决争议，给予必要的法律释明及风险提示。

◆仲裁委员会受理仲裁申请后，应当在5日内将仲裁申请书副本送达被申请人。

被申请人收到仲裁申请书副本后，应当在10日内向仲裁委员会提交答辩书。仲裁委员会收到答辩书后，应当在5日内将答辩书副本送达申请人。被申请人逾期未提交答辩书的，不影响仲裁程序的进行。

◆仲裁委员会应当在受理仲裁申请之日起5日内组成仲裁庭并将仲裁庭的组成情况书面通知当事人。

◆仲裁庭应当在开庭5日前，将开庭日期、地点书面通知双方当事人。当事人有正当理由的，可以在开庭3日前请求延期开庭。是否延期，由仲裁委员会根据实际情况决定。

◆申请人收到书面通知，无正当理由拒不到庭或者未经仲裁庭同意中途退庭的，可以按撤回仲裁申请处理，申请人重新申请仲裁的，仲裁委员会不予受理。被申请人收到书面通知，无正当理由拒不到庭或者未经仲裁庭同意中途退庭的，可以缺席裁决。

◆开庭审理时，仲裁员应当听取申请人的陈述和被申请人的答辩，主持庭审调查、质证和辩论、征询当事人最后意见，并进行调解。

◆仲裁庭应当将开庭情况记入笔录。当事人或者其他仲裁参加人认为对自己陈述的记录有遗漏或者差错的，有权申请补正。仲裁庭认为申请无理由或者无必要的，可以不予补正，但是应当记录该申请。

仲裁员、记录人员、当事人和其他仲裁参加人应当在庭审笔录上签名或者盖章。当事人或者其他仲裁参加人拒绝在庭审笔录上签名或者盖章的，仲裁庭应记明情况附卷。

◆当事人申请仲裁后，可以自行和解。达成和解协议的，可以撤回仲裁申请，也可以请求仲裁庭根据和解协议制作调解书。

◆仲裁调解达成协议的，仲裁庭应当制作调解书。调解书应当写明仲裁请求和当事人协议的结果。调解书由仲裁员签名，加盖仲裁委员会印章，送达双方当事人。调解书经双方当事人签收后，发生法律效力。

调解不成或者调解书送达前，一方当事人反悔的，仲裁庭应当及时作出裁决。

◆仲裁庭裁决案件，应当自仲裁委员会受理仲裁申请之日起45日内结束。案情复杂需要延期的，经仲裁委员会主任批准，可以延期并书面通知当事人，但延长期限不得超过15日。

◆因出现案件处理依据不明确而请示有关机构，或者案件处理需要等待工伤认定、伤残等级鉴定、司法鉴定结论，公告送达以及其他需要中止仲裁审理的客观情形，经仲裁委员会主任批准，可以中止案件审理，并书面通知当事人。中止审理的客观情形消除后，仲裁庭应当恢复审理。

◆当事人因仲裁庭逾期未作出仲裁裁决而向人民法院提起诉讼的，仲裁委员会应当裁定该案件终止审理；当事人未就该争议事项向人民法院提起诉讼，并且双方当事人同意继续仲裁的，仲裁委员会可以继续处理并裁决。

◆仲裁庭裁决案件时，其中一部分事实已经清楚，可以就该部分先行裁决，当事人就该部分达成调解协议的，可以先行出具调解书。当事人对先行裁决不服的，可以依照调解仲裁法有关规定处理。

◆仲裁庭裁决案件时，裁决内容同时涉及终局裁决和非终局裁决的，应分别作出裁决并告知当事人相应的救济权利。

◆仲裁庭对追索劳动报酬、工伤医疗费、经济补偿或者赔偿金的案件，根据当事人的申请，可以裁决先予执行，移送人民法院执行。

仲裁庭裁决先予执行的，应当符合下列条件：

（1）当事人之间权利义务关系明确。

（2）不先予执行将严重影响申请人的生活。

劳动者申请先予执行的，可以不提供担保。

◆裁决书应当载明仲裁请求、争议事实、裁决理由、裁决结果、当事人权利和裁决日期。裁决书由仲裁员签名，加盖仲裁委员会印章。对裁决持不同意见的仲裁员，可以签名，也可以不签名。

◆对裁决书中的文字、计算错误或者仲裁庭已经裁决但在裁决书中遗漏的事项，仲裁庭应当及时予以补正并送达当事人。

◆对于权利义务明确、事实清楚的简单争议案件或经双方当事人同意的其他争议案件，仲裁委员会可指定1名仲裁员独任处理，并可在庭审程序、案件调查、仲裁文书送达、裁决方式等方面进行简便处理。

◆当事人对裁决不服向人民法院提起诉讼的，依照调解仲裁法的有关规定处理。

四、《企业劳动争议协商调解规定》相关要点

2011年11月30日，人力资源和社会保障部公布《企业劳动争议协商调解规定》（人力资源和社会保障部令第17号），自2012年1月1日起施行。

制定《企业劳动争议协商调解规定》的目的是为规范企业劳动争议协商、调解行为，促进劳动关系和谐稳定。本规定分为四章三十七条，各章内容为：第一章总则，第二章协商，第三章调解，第四章附则。

1.《企业劳动争议协商调解规定》总则中的有关规定

在《企业劳动争议协商调解规定》第一章总则中，对相关事项作了规定。

◆企业劳动争议协商、调解，适用本规定。

◆企业应当依法执行职工大会、职工代表大会、厂务公开等民主管理制度，建立集体协商、集体合同制度，维护劳动关系和谐稳定。

◆企业应当建立劳资双方沟通对话机制，畅通劳动者利益诉求表达渠道。

劳动者认为企业在履行劳动合同、集体合同，执行劳动保障法律、法规和企业劳动规

章制度等方面存在问题的，可以向企业劳动争议调解委员会（以下简称调解委员会）提出。调解委员会应当及时核实情况，协调企业进行整改或者向劳动者作出说明。

劳动者也可以通过调解委员会向企业提出其他合理诉求。调解委员会应当及时向企业转达，并向劳动者反馈情况。

◆企业应当加强对劳动者的人文关怀，关心劳动者的诉求，关注劳动者的心理健康，引导劳动者理性维权，预防劳动争议发生。

◆协商、调解劳动争议，应当根据事实和有关法律法规的规定，遵循平等、自愿、合法、公正、及时的原则。

2. 有关协商的规定

在《企业劳动争议协商调解规定》第二章协商中，对相关事项作了规定。

◆发生劳动争议，一方当事人可以通过与另一方当事人约见、面谈等方式协商解决。

◆劳动者可以要求所在企业工会参与或者协助其与企业进行协商。工会也可以主动参与劳动争议的协商处理，维护劳动者合法权益。

劳动者可以委托其他组织或者个人作为其代表进行协商。

◆一方当事人提出协商要求后，另一方当事人应当积极作出口头或者书面回应。5日内不作出回应的，视为不愿协商。

协商的期限由当事人书面约定，在约定的期限内没有达成一致的，视为协商不成。当事人可以书面约定延长期限。

◆协商达成一致，应当签订书面和解协议。和解协议对双方当事人具有约束力，当事人应当履行。

经仲裁庭审查，和解协议程序和内容合法有效的，仲裁庭可以将其作为证据使用。但是，当事人为达成和解的目的作出妥协所涉及的对争议事实的认可，不得在其后的仲裁中作为对其不利的证据。

◆发生劳动争议，当事人不愿协商、协商不成或者达成和解协议后，一方当事人在约定的期限内不履行和解协议的，可以依法向调解委员会或者乡镇、街道劳动就业社会保障服务所（中心）等其他依法设立的调解组织申请调解，也可以依法向劳动人事争议仲裁委员会申请仲裁。

3. 有关调解的规定

在《企业劳动争议协商调解规定》第三章调解中，对相关事项作了规定。

◆大中型企业应当依法设立调解委员会，并配备专职或者兼职工作人员。

有分公司、分店、分厂的企业，可以根据需要在分支机构设立调解委员会。总部调解委员会指导分支机构调解委员会开展劳动争议预防调解工作。

调解委员会可以根据需要在车间、工段、班组设立调解小组。

◆小微型企业可以设立调解委员会，也可以由劳动者和企业共同推举人员，开展调解工作。

◆调解委员会由劳动者代表和企业代表组成，人数由双方协商确定，双方人数应当对等。劳动者代表由工会委员会成员担任或者由全体劳动者推举产生，企业代表由企业负责人指定。调解委员会主任由工会委员会成员或者双方推举的人员担任。

◆调解委员会履行下列职责：

（1）宣传劳动保障法律、法规和政策。

（2）对本企业发生的劳动争议进行调解。

（3）监督和解协议、调解协议的履行。

（4）聘任、解聘和管理调解员。

（5）参与协调履行劳动合同、集体合同和执行企业劳动规章制度等方面出现的问题。

（6）参与研究涉及劳动者切身利益的重大方案。

（7）协助企业建立劳动争议预防预警机制。

◆调解员履行下列职责：

（1）关注本企业劳动关系状况，及时向调解委员会报告。

（2）接受调解委员会指派，调解劳动争议案件。

（3）监督和解协议、调解协议的履行。

（4）完成调解委员会交办的其他工作。

◆调解员应当公道正派、联系群众、热心调解工作，具有一定劳动保障法律政策知识和沟通协调能力。调解员由调解委员会聘任的本企业工作人员担任，调解委员会成员均为调解员。

◆调解员的聘期至少为1年，可以续聘。调解员不能履行调解职责时，调解委员会应当及时调整。

◆调解员依法履行调解职责，需要占用生产或者工作时间的，企业应当予以支持，并按照正常出勤对待。

◆发生劳动争议，当事人可以口头或者书面形式向调解委员会提出调解申请。

申请内容应当包括申请人基本情况、调解请求、事实与理由。

口头申请的，调解委员会应当当场记录。

◆调解委员会接到调解申请后，对属于劳动争议受理范围且双方当事人同意调解的，应当在3个工作日内受理。对不属于劳动争议受理范围或者一方当事人不同意调解的，应当做好记录，并书面通知申请人。

◆发生劳动争议，当事人没有提出调解申请，调解委员会可以在征得双方当事人同意后主动调解。

◆调解委员会调解劳动争议一般不公开进行。但是，双方当事人要求公开调解的除外。

◆调解委员会根据案件情况指定调解员或者调解小组进行调解，在征得当事人同意后，也可以邀请有关单位和个人协助调解。

调解员应当全面听取双方当事人的陈述，采取灵活多样的方式方法，开展耐心、细致的说服疏导工作，帮助当事人自愿达成调解协议。

◆经调解达成调解协议的，由调解委员会制作调解协议书。调解协议书应当写明双方当事人基本情况、调解请求事项、调解的结果和协议履行期限、履行方式等。

调解协议书由双方当事人签名或者盖章，经调解员签名并加盖调解委员会印章后生效。

调解协议书一式三份，双方当事人和调解委员会各执一份。

◆生效的调解协议对双方当事人具有约束力，当事人应当履行。

◆双方当事人未按前条规定提出仲裁审查申请，一方当事人在约定的期限内不履行调解协议的，另一方当事人可以依法申请仲裁。

仲裁委员会受理仲裁申请后，应当对调解协议进行审查，调解协议合法有效且不损害公共利益或者第三人合法利益的，在没有新证据出现的情况下，仲裁委员会可以依据调解协议作出仲裁裁决。

◆调解委员会调解劳动争议，应当自受理调解申请之日起15日内结束。但是，双方当事人同意延期的可以延长。

在前款规定期限内未达成调解协议的，视为调解不成。

◆当事人不愿调解、调解不成或者达成调解协议后，一方当事人在约定的期限内不履行调解协议的，调解委员会应当做好记录，由双方当事人签名或者盖章，并书面告知当事人可以向仲裁委员会申请仲裁。

◆调解委员会应当建立健全调解登记、调解记录、督促履行、档案管理、业务培训、统计报告、工作考评等制度。

◆企业应当支持调解委员会开展调解工作，提供办公场所，保障工作经费。

◆企业未按照本规定成立调解委员会，劳动争议或者群体性事件频发，影响劳动关系和谐，造成重大社会影响的，由县级以上人力资源和社会保障行政部门予以通报；违反法律法规规定的，依法予以处理。

◆调解员在调解过程中存在严重失职或者违法违纪行为，侵害当事人合法权益的，调解委员会应当予以解聘。

◆民办非企业单位、社会团体开展劳动争议协商、调解工作参照本规定执行。

第三节　工伤保险争议调解仲裁事例分析

劳动者在生产劳动过程中，在执行劳动法律法规或履行劳动合同过程中，在工伤认定、劳动能力鉴定、工伤待遇等方面，与用人单位产生不同意见以及出现争议是十分常见的现象。劳动争议的发生，不利于社会的稳定。因此，发生劳动争议后，依据有关法律法规的规定，尽快解决争议，对于当事人双方都有积极意义。

一、休息日帮助学徒受伤引发的工伤认定争议

1. 事情缘由

闻某是某电线电缆有限公司塑料车间的一名操作工，2008 年 11 月进厂当学徒工。由于闻某好学上进、聪明能干，在师傅的传授下，仅仅经过两个月的实习，就完全掌握了本工序的操作，成为车间一名可以独立操作的骨干。

对于闻某的能干，车间主任很是欣赏，并决定好好培养他。2009 年春节过后，车间新来了几名工人。车间主任安排闻某带一名徒弟。在闻某的热心教授下，新来的徒弟很快也可以独立操作了。人手增加了，一直忙于加班的车间工人也走上了正轨。活不多的时候，车间主任就安排大家轮休。

2009 年 4 月 15 日是闻某的工休时间，但他这天并没有在家休息。上午 9 点多钟，闻某从家里来到了单位，先到电线车间转了一圈，然后到了塑料车间。闻某走近徒弟身边，本想和徒弟打个招呼，可是看到徒弟正在为轧出的废料着急，正满头大汗地查找原因。闻某观察了一会儿徒弟的操作，根据自己的经验，立即想到可能是制粒机温度不够高造成的，便主动上前给徒弟帮忙。就在这时，一场不幸的事故发生了。因闻某没有穿工作服，他的衣服下襟被机器钩住了。闻某随着机器的转动被甩了出去，右手被机器划伤，右胸部被烫伤。

闻某受伤后到医院治疗花了不少医疗费。听工友说工伤可以报销医疗费，闻某便找到公司要求报销医疗费，但是公司并不同意给他报销，说出事的那天应该是他的工休日，凡不是在工作时间出的问题，都不能按工伤处理。闻某一看找单位没能解决问题，便在 2009 年 6 月 5 日向劳动保障行政部门提出了工伤认定申请。劳动保障行政部门查明：闻某上班两个月后，企业就安排他带新工人，车间主任觉得闻某比较聪明，要求闻某多学多看，将来能成为一名技术骨干。闻某为了能够尽快熟悉整个操作流程，提高操作水平，经常在车

间安排自己换班休息时，向车间其他熟练工学习技术。2009 年 4 月 15 日，车间主任的确安排了闻某工休，但闻某到车间并不是干私活，而是为了了解工序生产。闻某受伤的当天正巧是他的徒弟在生产中遇到了问题，他主动帮助解决。他的行为是为了工作，受益者是企业。所以，劳动保障行政部门认为，闻某受伤时间应视作工作时间，闻某受伤符合《工伤保险条例》第十四条第（一）项规定的“在工作时间和工作场所内，因工作原因受到事故伤害的”工伤认定条件。劳动保障行政部门最终作出了工伤认定的决定，并将工伤认定结论通知书送达了闻某和闻某所在单位——某电线电缆有限公司。

2. 对工伤认定的不同看法

该电线电缆有限公司对闻某是本企业职工，并在自己的工作岗位上因工受伤无异议，但对于是否为工作时间，能否认定为工伤存在不同的看法。一些员工认为，2009 年 4 月 15 日轮到闻某休息，由于他的租住房没有卫生设备，因而一早闻某就来到厂区上厕所，后又到其妻弟所在的电线车间玩，最后才到电线电缆车间。企业目前没有任何文件规定休息时间职工自己去企业算作工作时间，而且闻某当天并没有按正常的上班时间到企业电线电缆车间上班，只是在车间里到处转转、看看，因此不能算是工作时间，闻某受伤不能认定为工伤。而另一些员工认为，闻某的确是在轮休时间来到车间，并且在工作岗位因从事工作而受伤。虽然与正常的上班时间去企业上班有所不同，但是闻某所从事的工作内容，正是解决企业生产过程中出现的问题，在企业的生产过程中从事工作，当然应该属于工作时间。因此，这部分人认为，劳动保障行政部门对闻某受伤认定为工伤是正确的。

3. 工伤认定争议分析

《工伤保险条例》第十四条第（一）项规定“在工作时间和工作场所内，因工作原因受到事故伤害的”属于工伤。在工作时间、工作场所和工作原因三个要素中，“工作原因”是其中最重要的要素。在这起事例中，闻某是在轮休时间到单位处理生产过程中的问题而受伤，虽然不是领导安排，也与正常的上班时间去企业上班不同，但是闻某所从事的工作内容，正是解决企业生产过程中出现的问题，他的受伤完全是因为工作原因所致，受伤的地点也是工作地点，那么受伤时间可以被视为工作时间。在对“三工”的理解中，不能机械地理解某一项因素，而应当进行综合判定，尤其是“工作原因”在其中起到关键性作用。由此出发，对于这起事例中在工休时间到单位，如果确实是因为在从事工作过程中受伤，即满足“工作原因”要素，那么在单位的时间与从事工作受伤相联系，可以被视为工作时间，属于因工负伤，不应产生异议。

二、违章私开电梯受伤能否认定为工伤的争议

1. 事情缘由

某服装有限公司有一座三层楼房，一层设有面料库车间和成品库房，二层和三层为服装加工车间，所有服装面料在裁剪前都需要进行检验。

王某是公司的一名布料检验员，2006 年 12 月，正是生产任务紧张的时候，公司为了如期完成订单任务，组织员工临时加班。到 30 日晚，最后一批服装订单要开始下料裁剪。王某在公司一楼面料库车间加班检验布料。22 时许，王某要上厕所。当她走到通往一楼厕所的公共通道门前时，看到门已被公司保安人员从外面锁上。王某本应联系保安人员开门，但她没有这样做，而是转身走到电梯口，擅自开乘电梯去了二楼厕所。当王某上完厕所，准备乘电梯回车间时，看到电梯已关闭停运。她从工友处找来电梯钥匙，着急地打开电梯安全门，看都没看一眼就一步迈了进去，没想到此刻电梯正停在三楼，王某一脚踩空，坠落电梯井里摔伤。

事故发生后，公司立即派人将王某送到医院，她被诊断为腰椎爆散骨折、双侧肋骨骨折、双下肢瘫痪。公司支付医疗费达 17 万元。

对于这次王某的受伤治疗，公司组织职工捐款 8 万多元后，剩余医疗费要求王某个人承担。理由是公司制度明确规定，货运电梯不允许载人，每部电梯都有专门的操作员操作，不允许他人擅自操作。而王某擅自操作公司明令禁止使用的货用电梯到二楼上厕所，发生事故应当由个人承担责任。

王某对个人要承担高额的医疗费感到无力支付，于 2007 年 1 月 23 日向劳动保障行政部门提出申请工伤认定。

劳动保障行政部门审核申请材料并对事故伤害进行调查核实后，于 2007 年 8 月 2 日对事故伤害作出结论，认为王某所受伤害事实符合《工伤保险条例》第十四条规定的工伤认定范围，应当认定为工伤。公司接到劳动保障行政部门工伤认定结论通知书后不服，提起行政复议。

2. 对工伤认定的不同看法

对于王某所受伤害为工伤，公司持不同意见，理由是王某的工作场所在一楼，而且一楼就有厕所，而王某不与保安人员联系开一楼的通道门，反而舍近求远到二楼上厕所，而二楼不是其工作场所。另外，货运电梯不允许载人，有专门的电梯操作员，且在电梯左侧有明显的警示标志，上面写着："非电梯操作者，严禁操作和使用电梯。"王某明知故犯，擅自操作单位明确禁止使用的货用电梯，属于严重违章，后果应当自负。

劳动保障行政部门认为工作场所并非仅指生产车间、办公区域等职工直接从事工作、生产的场所，还应当包括单位的公共通道、厕所等公共场所。按照我国《职业病防治法》的规定："用人单位应当为劳动者创造符合国家职业卫生标准和卫生要求的工作环境和条件，并采取措施保障劳动者获得职业卫生保护。"二楼厕所是该公司员工工作场所的附属设施，属于广义范畴内的"工作场所"。工作时间内上厕所，既是正常的生理需要，又是维持有效工作所必需，与职工的工作密不可分，是本职工作的必要延伸。虽然王某擅自操作单位明令禁止使用的货用电梯，违反了单位的管理制度，但不影响工伤认定，因为工伤保险的基本原则是无过错责任原则，也就是说，只要劳动者所受到的伤害符合工伤认定范围，而不属于《工伤保险条例》排除工伤的条款规定，都应当认定为工伤。

3. 工伤认定争议分析

在对这起事故的处理中，从管理角度来说，用人单位不服工伤认定结论的理由并不充分，因为公司在管理上明显存在一些问题，如公司虽然制定了电梯运行管理制度和警示标志，但王某从工友处却能找来电梯钥匙，本身就是管理不到位的表现。在职工处于加班加点工作期间，各项设施应按照正常工作时间进行运转，可公司却忽视了给员工提供必要的设施和方便，将通往一楼厕所的公共通道门由公司保安人员从外面锁上，给员工带来不便，再加上货运电梯的钥匙没有专人管理，最终导致这起事故的发生，因此应当由单位承担责任，而不是让职工个人承担责任。王某虽然也有过错，但工伤保险主要是强调用人单位的主体责任，由此认定为工伤并无不妥。

王某所在公司为了节省费用，没有给员工办理工伤保险，这也是对工伤认定结论不服的重要原因。即使单位没有给职工办理工伤保险，职工发生工伤后，也应当按照《工伤保险条例》第六十条"用人单位依照本条例规定应当参加工伤保险而未参加的，由劳动保障行政部门责令改正；未参加工伤保险期间用人单位职工发生工伤的，由该用人单位依照本条例规定的工伤保险待遇项目和标准支付费用"的规定，由公司而不是伤者本人承担责任。

三、下班途中时间界限如何确定引发的工伤争议

1. 事情缘由

胡某系某工厂的职工，2007 年 10 月 30 日下午在下班途中被机动车撞伤，申请认定为工伤。

劳动保障局经调查确认，胡某于 2007 年 10 月 30 日上午在工厂上班，因家中的棉花、玉米没有收拾好，下午请了半天假。胡某在当天 11 点 30 分下班后没有直接回家，先在工

厂门口地摊吃饭，然后又在附近理发店理发，然后从理发店骑自行车直接回家。其自述被撞伤的时间大约是14点。该事故造成胡某左肋骨、左臂尺骨骨折，肇事者隋某弃车逃逸。胡某家距离单位8千米，一般在途时间为1小时左右。

理发店理发员证实胡某当天中午确实在该店理发，离开的时间大约是13点；报案人赵某的摩托车几乎在同时被肇事者隋某撞翻，赵某手中的报警电话单显示其与122通话的起始时间是15点41分16秒，通话时长122秒；交警事故科122值班室登记报案时间是15点45分；事故地点附近的小卖部、加油站等人员均反映是14点至16点之间发生的交通事故。

劳动保障行政部门根据调查核实的情况，经过综合分析、判断，最终确定发生交通事故的时间是15点30分左右。据此认为，胡某应在12点30分左右到家，其在15点30分左右发生的道路交通事故不能认为属于上下班途中，遂对其所受伤害作出不予认定为工伤的决定。胡某不服，先后经过行政复议、行政诉讼，劳动保障行政部门的工伤认定决定均被维持。

2. 工伤认定争议分析

《工伤保险条例》第十四条第（六）项规定“在上下班途中，受到机动车事故伤害的”应当认定为工伤。胡某能否被认定为工伤，关键是其受伤时间是否属于“下班途中”。

胡某请假半天的目的，是为了收拾家中的棉花、玉米，这说明了两点：一是胡某回家得到了单位的许可，可以认为属于下班；二是胡某请假是为了赶回家中干活，应当及时回家，而不应在路上“磨蹭”。按照理发员的证言，胡某13点离开理发店，那么也应当在14点左右到家，为什么迟至15点30分仍在路上？

劳动保障局工作人员对胡某调查询问时，他否认去过其他地方，既没有会亲访友，也没有去打牌，更没有找地方去喝酒，而是理发后直接骑自行车回家。至于为什么会有这么长的时间差，胡某未能说明理由，劳动保障局也无法调查得知。就该事实分析，虽然下班在途时间允许有一定的弹性，但不宜过大。与正常在途时间相比，胡某超出了3小时，在其没有提供正当、合理理由的情况下，从正常人的角度分析，实在难以认为属于下班途中。因此，不予认定工伤是理所当然的。

每部法律法规都有它的限制性条件，超出了限制性条件或范围，则不符合规定。对上下班途中机动车事故伤害而言，最重要的是事故发生的时间和地点，而难点则是时间的判断。因为事故发生地一般是有痕迹的，相对容易辨别；而时间如果没有充分的证据，则很难确定。本案事故发生在下午，受害人还有赵某，目击者较多，证据比较充分，特别是赵某手中的122报警电话单，证明力非常强，因此事故发生的时间较好确定。

四、操作剪板机裁切铁皮切断手指引发的工伤争议

1. 事情缘由

2007年10月13日13时30分，郑某在东方防爆公司操作剪板机裁切铁皮时，不慎切断右手食指、中指。随后被送往医院治疗，诊断为“右手食指、中指离断伤”。郑某出院后与公司因工伤补偿协商不成，投诉到当地劳动保障行政部门，要求认定为工伤。

东方防爆公司收到劳动保障行政部门调查核实告知书后提出异议，认为郑某是故意自残，不能认定为工伤，并陈述了三点理由：一是事发前，郑某在许多员工中散布说，切断一根手指可以赔上万元，如何如何……不久，他果真被切断手指；二是他操作的这台剪板机裁刀前有挡板，手根本不能进入；三是他住院时，医生建议做植指手术，公司也同意支付医疗费，但他拒绝签字，不同意植指，目的是为了多得赔偿，有意提高伤残等级。事发后，公司立即将他送往医院治疗，并支付了全部医疗费，已履行了应尽的职责与义务，因此不能再满足其过分要求。

郑某对公司的这种说法有不同意见，说自己并非故意造成伤害。对此，双方说法完全不同，但都无法提供证据来证明自己的主张。

2. 对工伤认定的不同看法

工伤认定经办人认为，东方防爆公司所述理由虽然有一定道理，但是否属实还需进一步调查核实。按该公司的说法，如果剪板机裁刀前确有挡板，手根本不能进入，那么郑某究竟是怎么受伤的呢？为了查明事故原因，工伤认定经办人亲临现场勘查，发现该剪板机裁刀前确有挡板，但挡板底部有几个直径约20毫米的圆孔，启动后与裁刀同时下降压住材料。除了手指可以从圆孔中进入外，其他全被挡住。于是，工伤认定经办人立即给郑某打电话，约他面谈。

郑某说，事发当日，他裁到剩下几毫米宽的边料时，因不能进入剪板机内，只好用手从挡板洞孔中推入，不慎切断两根手指。至于不同意植指，是因为医生说没有绝对把握，只怕接不活，又要受痛苦，所以不愿做手术，并非为了多得补偿，有意提高伤残等级。听其言，观其行，尽管他违章操作，但所述缘由合乎情理，说明并非故意。该公司认为他自残，工伤认定机构告知后却没有提供证据。因此，经过实地调查核实和综合分析判断，最后认定郑某为工伤。

3. 工伤认定争议分析

本案双方争议的焦点在于郑某是否属于自残。如果东方防爆公司认为郑某故意自残，

应当提供有关证据，不能将怀疑当作事实。根据调查情况来看，该事故发生的主要原因是郑某缺少安全意识，违章操作才导致事故的发生。如果说他故意自残，则不免有些言过其实。退一步说，即使郑某确实属于自残，也应当由负有举证责任的用人单位提供有关证据。如果没有确凿证据足以证明其自残，则该公司所述理由不能成立，工伤认定经办人无法采纳。

因当事人违章操作被认定为工伤后，有些用人单位往往不服而提起行政复议和行政诉讼，认为受伤职工严重违反了操作规程，有明显过错，不应认定为工伤。这种看法并不符合有关劳动法律法规的规定。按照《工伤保险条例》的有关规定，只要是在工作时间和工作场所内，因工作原因受伤的，都可认定为工伤，依法享受工伤保险待遇。即使违章操作致伤，按工伤无过错补偿原则，用人单位也要承担工伤补偿责任。

企业在发生事故后，关键问题是要查清事故原因，从中吸取教训，加强安全教育，做好预防工作。但某些用人单位并未从自身查找原因，主动采取有效措施，消除事故隐患，却将责任推给受伤员工，往往以蓄意违章或故意自残为由否认工伤，目的是为了拒绝其补偿要求。主要原因是这类企业没有依法参加工伤保险，又不愿按照《工伤保险条例》规定的工伤待遇标准给予补偿，致使许多工伤职工只好走上申诉之路。

这起事故说明，即使机械设备没有故障，如果员工上岗前未经安全教育与职业技能培训，缺少安全知识，操作不当，仍然会出问题。由此可见，提高员工的安全意识与实际操作技能，消除人为的不安全因素，是防止事故发生最重要、最根本的问题。因为不论多么先进的机械设备、生产工艺，都或多或少存在着某些危险因素，特别是冲床、注塑机、剪板机等危险性较大的机械设备，如果员工不熟悉设备的性能特点，违反操作规程，就必然会发生事故。作为用人单位，应当根据机械设备特点，采取必要的防护措施，并制定操作规程，明确告知员工本岗位存在哪些危险，应当如何操作，注意哪些问题。特别是对新员工来说，上岗前应针对岗位特点，对其进行必要的安全教育和技能培训，员工未经培训不能上岗作业。

五、暴雨来袭提前下班发生事故引发的工伤认定争议

1. 事情缘由

新发建筑公司承揽了一项市政工程，在马路两侧的人行道上铺设地砖。建筑公司招用一些农民工来施工，而农民工的住宿就安排在距离施工地不远的地方。通常，建筑公司都在施工地附近支起一排简易帐篷，作为临时办公场所和宿舍，这次也不例外。张某是来自湖南的一位农民工，常年在建筑工地打工，只要新发建筑公司有工程，就会找张某来上工。2007 年 9 月的一天下午，张某正在工地铺路面地砖时，乌云飘来，大风刮起，不一会儿下

起了大雨，此时已是下午5点钟，因露天作业没有避雨的地方，无法继续施工，张某与其他几个工友商量后决定，干脆提早收工。张某与其他工友一同拿着工具离开了施工现场，这时雨越下越大，他们开始加速往住地跑。在穿过马路时，张某只顾着低头猛跑躲雨，没有注意观望来往车辆，被一辆行驶中的小轿车撞起，顿时倒在了血泊之中。面对这起突然发生的交通事故，大家惊呆了，看着满地的鲜血和破损的车辆，司机赶快报警，一位工友随即用手机拨打了999急救电话。

张某被送到医院后，因流血过多，抢救无效死亡。交管部门在处理这起交通事故时，认定张某应负主要责任。建筑公司在处理张某的善后事宜时，问张某的亲属有什么要求，其亲属正处在悲痛中，一方面觉得死者在交通事故中负有主要责任，不知该提什么要求；另一方面又感到失去了亲人，也失去了主要劳动力，孩子上学、老人扶养都是实际问题，真是不知该怎么办。他们只是提出能否多给一些钱，帮助解决家里的困难。

2. 工伤认定争议分析

由于建筑公司已按建设项目给农民工办理了工伤保险，张某属于被保险对象，其供养亲属可以由工伤保险基金支付待遇。但是对于这起事故能否按工伤处理，张某的亲属和建筑公司都心里没底。建筑公司领导认为，根据建委和劳动保障局的要求，在开工前公司已按建设项目给农民工办理了工伤保险，不妨让项目部负责人到劳动保障局咨询一下，能认定工伤就按工伤处理，不能认定再想别的办法。就在这时，项目部派人从劳动保障局拿回了一套有关工伤保险的资料，其中包括法规、宣传材料、工伤认定申请表，大家就此详细地学习了一下《工伤保险条例》，并以张某下班途中受到机动车事故伤害为由，向劳动保障行政部门提出了工伤认定申请。

劳动保障行政部门经调查核实，认为建筑公司填写的事故经过符合实际情况，张某提前离开施工现场为客观情况所致，而且确实是在赶往施工地附近的帐篷途中被机动车撞倒致死。虽然在这起交通事故中张某负有主要责任，但可以确定张某所遭遇的伤害是在下班途中，按照工伤认定的原则，发生机动车事故，对双方当事人谁负有主要责任在过去的工伤保险规章中曾有过规定，但在2004年1月1日起实施的《工伤保险条例》的工伤认定条件中，并没有作出规定。因此，新的法规在这一点上作的调整更具人性化，对于上下班途中发生的机动车事故，谁负有主要责任，并不影响工伤认定的结论。最终，劳动保障行政部门依据《工伤保险条例》第十四条第（六）项的规定，认定张某为因工死亡。

按照《工伤保险条例》中有关待遇方面的规定，因工死亡的待遇，除了丧葬补助金和一次性工亡补助金外，因工死亡职工的供养亲属符合条件的还可以享受供养亲属抚恤金待遇，张某的孩子和老人都符合供养亲属的条件，可以享受供养亲属抚恤金待遇，这样就解决了张某的孩子和老人的基本生活问题。

六、一人多职积极工作不慎受伤引发的工伤认定争议

1. 事情缘由

2007 年 3 月，王某被一家私营企业的老板赵某招用为货车司机，在最初双方商定工作范围的时候，老板就告诉他，平日单位有送货和拉料的任务就出车，不安排出车时要干些其他工作。王某按照老板的交代，在没有出车任务的时候，经常打扫个院子，抬个工件，打磨个钢板。打杂的活他见什么干什么，从不讲代价，因此也和工友们相处得十分融洽。就这样工作了一段时间后，王某觉得工作不仅不累，而且每月的工资也不少，满足之余，就更加热心地帮别人做一些其他工作。

2007 年 6 月 27 日下午 3 点 15 分，因为没有出车任务，王某和往常一样在车间用角磨机打磨钢板。按规定，在打磨钢板的过程中应该佩戴防护镜，但因为只是临时帮忙，王某对此并没有在意。干了没多一会儿，打磨中飞散的铁锈末突然溅到了王某的眼睛里，当时他就感到了一阵刺痛，下意识地用手捂住眼睛揉了揉，情况没有得到好转。王某以为过一会儿就没事了，谁知道过了一会儿情况不但没有好转，反而越来越严重，他甚至连眼睛都睁不开了。王某不敢再耽搁，马上找到了老板。看到王某的情况，老板连忙拿出钱来，让他赶紧到附近的医院治疗。经过医生详细的检查，王某被确诊为右眼视网膜损伤。

事发后，王某本想就这么算了，可是根据医生的说法，视网膜受损以后可能导致失明。王某想到自己还有年迈的母亲，家庭负担比较重，如果自己真的失明而丧失劳动能力，这个家以后的日子可就难了。万般无奈之下，王某想到了通过劳动保障行政部门进行工伤认定，向企业索要赔偿金。于是，2007 年 10 月 20 日，王某向单位所在地的劳动保障行政部门递交了工伤认定申请。

在劳动保障行政部门接到王某的工伤认定申请进行调查的过程中，王某所在企业老板赵某始终坚称王某是司机，工作场所不是车间，在车间用角磨机打磨钢板属于王某擅自动用电动生产工具。而且，王某是由于在打磨钢板过程中没有按要求佩戴防护镜被铁锈末打伤的。基于以上两点，赵某认为这种伤害完全是王某的个人行为所致，企业不应承担责任。

那么，究竟王某的受伤能不能算作工伤呢？劳动保障行政部门就王某的工作状况展开了调查，经与本人谈话和向王某的工友了解，大家一致肯定，王某在不出车的情况下经常是有什么活就干什么活，没有人对此提出异议。劳动保障行政部门对老板提出的异议也进行了核实，根据企业的管理状况，老板对王某干其他工作从未制止过，这与当初老板招用王某并告诉他，平日单位有送货和拉料的任务就出车，不安排出车时要干些其他工作的说法相吻合。基于以上理由，王某为钢板除锈就是其工作的内容之一，不存在受伤地点不是王某的工作场所的问题。因此，劳动保障行政部门认定王某是在工作时间和工作场所内，

因工作原因受到事故伤害的，由此作出了认定王某工伤的结论。

王某的工伤被认定后，企业老板赵某不服认定结论，向上一级劳动保障行政部门申请了行政复议。经复议机关审查，认为被复议的具体行政行为认定事实清楚、证据确凿、适用依据正确、程序合法、内容适当，决定维持原劳动保障行政部门所作出的工伤认定结论。

2. 工伤认定争议分析

在整个事件中，王某受伤的经过十分简单清晰，但王某和企业在是否认定工伤的问题上始终不能达成一致意见，关键在于能否确定王某的工作场所。

劳动保障行政部门对王某工伤认定的调查和处理，基于以下两个原因：首先，王某作为企业聘用的一名司机，在单位不安排出车的情况下，经常会去车间干一些力所能及的工作。这样一来，对于王某的工作场所就不能局限在一个工作岗位上，而要与他实际所从事的工作相联系进行划分和判定。劳动保障行政部门核实了王某受伤的地点是车间，而且是在为企业的生产尽力，既然是参与生产就要使用工具，所以王某擅自动用电动生产工具的说法不能成立。其次，劳动保障行政部门在调查过程中还了解到，王某在车间干活从来没有被人阻止过，说明王某的工作是得到了企业的认可的。基于以上两个理由，当不出车时，王某到车间干活，车间就成为王某的工作场所。王某在从事打磨工作时受到的事故伤害，按照《工伤保险条例》第十四条第（一）项“在工作时间和工作场所内，医工作原因受到事故伤害的”规定，完全符合工伤认定的条件，应当认定为工伤。

为什么这么简单的事件在工伤认定的过程中却搞得如此复杂呢？其背后又有什么难解的问题呢？原来，在这起工伤事故发生后，私营企业老板赵某之所以坚持“王某是司机，他的工作场所不应该是车间”，关键是企业没有为职工在社会保险经办机构办理工伤保险参保手续。赵某很清楚对王某进行了工伤认定，意味着不仅仅是负担医疗费的问题，更重要的是还要支付其他工伤待遇，如停工留薪期的工资福利、劳动能力鉴定费、一次性伤残补助金、一次性工伤医疗补助金和一次性伤残就业补助金等，这笔不小的开支将给这个私营企业带来很大的经济负担。

按照《工伤保险条例》的规定，用人单位必须参加工伤保险，给全体员工缴纳工伤保险费，如果用人单位未按时缴纳，在此期间发生的工伤，原本应当由工伤保险基金支付的费用全部要由用人单位承担，而且是补缴不补支。因此，私营企业老板赵某坚持王某不是工伤。其实，每个企业按月缴纳的工伤保险费并不是很多，但工伤保险基金却可以还给企业一个有力保障。社会保险经办机构筹集的工伤保险费，就是用于为发生工伤的单位支付工伤待遇的，工伤保险体现的是互助互济、无责任赔偿的基本原则。假如赵某给自己企业的每名员工都办理了工伤保险，王某的受伤将由专门机构支付待遇，那么他也就不会对王某的工伤认定提出异议了。

七、复转军人尘肺病旧伤复发是否认定为工伤的争议

1. 事情缘由

1996 年 8 月，宏图物业公司来了一位复转军人，他的名字叫徐伟，1.8 米的个头，满脸黝黑，一副老成、能吃苦的样子，大家都称他“老徐”。十多年来，老徐工作兢兢业业，干起活来劲头十足，谁也看不出老徐有病。老徐凭着肯干的工作热情，2007 年 1 月当上了部门经理，每天更是忙个不停，不是到这个小区查看情况，就是到那个小区处理问题，是一个闲不住的人。

2008 年 2 月，老徐开始感到有些不舒服，浑身乏力，后来发展到不断咳嗽，睡觉也感到胸闷。老徐带着自己的《革命伤残军人证》到医院去看病，医生听了老徐的口述，看了《革命伤残军人证》中的记录，用听诊器在老徐的前后胸听了一遍，告诉老徐需要做进一步的检查。一番检查之后，结果出来了。医生根据检查报告，诊断老徐是尘肺Ⅰ期合并肺结核。

原来老徐 1996 年转业之前，在部队服役期间参加过某隧道建设项目的施工任务。老徐回忆说，当兵后就开凿深山隧道，那时自己还年轻，也不注意个人防护，发了防尘口罩也不坚持戴，经常是因为干活闷热就摘掉它，长期从事粉尘作业造成尘肺，转业时他还办了一个《革命伤残军人证》。

老徐没有想到，在物业公司工作后，随着年龄的增长和过于劳累导致了“旧伤复发”。那么，现在老徐尘肺Ⅰ期合并肺结核的医疗费用问题该如何解决呢？现在所在的宏图物业公司是否能够认定为工伤，享受工伤待遇呢？对此，公司内有不同的看法，有人认为这不属于公司的责任，也不应该认定为工伤。

宏图物业公司的劳资人员就老徐是否应该认定为工伤的问题，咨询了劳动保障行政部门。劳动保障行政部门工作人员告诉劳资人员，对于老徐“旧伤复发”的医疗费用，只要是单位参加了工伤保险，就可以由工伤保险基金支付，但要先提出工伤认定申请。宏图物业公司的劳资人员从劳动保障行政部门拿回了《工伤认定申请表》，按照格式内容逐一进行了填写。2008 年 3 月 6 日，宏图物业公司将《工伤认定申请表》和徐伟的《革命伤残军人证》以及徐伟“旧伤复发”的医疗诊断证明交到了劳动保障行政部门，劳动保障行政部门受理了申请并作出了视同工伤的认定结论。

2. 工伤认定争议分析

徐伟因为在部队服役期间从事粉尘作业患上尘肺病，这与徐伟当时从事的工作有直接的关系，属于因公负伤。由于尘肺是细微的粉尘附着在肺部不可逆转，所以随着徐伟年龄

的增长、身体素质的变化、各器官功能的降低，肺功能可能出现病变。

为了解除因战、因公负伤的伤残军人复员转业后旧伤复发的后顾之忧，根据《工伤保险条例》第十五条第一款第（三）项“职工原在军队服役，因战、因公负伤致残，已取得革命伤残军人证，到用人单位后旧伤复发的”规定，应当认定为视同工伤。这就保证了因战、因公负伤致残，已取得《革命伤残军人证》，到用人单位后旧伤复发的复员转业军人医疗费用能够全额报销。各单位复员转业军人只要是取得了《革命伤残军人证》，到用人单位后旧伤复发，需要进一步治疗的，随时都可以到劳动保障行政部门申请办理工伤认定手续，因为享受工伤保险待遇的前提必须是先进行工伤认定，再享受工伤保险待遇。

那么，徐伟在劳动保障行政部门办理了工伤认定手续后，除了治疗尘肺Ⅰ期合并肺结核的医疗费用可以全额报销外，治疗期间需要休假的，工资还应照发。如果超过停工留薪期病情还没有好转，则可以进行劳动能力鉴定，伤残程度达到1～4级的，退出工作岗位，享受伤残津贴待遇。宏图物业公司按照《工伤保险条例》的规定，每年都为全体员工办理参加工伤保险手续并按月缴纳工伤保险费，所以徐伟治疗尘肺Ⅰ期合并肺结核只要符合工伤保险所规定的药品目录、诊疗项目目录、住院服务标准的工伤医疗费用，均由工伤保险基金支付，单位和个人不用支付一分钱，进行劳动能力鉴定的鉴定费用和伤残津贴待遇也由工伤保险基金支付。

八、吊扇将鼻部划伤要求工伤保险报销美容费的争议

1. 事情缘由

古某是某保安公司派驻到某住宅小区的保安员。2008年8月5日13时许，古某在该小区门卫值班室值班时，正在旋转的吊扇突然落下，将古某鼻部划伤。同事急忙将他送到县人民医院，经检查，古某鼻上部（两眼之间）有约1厘米长的横伤口，缝合5针，该院诊断为鼻外伤，住院20天。

用人单位向劳动保障行政部门提出了工伤认定申请。经调查核实，劳动保障行政部门认定古某属于因工受伤。因其已经参加工伤保险，经办机构为其报销治疗费3 548.5元。

在古某住院期间，其亲属多次找到用人单位，认为古某现在还年轻，没有找对象，脸上受伤已造成毁容，要求用人单位赔偿6万元，用人单位未同意。古某出院后，继续要求用人单位承担美容费用6万元，协商不成，遂向劳动争议仲裁委员会申请仲裁。

用人单位辩称，单位已经为所有的保安员参加了工伤保险，尽到了应尽的义务，单位不应再拿钱支付古某的美容费用，况且其伤情并不严重，据医疗专家讲，随着时间的推移，伤疤是可以恢复的，不需要美容。

仲裁委经审理认为，根据省市有关规定，非功能性整容的费用既不属于工伤保险基金

支付范围，也不属于用人单位应当承担的工伤待遇支付范围，裁决驳回了古某的仲裁申请。案后，仲裁员作了进一步的说服解释，古某接受了这一结果。

2. 工伤待遇争议分析

一般的美容费用不能纳入工伤保险待遇支付范畴，对此，各省市都制定有相应的规定。例如，《济宁市工伤保险业务管理规程》第五十三条规定："工伤医疗（康复）暂按基本医疗保险诊疗项目目录……的有关规定办理。"《济宁市城镇职工基本医疗保险社会统筹基金支付范围及管理暂行办法》第十三条第（二）项规定："各种美容、洁齿、健美项目以及非功能性整容、矫形手术等，基本医疗保险不予支付费用。"古某是否需要进行整容治疗，关键在于其受伤的程度和部位。就这起事例而言，古某的伤情并不严重，没有伤及鼻骨和眼睛，诊断结论是鼻外伤，不存在功能性整容的必要性。其进行非功能性整容的费用，工伤保险基金应不予支付。

同理，其要求用人单位承担 6 万元美容治疗费，也难以得到法律的支持。《最高人民法院关于审理人身损害赔偿案件适用法律若干问题的解释》（法释［2003］20 号）第十二条规定："依法应当参加工伤保险统筹的用人单位的劳动者，因工伤事故遭受人身损害，劳动者或者其近亲属向人民法院起诉请求用人单位承担民事赔偿责任的，告知按《工伤保险条例》的规定处理。"然而，《工伤保险条例》中没有规定用人单位承担民事赔偿责任。由此，如果古某向法院起诉，要求用人单位承担美容赔偿，法院是不予支持的。

其实在工伤保险中，对于"毁容"的影响也是作了考虑的。《劳动能力鉴定　职工工伤与职业病致残等级》（GB/T 16180—2006）4.1.5 规定，一些特殊残情，在器官缺损或功能障碍的基础上虽不造成医疗依赖，但却导致心理障碍或减损伤残者的生活质量，在评定伤残等级时，应适当考虑这些后果。附录 A 关于"女性面部毁容年龄界定"规定，40 周岁以下的女职工发生面部毁容……按其伤残等级晋一级。也就是说，对于毁容者，特别是女性严重毁容的，在进行伤残等级鉴定时，可以考虑适当提高伤残等级。在确定具有伤残等级或提高伤残等级后，工伤保险待遇也就相应提高了。

鉴于毁容的个体心理和社会心理并不完全一致，对于男性面部的轻微损伤，上述鉴定标准尚未纳入考虑，男性工伤职工的此类要求不应得到支持。

九、伤残就业补助金是否应按最高等级支付的争议

1. 事情缘由

张某是一名维修工，2002 年 6 月他到山东某钢铁公司从事维修工作，双方最后一次签订的劳动合同的截止日期为 2008 年 12 月 31 日。2004 年 3 月 6 日，张某在工作中不慎摔伤

左腿，2004 年 5 月 7 日被认定为工伤，鉴定为十级伤残。之后，张某继续在该公司工作。2007 年 6 月 9 日，张某在工作时被机器绞带轧断右手食指，该次工伤被鉴定为八级伤残。伤残等级鉴定后，张某一直未回公司上班。2008 年 3 月 7 日，公司以张某离职为由解除了双方的劳动关系，因支付一次性工伤待遇引发争议。张某遂向当地劳动争议仲裁委员会申请仲裁，要求公司支付十级伤残一次性工伤医疗补助金 13 300 元、一次性伤残就业补助金 13 300 元，支付八级伤残一次性工伤医疗补助金 21 208 元、一次性伤残就业补助金 30 380 元。

钢铁公司辩称，张某虽然发生两次工伤，但已分别按十级伤残和八级伤残的标准领取了一次性伤残补助金，在双方解除劳动关系后，公司只能按照其最高伤残级别支付一次性工伤医疗补助金和一次性伤残就业补助金。

仲裁委经审理认为，伤残就业补助金是对工伤职工解除劳动关系后，在失业状态下的一种就业补偿，工伤医疗补助金是对工伤职工用于受伤害部位可能复发治疗的补偿。双方在没有就两次伤残进行综合鉴定的情况下，本着工伤保险立法保护劳动者的原则，仲裁委裁决钢铁公司按照张某最高伤残八级的标准支付一次性伤残就业补助金 30 380 元，按十级伤残和八级伤残的标准分别支付一次性工伤医疗补助金 13 300 元和 21 208 元。

2. 工伤待遇争议分析

这起事例争议的焦点是，在两次工伤伤残的情况下，应分别支付工伤待遇还是按照最高伤残等级支付工伤待遇。

本案中，张某分别于 2004 年和 2007 年发生两次工伤事故，并分别被鉴定为十级伤残和八级伤残。虽然根据《工伤保险条例》和《山东省贯彻〈工伤保险条例〉试行办法》（鲁政发［2003］107 号）的规定，不同伤残等级应享受不同的一次性工伤医疗补助金和一次性伤残就业补助金，但该案中，张某和钢铁公司只能解除劳动关系一次，因而与两次工伤有关的医疗补助金和就业补助金等宜应一并处理。

从立法本意上看，伤残就业补助金是对工伤职工在与用人单位解除劳动关系后至寻找新的用人单位就业前基本生活开支的必要保障，或者是对其在今后的求职就业中存在困难的补偿。本案中，张某与钢铁公司解除劳动关系只有一次，因此按最高级别支付一次性伤残就业补助金符合有关立法规定。工伤医疗补助金是对工伤职工在伤病治愈或医疗终结后，伤病有可能发生变化需要治疗的补偿。《山东省贯彻〈工伤保险条例〉试行办法》（鲁政发［2003］107 号）规定：“工伤职工距法定退休年龄不足 5 年的，每递减 1 年一次性伤残就业补助金递减 20%。”该条并未规定一次性工伤医疗补助金的递减。因此，从立法本意上看，张某在不同的部位发生两次伤残，每个部位的伤残均有复发的可能，因此应当分别享受工伤医疗补助金。

十、退休后继续工作受伤能否享受工伤保险待遇的争议

1. 事情缘由

李某原是某运输公司的驾驶员，属于特殊工种，1998 年 9 月办理了特殊工种提前退休，享受基本养老金。2000 年 3 月，李某被该运输公司返聘，继续从事驾驶员工作。2001 年 2 月 23 日，李某执行公司任务，驾驶货车运送计量泵，在卸计量泵时，因货箱木板断裂，李某从车厢上摔了下来，头部着地，继而鼻子出血、呕吐，送往医院经 CT 检查为颅脑出血，做了开颅手术，手术后一直处于昏迷状态。

2008 年 2 月，李某家属以“重症颅脑损伤、植物生存状态”为由申请工伤认定。工伤认定部门以李某已经办理了特殊工种提前退休，并按月享受基本养老金，其与用人单位之间的关系不属于《劳动法》及相关法律法规所规定的劳动关系，不受劳动法律法规的保护，未受理其工伤认定申请。

李某家属不能接受这一结论，向上级主管部门反映了此事。经上级主管部门协调，劳动能力鉴定委员会确定李某为伤残一级，完全护理依赖。经与运输公司协商，最后由运输公司全额报销了李某的医疗费，并按月支付伤残津贴与养老金的差额（伤残津贴基数按公司平均工资计算）补贴、护理费。运输公司承诺，将按照工伤保险待遇和养老金的调整情况，及时调整相关待遇。

本案在处理过程中，就是否认定李某为工伤曾发生争议。考虑到李某受伤很重，如果没有工伤保险，其家庭根本无法承担，而且法律也没有禁止用人单位招用退休人员，故曾经认定为工伤。后有关部门认为退休人员不属于《劳动法》的保护对象，其与用人单位之间不具有劳动关系，不能以感情代替法律，遂撤销了工伤认定。

2. 工伤待遇争议分析

在这起事例中，撤销工伤认定是合乎法律规定的。长期以来，已领取养老金人员不属于《劳动法》的保护对象，不能主张法定的加班费、社保、签订劳动合同等劳动权利已经成为共识。《劳动部关于实行劳动合同制度若干问题的通知》（劳部发［1996］354 号）第十三条规定：“已享受养老保险待遇的离退休人员被再次聘用时，用人单位应与其签订书面协议，明确聘用期内的工作内容、报酬、医疗、劳保待遇等权利和义务。”《劳动部办公厅对〈关于实行劳动合同制度若干问题的请示〉的复函》（劳办发［1997］88 号）也规定，离退休人员聘用协议的解除不能依据《劳动法》第二十八条执行，即不能要求用人单位给予经济补偿。《劳动合同法》则更为明确，该法第四十四条规定，“劳动者开始依法享受基本养老保险待遇的”，劳动合同终止。这就意味着在此种情形下，享受基本养老保险待遇的人员

与用人单位之间不再具有劳动关系。当劳动关系这一前提条件不存在时，李某所受伤害也就不构成工伤了。

如果是另外的情况，即虽然同样超过退休年龄，但并未办理退休手续，也没有领取基本养老金的人员，与李某的性质就完全不同了，在能否认定工伤上结论也完全不一样。

第六章　工伤保险争议诉讼与事例分析

工伤保险作为社会保障制度的一个重要组成部分，在社会经济活动中，已越来越显现出保障工伤职工基本生活、保障工伤职工医疗救治、分散企业工伤风险和减少职业危害的作用。工伤职工的情况往往千差万别、错综复杂，有限的法律法规不能包揽无遗，而且由于当事人之间对相关法律法规认识和理解的不同，必然会产生争议。发生争议后，按照《工伤保险条例》的规定，当事人可以通过调解仲裁的方式解决，如果调解仲裁不成，当事人既可以依法申请行政复议，也可以依法向人民法院提起行政诉讼。对于公民之间、法人之间、其他组织之间以及他们相互之间因财产关系和人身关系发生的争议，可以提起民事诉讼。

第一节　工伤保险争议相关诉讼知识

《工伤保险条例》规定，职工与用人单位发生工伤待遇方面的争议，按照处理劳动争议的有关规定处理。同时还规定，有下列情形之一的，有关单位或者个人可以依法申请行政复议，也可以依法向人民法院提起行政诉讼：①申请工伤认定的职工或者其近亲属、该职工所在单位对工伤认定申请不予受理的决定不服的；②申请工伤认定的职工或者其近亲属、该职工所在单位对工伤认定结论不服的；③用人单位对经办机构确定的单位缴费费率不服的；④签订服务协议的医疗机构、辅助器具配置机构认为经办机构未履行有关协议或者规定的；⑤工伤职工或者其近亲属对经办机构核定的工伤保险待遇有异议的。

一、工伤保险行政诉讼相关知识

行政诉讼是个人、法人或其他组织认为国家机关作出的行政行为侵犯其合法权益而向人民法院提起的诉讼，即通常所说的“民告官”。行政诉讼法及其确立的制度和机制，可以强化政府、政府部门和公职人员对人民的权利和利益的责任意识，阻止和纠正行政违法、滥用权力和怠慢职权，以及通过司法机制落实纠正危害公民个体或组织合法权益的权力行为的法律责任。

1. 行政诉讼的受案范围

我国现行行政诉讼法，有关行政诉讼受案范围的规定由三个部分组成。

（1）对受案范围的总体划定，《行政诉讼法》第二条规定："公民、法人或者其他组织认为行政机关和行政机关工作人员的具体行政行为侵犯其合法权益，有权依照本法向人民法院提起诉讼。"

（2）对受案范围的正面列举，《行政诉讼法》第十一条规定："人民法院受理公民、法人和其他组织对下列具体行政行为不服提起的诉讼：①对拘留、罚款、吊销许可证和执照、责令停产停业、没收财物等行政处罚不服的；②对限制人身自由或者对财产的查封、扣押、冻结等行政强制措施不服的；③认为行政机关侵犯法律规定的经营自主权的；④认为符合法定条件申请行政机关颁发许可证和执照，行政机关拒绝颁发或者不予答复的；⑤申请行政机关履行保护人身权、财产权的法定职责，行政机关拒绝履行或者不予答复的；⑥认为行政机关没有依法发给抚恤金的；⑦认为行政机关违法要求履行义务的；⑧认为行政机关侵犯其他人身权、财产权的。除前款规定外，人民法院受理法律、法规规定可以提起诉讼的其他行政案件。"

（3）对不可诉行为的排除。《行政诉讼法》第十二条规定："人民法院不受理公民、法人或者其他组织对下列事项提起的诉讼：①国防、外交等国家行为；②行政法规、规章或者行政机关制定发布的具有普遍约束力的决定、命令；③行政机关对行政机关工作人员的奖惩、任免等决定；④法律规定由行政机关最终裁决的具体行政行为。"

2. 行政诉讼的基本原则

行政诉讼法有广义和狭义两种理解。狭义的行政诉讼法是指 1989 年 4 月 4 日由第七届全国人民代表大会第二次会议通过的《行政诉讼法》；广义的行政诉讼法是指凡是在内容上属于规定行政诉讼问题的法律规范，无论其形式如何，均属于行政诉讼法的范围。

行政诉讼的基本原则如下：

（1）人民法院依法独立审判原则。《行政诉讼法》第三条第一款规定："人民法院依法对行政案件独立行使审判权，不受行政机关、社会团体和个人的干涉。"行政诉讼法的上述规定，确立了人民法院对行政案件的依法独立行使审判权的原则。

（2）以事实为根据，以法律为准绳。《行政诉讼法》第四条规定："人民法院审理行政案件，以事实为根据，以法律为准绳。"这一原则要求人民法院在审理行政案件过程中，要查明案件事实真相，以法律为尺度，作出公正的裁判。

（3）对具体行政行为合法性审查原则。《行政诉讼法》第五条规定："人民法院审理行政案件，对具体行政行为是否合法进行审查。"由此确立人民法院通过行政审判对具体行政行为进行合法性审查的特有原则，简称合法性审查原则或司法审查原则。

（4）当事人法律地位平等原则。在行政诉讼的双方当事人中，一方是行政主体，它在行政管理活动中代表国家行使行政权力，处于管理者的主导地位；另一方是公民、法人或者其他组织，他们在行政管理活动中处于被管理者的地位。两者的关系是管理者与被管理者之间从属性行政管理关系。但是，双方发生行政争议依法进入行政诉讼程序后，他们之间就由原来的从属性行政管理关系转变为平等的行政诉讼关系，成为行政诉讼的双方当事人。在整个诉讼过程中，原告与被告的诉讼法律地位是平等的。

（5）使用民族语言、文字进行诉讼的原则。各民族公民都有使用本民族语言、文字进行行政诉讼的权利。在少数民族聚居或者多民族共同居住的地区，人民法院应当用当地民族通用的语言、文字进行审理和发布法律文书。人民法院应当对不通晓当地民族通用的语言、文字的诉讼参与人提供翻译。

（6）辩论原则。所谓辩论，是指当事人在法院主持下，就案件的事实和争议的问题，充分陈述各自的主张和意见，互相进行反驳式的答辩，以维护自己的合法权益。辩论原则具体体现了行政诉讼当事人在诉讼中平等的法律地位，是现代民主诉讼制度的象征。

（7）合议、回避、公开审判和两审终审原则。《行政诉讼法》第六条规定："人民法院审理行政案件，依法实行合议、回避、公开审判和两审终审制度。"《行政诉讼法》第七章又将这一规定具体化，使之成为行政审判中的四项基本制度。

（8）人民检察院实行法律监督原则。人民检察院有权对行政诉讼实行法律监督。人民检察院在行政诉讼中的法律监督，主要体现在对人民法院作出的错误的生效裁判，可以依法提起抗诉。

3. 行政诉讼的特征

行政诉讼的特征主要体现在以下几个方面：

（1）行政诉讼所要审理的是行政案件。这是行政诉讼在受理、裁判的案件方面与其他诉讼的区别。刑事诉讼解决的是被追诉者刑事责任的问题；民事诉讼解决的是民商事权益纠纷的问题；而行政诉讼解决的是行政争议，即行政机关或法律、法规授权的组织与公民、法人或者其他组织在行政管理过程中发生的争议。

（2）行政诉讼是人民法院通过审判方式进行的一种司法活动。这是行政诉讼与其他解决行政争议的方式和途径的区别。在我国，行政争议的解决途径不止行政诉讼一种，还有行政复议机关的行政复议等。而行政诉讼是由人民法院运用诉讼程序解决行政争议的活动。

（3）行政诉讼是通过对被诉行政行为合法性进行审查以解决行政争议的活动。其中进行审查的行政行为为具体行政行为，审查的根本目的是保障公民、法人或者其他组织的合法权益不受违法行政行为的侵害。这就决定了行政诉讼与刑事诉讼和民事诉讼在审理形式和裁判形式上有所不同。如行政诉讼案件不得以调解方式结案；证明具体行政行为合法性的举证责任由被告承担；行政诉讼的裁判以撤销、维持判决为主要形式等。

（4）行政诉讼是解决特定范围内行政争议的活动。行政诉讼并不能解决所有类型的行政争议，有的行政争议不属于人民法院行政诉讼的受案范围，而刑事诉讼和民事诉讼均无类似于行政诉讼的受案范围的限制。至于不属于行政诉讼解决的行政争议，只能通过其他救济途径解决。

（5）行政诉讼中的当事人具有恒定性。行政诉讼的原告只能是行政管理中的相对方，即公民、法人或者其他组织；行政诉讼的被告只能是行政管理中的管理方，即作为行政主体的行政机关和法律、法规授权的组织。行政诉讼的当事人双方的诉讼地位是恒定的，不允许行政主体作为原告起诉行政管理相对方。这个特点与民事诉讼和刑事诉讼不同。民事诉讼中诉讼双方当事人均为平等的民事主体，原被告不具有恒定性，允许被告反诉；而刑事诉讼，也存在着自诉案件中允许被告人作为被害人所诉自诉人。

4. 行政诉讼和行政复议的区别

行政诉讼和行政复议的区别主要体现在以下几个方面：

（1）两者受理的机关不同。行政诉讼由人民法院受理，行政复议由行政机关受理。一般情况下，由原行政机关的上级机关受理；特殊情况下，由本级行政机关受理。

（2）两者解决争议的性质不同。人民法院处理行政诉讼案件属于司法行为，适用行政诉讼法；行政机关处理行政复议案件属于行政行为，适用行政复议法。

（3）两者适用的程序不同。行政复议适用行政复议程序，而行政诉讼适用行政诉讼程序。行政复议程序简便、迅速、成本低，但公正性有限；行政诉讼程序复杂且需要更多的成本，但公正的可靠性大。行政复议实行一裁终局制度，而行政诉讼实行二审终审制度。

（4）两者的审查强度不同。根据《行政诉讼法》的规定，原则上人民法院只能对行政主体行为的合法性进行审查；而根据《行政复议法》的规定，行政复议机关可以对行政主体行为的合法性和适当性进行审查。

（5）两者的受理和审查范围不同。《行政诉讼法》和《行政复议法》对于受理范围均作了比较详细的规定。从列举事项来看，《行政复议法》的受案范围要广于《行政诉讼法》。此外，《行政复议法》还规定对国务院的规定、县级以上地方各级人民政府及其工作部门的规定、乡镇人民政府的规定等规范性文件可以一并向行政复议机关提出审查申请。

行政复议与行政诉讼是两种不同性质的监督，且各有所长，不能互相取代。因此，现代国家一般都同时创设这两种制度。在具体的制度设计上，或将行政复议作为行政诉讼的前置阶段；或由当事人选择救济途径；或在当事人选择复议救济途径之后，仍允许其提起行政诉讼。

5. 行政诉讼的管辖

行政诉讼的管辖是指人民法院之间受理第一审行政案件的分工。按照规定，行政案件由普通人民法院管辖。

(1) 行政诉讼管辖遵循的基本原则是：①便于当事人参加诉讼，特别是便于作为原告的行政管理相对人参加诉讼；②有利于人民法院对案件的审理、判决和执行；③有利于保障行政诉讼的公正、准确；④有利于人民法院之间工作量的合理分担。

(2) 级别管辖。级别管辖是指按照法院的组织系统来划分上下级人民法院之间受理第一审案件的分工和权限。《行政诉讼法》第十三条至第十六条对级别管辖作了明确具体的规定。

(3) 地域管辖。地域管辖又称区域管辖，是指同级法院之间在各自辖区内受理第一审案件的分工和权限。包括一般地域管辖、特殊地域管辖、共同地域管辖。

6. 行政诉讼当事人的权利与义务

在行政诉讼中，当事人依法享有广泛的、平等的诉讼权利，同时也承担必要的诉讼义务。当事人享有诉讼权利，是为了维护其合法权益；当事人履行诉讼义务，是为了维护诉讼秩序，保障诉讼的顺利进行。

根据《行政诉讼法》及有关法律、法规的规定，当事人的诉讼权利主要有：

(1) 原告有向人民法院提起行政诉讼的权利，在诉讼中还有放弃、变更和增加诉讼请求的权利。

(2) 被告对原告的起诉，有应诉答辩的权利。

(3) 申请审判人员、书记员、鉴定人回避的权利。

(4) 委托诉讼代理人进行诉讼的权利。

(5) 使用本民族语言、文字进行诉讼的权利。

(6) 经人民法院许可，向证人、鉴定人和勘验人员发问的权利。

(7) 经人民法院许可，查阅、复制本案庭审材料及有关法律文件的权利，但涉及国家秘密或个人隐私的除外。

(8) 查阅、改正庭审笔录的权利。

(9) 在审判前，原告有撤诉的权利，被告有改变其所作的具体行政行为的权利。

(10) 在诉讼过程中有申请人民法院采取财产保全措施的权利。

此外，在提起行政诉讼的期限上，规定公民、法人或者其他组织直接向人民法院提起诉讼的，应当在知道作出具体行政行为之日起 3 个月内提出。法律另有规定的除外。公民、法人或者其他组织向行政机关申请复议，不服复议机关作出的复议决定的，可以在收到复议决定书之日起 15 日内向人民法院提起诉讼。复议机关逾期不作决定的，申请人可以在复议期满之日起 15 日内向人民法院提起诉讼。法律另有规定的除外。

二、劳动争议民事诉讼相关知识

1. 劳动争议诉讼的概念

劳动争议诉讼是指劳动争议当事人不服劳动争议仲裁委员会的裁决，在规定的期限内向人民法院起诉，人民法院依照民事诉讼程序，依法对劳动争议案件进行审理的活动。此外，劳动争议诉讼还包括当事人一方不履行仲裁委员会已发生法律效力的裁决书或调解书，另一方当事人申请人民法院强制执行的活动。

劳动争议诉讼是处理劳动争议的最终程序，它通过司法程序保证了劳动争议的最终彻底解决。由人民法院参与处理劳动争议，从根本上将劳动争议处理工作纳入了法制轨道，有利于保障当事人的诉讼权，有助于监督仲裁委员会的裁决，有利于生效的调解协议、仲裁裁决和法院判决的执行。

2. 劳动争议诉讼的原则

人民法院审理劳动争议案件适用《民事诉讼法》所规定的诉讼程序，遵循司法审判中的一般诉讼原则，如以事实为根据、以法律为准绳的原则；独立行使审判权的原则；回避原则；着重调解的原则等。

处理劳动争议案件要以劳动法律、法规和政策为依据，根据劳动争议案件的特殊性，还应体现与有关单位密切配合的原则。劳动行政机关是国家管理劳动工作的专门部门，了解和熟悉劳动法律、法规和政策；另外，工会等有关部门都从事企业生产、安全、工资福利、劳动保护等各项管理和监督检查工作，情况也比较熟悉；特别是劳动争议仲裁机关，是代表国家处理劳动争议的专门机构，直接受理和负责处理各种劳动争议案件，对争议的原因、过程等情况比较了解，且有一定的办案经验。人民法院审理劳动争议案件时，应多向这些部门调查，密切与其配合。

3. 劳动争议案件的受理

劳动者与用人单位之间发生的下列争议，属于《劳动法》规定的劳动争议，当事人不服劳动争议仲裁委员会作出的裁决，依法向人民法院起诉的，人民法院应当受理：

（1）劳动者与用人单位在履行劳动合同过程中发生的争议。

（2）劳动者与用人单位之间没有订立书面劳动合同，但已形成劳动关系后发生的争议。

（3）劳动者退休后，与尚未参加社会保险统筹的用人单位因追索养老金、医疗费、工伤保险待遇和其他社会保险费而发生的争议。

在严格执行《劳动法》规定的劳动仲裁是诉讼的前置程序的基础上，对劳动争议仲裁委员会以当事人申请仲裁的事项不属于劳动争议为由，或以当事人的仲裁申请超过60天期限为由，作出不予受理的书面裁决、决定或者通知，当事人不服，依法向人民法院起诉的，人民法院应当分别情况予以处理：属于劳动争议案件的，应当受理；虽不属于劳动争议案件，但属于人民法院主管的其他案件，应当依法受理；对确已超过仲裁申请期限，又无不可抗力或者其他正当理由的，依法驳回其诉讼请求。

劳动争议仲裁委员会以申请仲裁的主体不适格为由，作出不予受理的书面裁决、决定或者通知，当事人不服，依法向人民法院起诉的，经审查，确属主体不适格的，裁定不予受理或者驳回起诉。

劳动争议仲裁委员会为纠正原仲裁裁决错误重新作出裁决，当事人不服，依法向人民法院起诉的，人民法院应当受理。

4. 劳动争议诉讼当事人

劳动争议诉讼当事人是指与他人发生劳动争议，而以自己的名义进行诉讼，并受人民法院判决约束的利害关系人。当事人是劳动争议诉讼的基本构成要素之一，没有当事人也就没有劳动争议诉讼。

当事人有广义和狭义之分。广义的当事人是指原告、被告、共同诉讼人、诉讼代表人和第三人。狭义的当事人仅指原告和被告。

原告是指为维护自己的合法权益，以自己的名义向人民法院提起诉讼，因而引起民事诉讼程序发生的人。

被告是指被原告诉讼称侵犯其合法权益，或者与其发生争执，而由人民法院通知应诉的人。

共同诉讼人是指共同诉讼中，当事人在两人以上的一方的人员。

诉讼代表人是指代表具有共同或同种类的法律利益，但人数众多，不可能共同进行诉讼的一方当事人进行诉讼的人。

第三人是指对他人之间争议的诉讼标的有独立的请求权，或者虽没有独立的请求权但案件的处理结果同他有法律上的利害关系，因而参加到他人之间已经开始的诉讼中去进行诉讼，以维护自身合法权益的人。

劳动争议当事人具有以下特点：首先，以自己的名义进行诉讼；其次，必须与案件有直接的利害关系；最后，受人民法院裁判的约束。

劳动争议当事人的称谓因诉讼程序的不同而有所不同。在第一审普通程序和简易程序中，称为原告和被告。在第二审程序中，称为上诉人和被上诉人。在审判监督程序中，如果适用第一审程序，仍称为原告和被告；如果适用第二审程序，仍称为上诉人和被上诉人。在执行程序中，称为申请人和被申请人。

明确当事人的称谓，可以表明当事人在不同诉讼程序中的相互关系，明确当事人所具有的不同的诉讼地位，由于诉讼地位的不同，在享有诉讼权利、承担诉讼义务方面也是有所不同的。

劳动争议双方当事人均对劳动争议仲裁委员会作出的仲裁裁决不服，依法向同一法院起诉时，先起诉的一方当事人为原告，但对双方的诉讼请求，人民法院应当一并作出裁决。当事人双方就同一仲裁裁决分别向有管辖权的人民法院起诉的，后受理的人民法院应当将案件移送给先受理的人民法院。这一规定旨在充分保护劳动争议案件双方当事人的合法权利。至于在每个具体案件中如何列诉讼主体，可视具体情况而定。

5. 劳动争议诉讼当事人的权利与义务

当事人是劳动争议诉讼的主体。《民事诉讼法》明确规定了当事人享有充分的诉讼权利，并且确认当事人之间的诉讼权利是完全平等的。按照《民事诉讼法》的规定，当事人享有以下诉讼权利：

（1）原告有起诉的权利，起诉后有撤回、放弃、变更或者增加诉讼请求的权利。

（2）被告有答辩权，有承认或者反驳原告诉讼请求的权利，有权提出反诉。

（3）双方当事人均有使用本民族语言、文字进行诉讼的权利。

（4）双方当事人均有权委托诉讼代理人。

（5）双方当事人均有权对审判人员、书记员、翻译人员、鉴定人员等依照法律规定的情况，提出令其回避的申请。

（6）当事人遇有特殊情况，有权请求法庭延期审理。

（7）在审判过程中，当事人有权提供证据。

（8）在开庭过程中，有权进行辩论。

（9）当事人在审判过程中有权在不违背国家法律、法规的前提下自行和解或者请求法院调解。

（10）经人民法院许可，有权查阅本案的庭审材料，并可请求自费复制本案的庭审材料和法律文书。但涉及国家秘密或者个人隐私的除外。

（11）认为法庭笔录对自己的陈述记载有遗漏或者差错的，有权补正。

（12）有权请求法院采取证据保全和诉讼保全措施。

（13）当事人对已达成调解协议的，在调解书送达时有权反悔，请求继续审理判决。

（14）当事人不服第一审人民法院判决或裁定的，有权提起上诉。

（15）对已生效的有执行内容的判决、裁定以及调解书，因一方当事人不履行，对方当事人有权申请人民法院强制执行。

（16）当事人对于已生效的判决、裁定，有权提出申诉。

（17）对于证据，当事人有权要求重新鉴定、调查或者勘验。

当事人的诉讼义务根据《民事诉讼法》的规定主要有以下几项：①必须依法正确行使诉讼权利，不得滥用诉讼权利；②在诉讼过程中遵守法庭秩序，服从法院指挥，不得妨碍诉讼活动的顺利进行；③当事人对自己的诉讼请求，有义务及时客观地提供证据；④应当出庭参加诉讼的，必须接受法院传唤，按时出庭应诉，尊重对方当事人和其他诉讼参与人的诉讼权利；⑤必须履行已发生法律效力的判决，裁定和调解协议；⑥当事人应按规定交纳诉讼费用。

当事人的诉讼权利与诉讼义务是不可分离的，既不能只享有权利而不承担义务，也不能只承担义务而没有权利。我国公民在法律面前人人平等，同时权利与义务也是一致的。当事人只有正确行使诉讼权利，才能保护自己的合法权益；也只有自觉地履行诉讼义务，才能更好地实现诉讼权利。滥用诉讼权利或者不履行诉讼义务都是法律所禁止的。

6. 起诉和受理

起诉是指劳动争议当事人向人民法院依法提起诉讼。受理是指人民法院依法接受对该案件的审理。起诉和受理是指依法提起的诉讼，才能获得人民法院的受理。人民法院依法予以受理，起诉才能成立。起诉是当事人行使诉权的诉讼行为，受理是人民法院决定立案审理的职权行为。起诉和受理不是两者的相加，而是两者的结合，其结合点或者诉讼成立的基本点是法律规定的起诉条件。符合起诉条件的起诉，人民法院必须受理。

起诉和受理的条件主要有：

（1）起诉人必须是劳动争议的直接利害关系人——当事人。当事人因故不能亲自起诉的，可以委托代理人代其起诉，其他人未经委托无权起诉。

（2）必须是因不服劳动争议仲裁委员会的仲裁而向人民法院起诉。当事人不能在未完成调解或仲裁程序前直接向人民法院提起诉讼。

（3）必须有明确的被告，有具体的诉讼请求和事实依据。所谓明确的被告，就是明确起诉人所诉的相对方，有明确的被告才有争议法律关系的相对方，才能使法律关系成为诉讼标的，也才能形成诉讼。诉讼请求是原告在诉讼上对被告提出的实体权利请求，这些请求包括给付的请求、确认的请求以及变更的请求。事实依据包括劳动争议如何发生、发展，争议的内容以及能够证明劳动争议案件情况的一切证据材料。

（4）属于人民法院受理民事诉讼的范围和受诉人民法院管辖。这个条件属于案件的主管和管辖问题。原告提起的诉讼必须是人民法院主管的，属于民事诉讼法规定受理范围的诉讼。同时，原告提起诉讼的法院，还必须是对此诉讼有管辖权的法院。前者属于人民法院主管范围，超越这个范围则不属于法院主管，法院也无权主管，起诉不应成立。后者属于法院系统内部的分工和权限，只有对诉讼有管辖权的法院才能是受诉法院，起诉应向有管辖权的法院提出，无管辖权的法院无权对案件进行审判，因而不应接受原告的起诉；提起诉讼的人也不应向无管辖权的法院起诉。

（5）在法定期限内提起诉讼。当事人向法院起诉务必注意不要超过法定期限，即在收到仲裁决定书之日起 15 日内向人民法院起诉，超过这一期限的，除有正当理由外，法院不予受理或裁定驳回。

具备法定条件的当事人就可以向法院就劳动争议问题提起诉讼，法院应当受理。当事人起诉时，应当向人民法院递交起诉状，并按照被告人数提交副本。

对于当事人的起诉，人民法院要进行审查，符合条件的必须受理，不符合条件的则分别情况予以处理。依照行政诉讼的规定，属于行政诉讼受案范围的，告知原告提起行政诉讼依照法律规定，双方当事人对合同纠纷自愿达成书面仲裁协议向仲裁机构申请仲裁的，不得向人民法院起诉，告知原告向仲裁机构申请仲裁；依照法律规定，应当由其他机关处理的争议，告知原告向有关机关申请解决；对不属于该法院管辖的案件则告知原告向有管辖权的人民法院起诉；对判决、裁定已经发生法律效力的案件，当事人又起诉的，告知原告按申诉处理，但人民法院准许撤诉的裁定除外；依照法律规定，在一定期限内不得起诉的案件，在不得起诉的期限内起诉的，不予受理。

人民法院收到起诉状认为符合起诉条件的，应当在 7 日内立案，并通知当事人；认为不符合起诉案件的，也应在 7 日内裁定不予受理；原告对裁定不服的，可以提起上诉。

7. 劳动争议诉讼经历的主要环节

劳动争议诉讼，在实践中表现为由若干连续阶段所构成的一个整体过程，每一阶段都有其确定的任务，在完成上一阶段任务后，依次再往下一阶段转移，各阶段相互衔接，保持连续性。一般来说，一个完整的劳动争议诉讼经历的环节主要有：

（1）起诉和受理。即当事人向法院提出起诉和人民法院受理起诉。这一阶段的中心任务是审查起诉是否符合条件和能否立案审理。如果决定受理，诉讼便由此开始。

（2）案件审理前的准备。这一环节主要是人民法院为案件的正式审理做好各方面的准备，包括调查收集证据，准备有关材料。这一环节是案件正式审理的基础。

（3）开庭审理。即审判组织集合诉讼参加人和其他诉讼参与人正式开庭审查案件。这是全部诉讼的核心环节，是诉讼活动的集中体现和典型形态。

（4）裁判。即对案件的事实作出认定，并依据所选择适用的法律，对案件的争议作出实体判决和程序上的裁定。

（5）上诉。是指当事人一方或双方不服一审法院的裁判而向上级人民法院上诉，上诉上一级人民法院由此对该案进行审查的过程。上诉环节的任务在于通过对案件，尤其是对一审法院的裁判进行审查，保证案件最终处理的正确性。

（6）强制执行。这一环节的主要任务是对当事人不履行法院判决或其生效法律文书所确定的义务，而通过法定手段和形式强制义务人履行。

除了以上六个环节外，对于已经发生法律效力的裁判，如发现确有错误，还可按审判监督程序进行再审。这一环节是一种补充，不属于诉讼的必备环节。需要说明的是，虽然上述六个环节共同构成劳动争议诉讼的整体，但并不是每一具体的诉讼都要经历这六个环节。有些案件在一审终结后，不再上诉，案件便由此而终结，不需再经过上诉环节；有些案件，当事人起诉后，在开庭审理前便撤诉，案件便不必再经历下面环节。这六个环节是一个完整的劳动争议诉讼经历的全部阶段，而各阶段必须依次进行，不能逾越。

第二节　行政诉讼法和民事诉讼法的有关规定

行政诉讼法和民事诉讼法是我国司法制度的重要诉讼法律，了解相关知识和规定，对于解决劳动争议有着积极的作用。例如，许多工伤事故发生后，工伤职工或其家属不是依法主张自己的权益，而是与用人单位签订私了协议，从而为以后的工伤治疗、工伤待遇埋下隐患。工伤职工或其家属之所以签订私了协议，一个重要的原因就是对相关法律法规不了解。所以，为了自身的权利和利益，需要学习相关知识，了解相关事例，运用法律武器维护合法权益。

一、《行政诉讼法》的有关规定

《中华人民共和国行政诉讼法》（以下简称《行政诉讼法》）于 1989 年 4 月 4 日第七届全国人民代表大会第二次会议通过，1989 年 4 月 4 日中华人民共和国主席令第 16 号公布，自 1990 年 10 月 1 日起施行。

制定《行政诉讼法》的目的是为保证人民法院正确、及时审理行政案件，保护公民、法人和其他组织的合法权益，维护和监督行政机关依法行使行政职权。

《行政诉讼法》分为十一章七十五条，各章内容为：第一章总则，第二章受案范围，第三章管辖，第四章诉讼参加人，第五章证据，第六章起诉和受理，第七章审理和判决，第八章执行，第九章侵权赔偿责任，第十章涉外行政诉讼，第十一章附则。

1.《行政诉讼法》总则中的有关规定

在《行政诉讼法》第一章总则中，对相关事项作了规定。

◆公民、法人或者其他组织认为行政机关和行政机关工作人员的具体行政行为侵犯其合法权益，有权依照本法向人民法院提起诉讼。

◆人民法院依法对行政案件独立行使审判权，不受行政机关、社会团体和个人的干涉。

人民法院设行政审判庭，审理行政案件。

◆人民法院审理行政案件，以事实为根据，以法律为准绳。

◆人民法院审理行政案件，对具体行政行为是否合法进行审查。

◆人民法院审理行政案件，依法实行合议、回避、公开审判和两审终审制度。

◆当事人在行政诉讼中的法律地位平等。

◆当事人在行政诉讼中有权进行辩论。

2. 有关受案范围的规定

在《行政诉讼法》第二章受案范围中，对相关事项作了规定。

◆人民法院受理公民、法人和其他组织对下列具体行政行为不服提起的诉讼：

（1）对拘留、罚款、吊销许可证和执照、责令停产停业、没收财物等行政处罚不服的。

（2）对限制人身自由或者对财产的查封、扣押、冻结等行政强制措施不服的。

（3）认为行政机关侵犯法律规定的经营自主权的。

（4）认为符合法定条件申请行政机关颁发许可证和执照，行政机关拒绝颁发或者不予答复的。

（5）申请行政机关履行保护人身权、财产权的法定职责，行政机关拒绝履行或者不予答复的。

（6）认为行政机关没有依法发给抚恤金的。

（7）认为行政机关违法要求履行义务的。

（8）认为行政机关侵犯其他人身权、财产权的。

除前款规定外，人民法院受理法律、法规规定可以提起诉讼的其他行政案件。

◆人民法院不受理公民、法人或者其他组织对下列事项提起的诉讼：

（1）国防、外交等国家行为。

（2）行政法规、规章或者行政机关制定、发布的具有普遍约束力的决定、命令。

（3）行政机关对行政机关工作人员的奖惩、任免等决定。

（4）法律规定由行政机关最终裁决的具体行政行为。

3. 有关管辖的规定

在《行政诉讼法》第三章管辖中，对相关事项作了规定。

◆基层人民法院管辖第一审行政案件。

◆中级人民法院管辖下列第一审行政案件：

（1）确认发明专利权的案件、海关处理的案件。

（2）对国务院各部门或者省、自治区、直辖市人民政府所作的具体行政行为提起诉讼的案件。

（3）本辖区内重大、复杂的案件。

◆高级人民法院管辖本辖区内重大、复杂的第一审行政案件。

◆最高人民法院管辖全国范围内重大、复杂的第一审行政案件。

◆行政案件由最初作出具体行政行为的行政机关所在地人民法院管辖。经复议的案件，复议机关改变原具体行政行为的，也可以由复议机关所在地人民法院管辖。

◆对限制人身自由的行政强制措施不服提起的诉讼，由被告所在地或者原告所在地人民法院管辖。

◆因不动产提起的行政诉讼，由不动产所在地人民法院管辖。

◆两个以上人民法院都有管辖权的案件，原告可以选择其中一个人民法院提起诉讼。原告向两个以上有管辖权的人民法院提起诉讼的，由最先收到起诉状的人民法院管辖。

◆上级人民法院有权审判下级人民法院管辖的第一审行政案件，也可以把自己管辖的第一审行政案件移交下级人民法院审判。

下级人民法院对其管辖的第一审行政案件，认为需要由上级人民法院审判的，可以报请上级人民法院决定。

4. 有关诉讼参加人的规定

在《行政诉讼法》第四章诉讼参加人中，对相关事项作了规定。

◆依照本法提起诉讼的公民、法人或者其他组织是原告。

有权提起诉讼的公民死亡，其近亲属可以提起诉讼。

有权提起诉讼的法人或者其他组织终止，承受其权利的法人或者其他组织可以提起诉讼。

◆公民、法人或者其他组织直接向人民法院提起诉讼的，作出具体行政行为的行政机关是被告。

经复议的案件，复议机关决定维持原具体行政行为的，作出原具体行政行为的行政机关是被告；复议机关改变原具体行政行为的，复议机关是被告。

两个以上行政机关作出同一具体行政行为的，共同作出具体行政行为的行政机关是共同被告。

由法律、法规授权的组织所作的具体行政行为，该组织是被告。由行政机关委托的组织所作的具体行政行为，委托的行政机关是被告。

行政机关被撤销的，继续行使其职权的行政机关是被告。

◆当事人一方或双方为两人以上，因同一具体行政行为发生的行政案件，或者因同样的具体行政行为发生的行政案件，人民法院认为可以合并审理的，为共同诉讼。

◆同提起诉讼的具体行政行为有利害关系的其他公民、法人或者其他组织，可以作为第三人申请参加诉讼，或者由人民法院通知参加诉讼。

◆没有诉讼行为能力的公民，由其法定代理人代为诉讼。法定代理人互相推诿代理责任的，由人民法院指定其中一人代为诉讼。

◆当事人、法定代理人，可以委托1～2人代为诉讼。律师、社会团体、提起诉讼的公民的近亲属或者所在单位推荐的人，以及经人民法院许可的其他公民，可以受委托为诉讼代理人。

◆代理诉讼的律师，可以依照规定查阅本案有关材料，可以向有关组织和公民调查，收集证据。对涉及国家秘密和个人隐私的材料，应当依照法律规定保密。

经人民法院许可，当事人和其他诉讼代理人可以查阅本案庭审材料，但涉及国家秘密和个人隐私的除外。

5. 有关证据的规定

在《行政诉讼法》第五章证据中，对相关事项作了规定。

◆证据有以下几种：

（1）书证。

（2）物证。

（3）视听资料。

（4）证人证言。

（5）当事人的陈述。

（6）鉴定结论。

（7）勘验笔录、现场笔录。

以上证据经法庭审查属实，才能作为定案的根据。

◆被告对作出的具体行政行为负有举证责任，应当提供作出该具体行政行为的证据和所依据的规范性文件。

◆在诉讼过程中，被告不得自行向原告和证人收集证据。

◆人民法院有权要求当事人提供或者补充证据。人民法院有权向有关行政机关以及其他组织、公民调取证据。

◆在诉讼过程中，人民法院认为对专门性问题需要鉴定的，应当交由法定鉴定部门鉴定；没有法定鉴定部门的，由人民法院指定的鉴定部门鉴定。

◆在证据可能灭失或者以后难以取得的情况下，诉讼参加人可以向人民法院申请保全证据，人民法院也可以主动采取保全措施。

6. 有关起诉和受理的规定

在《行政诉讼法》第六章起诉和受理中，对相关事项作了规定。

◆对属于人民法院受案范围的行政案件，公民、法人或者其他组织可以先向上一级行政机关或者法律、法规规定的行政机关申请复议，对复议不服的，再向人民法院提起诉讼；也可以直接向人民法院提起诉讼。

法律、法规规定应当先向行政机关申请复议，对复议不服再向人民法院提起诉讼的，依照法律、法规的规定。

◆公民、法人或者其他组织向行政机关申请复议的，复议机关应当在收到申请书之日起 2 个月内作出决定。法律另有规定的除外。

申请人不服复议决定的，可以在收到复议决定书之日起 15 日内向人民法院提起诉讼。复议机关逾期不作决定的，申请人可以在复议期满之日起 15 日内向人民法院提起诉讼。法律另有规定的除外。

◆公民、法人或者其他组织直接向人民法院提起诉讼的，应当在知道作出具体行政行为之日起 3 个月内提出。法律另有规定的除外。

◆公民、法人或者其他组织因不可抗力或者其他特殊情况耽误法定期限的，在障碍消除后的 10 日内，可以申请延长期限，由人民法院决定。

◆提起诉讼应当符合下列条件：

(1) 原告是认为具体行政行为侵犯其合法权益的公民、法人或者其他组织。

(2) 有明确的被告。

(3) 有具体的诉讼请求和事实根据。

(4) 属于人民法院受案范围和受诉人民法院管辖。

◆人民法院接到起诉状，经审查，应当在 7 日内立案或者作出裁定不予受理。原告对裁定不服的，可以提起上诉。

7. 有关审理和判决的规定

在《行政诉讼法》第七章审理和判决中，对相关事项作了规定。

◆人民法院应当在立案之日起 5 日内，将起诉状副本发送被告。被告应当在收到起诉状副本之日起 10 日内向人民法院提交作出具体行政行为的有关材料，并提出答辩状。人民法院应当在收到答辩状之日起 5 日内，将答辩状副本发送原告。

被告不提出答辩状的，不影响人民法院审理。

◆诉讼期间，不停止具体行政行为的执行。但有下列情形之一的，停止具体行政行为的执行：

（1）被告认为需要停止执行的。

（2）原告申请停止执行，人民法院认为该具体行政行为的执行会造成难以弥补的损失，并且停止执行不损害社会公共利益，裁定停止执行的。

（3）法律、法规规定停止执行的。

◆人民法院公开审理行政案件，但涉及国家秘密、个人隐私和法律另有规定的除外。

◆人民法院审理行政案件，由审判员组成合议庭，或者由审判员、陪审员组成合议庭。合议庭的成员，应当是 3 人以上的单数。

◆当事人认为审判人员与本案有利害关系或者有其他关系可能影响公正审判，有权申请审判人员回避。

◆经人民法院两次合法传唤，原告无正当理由拒不到庭的，视为申请撤诉；被告无正当理由拒不到庭的，可以缺席判决。

◆诉讼参与人或者其他人有下列行为之一的，人民法院可以根据情节轻重，予以训诫、责令具结悔过或者处 1 000 元以下的罚款、15 日以下的拘留；构成犯罪的，依法追究刑事责任：

（1）有义务协助执行的人，对人民法院的协助执行通知书，无故推脱、拒绝或者妨碍执行的。

（2）伪造、隐藏、毁灭证据的。

（3）指使、贿买、胁迫他人作伪证或者威胁、阻止证人作证的。

（4）隐藏、转移、变卖、毁损已被查封、扣押、冻结的财产的。

（5）以暴力、威胁或者其他方法阻碍人民法院工作人员执行职务或者扰乱人民法院工作秩序的。

（6）对人民法院工作人员、诉讼参与人、协助执行人侮辱、诽谤、诬陷、殴打或者打击报复的。

罚款、拘留须经人民法院院长批准。当事人对决定不服的，可以申请复议。

◆人民法院审理行政案件，不适用调解。

◆人民法院对行政案件宣告判决或者裁定前，原告申请撤诉的，或者被告改变其所作的具体行政行为，原告同意并申请撤诉的，是否准许，由人民法院裁定。

◆人民法院审理行政案件，以法律和行政法规、地方性法规为依据。地方性法规适用于本行政区域内发生的行政案件。

人民法院审理民族自治地方的行政案件，以该民族自治地方的自治条例和单行条例为依据。

◆人民法院审理行政案件，参照国务院部、委根据法律和国务院的行政法规、决定、命令制定、发布的规章以及省、自治区、直辖市和省、自治区的人民政府所在地的市和经国务院批准的较大的市的人民政府根据法律和国务院的行政法规制定、发布的规章。

人民法院认为地方人民政府制定、发布的规章与国务院部、委制定、发布的规章不一致的，以及国务院部、委制定、发布的规章之间不一致的，由最高人民法院送请国务院作出解释或者裁决。

◆人民法院经过审理，根据不同情况，分别作出以下判决：

（1）具体行政行为证据确凿，适用法律、法规正确，符合法定程序的，判决维持。

（2）具体行政行为有下列情形之一的，判决撤销或者部分撤销，并可以判决被告重新作出具体行政行为：主要证据不足的；适用法律、法规错误的；违反法定程序的；超越职权的；滥用职权的。

（3）被告不履行或者拖延履行法定职责的，判决其在一定期限内履行。

（4）行政处罚显失公正的，可以判决变更。

◆人民法院判决被告重新作出具体行政行为的，被告不得以同一的事实和理由作出与原具体行政行为基本相同的具体行政行为。

◆人民法院在审理行政案件中，认为行政机关的主管人员、直接责任人员违反政纪的，应当将有关材料移送该行政机关或者其上一级行政机关或者监察、人事机关；认为有犯罪行为的，应当将有关材料移送公安、检察机关。

◆人民法院应当在立案之日起 3 个月内作出第一审判决。有特殊情况需要延长的，由高级人民法院批准；高级人民法院审理第一审案件需要延长的，由最高人民法院批准。

◆当事人不服人民法院第一审判决的，有权在判决书送达之日起 15 日内向上一级人民法院提起上诉。当事人不服人民法院第一审裁定的，有权在裁定书送达之日起 10 日内向上一级人民法院提起上诉。逾期不提起上诉的，人民法院的第一审判决或者裁定发生法律效力。

◆人民法院对上诉案件，认为事实清楚的，可以实行书面审理。

◆人民法院审理上诉案件，应当在收到上诉状之日起 2 个月内作出终审判决。有特殊情况需要延长的，由高级人民法院批准；高级人民法院审理上诉案件需要延长的，由最高人民法院批准。

◆人民法院审理上诉案件，按照下列情形，分别处理：

（1）原判决认定事实清楚，适用法律、法规正确的，判决驳回上诉，维持原判。

（2）原判决认定事实清楚，但是适用法律、法规错误的，依法改判。

（3）原判决认定事实不清，证据不足，或者由于违反法定程序可能影响案件正确判决的，裁定撤销原判，发回原审人民法院重审，也可以查清事实后改判。当事人对重审案件的判决、裁定，可以上诉。

◆当事人对已经发生法律效力的判决、裁定，认为确有错误的，可以向原审人民法院或者上一级人民法院提出申诉，但判决、裁定不停止执行。

8. 有关执行的规定

在《行政诉讼法》第八章执行中，对相关事项作了规定。

◆当事人必须履行人民法院发生法律效力的判决、裁定。

公民、法人或者其他组织拒绝履行判决、裁定的，行政机关可以向第一审人民法院申请强制执行，或者依法强制执行。

◆公民、法人或者其他组织对具体行政行为在法定期间不提起诉讼又不履行的，行政机关可以申请人民法院强制执行，或者依法强制执行。

9. 有关侵权赔偿责任的规定

在《行政诉讼法》第九章侵权赔偿责任中，对相关事项作了规定。

◆公民、法人或者其他组织的合法权益受到行政机关或者行政机关工作人员作出的具体行政行为侵犯造成损害的，有权请求赔偿。

公民、法人或者其他组织单独就损害赔偿提出请求，应当先由行政机关解决。对行政机关的处理不服，可以向人民法院提起诉讼。

赔偿诉讼可以适用调解。

◆行政机关或者行政机关工作人员作出的具体行政行为侵犯公民、法人或者其他组织的合法权益造成损害的，由该行政机关或者该行政机关工作人员所在的行政机关负责赔偿。

行政机关赔偿损失后，应当责令有故意或者重大过失的行政机关工作人员承担部分或者全部赔偿费用。

二、《民事诉讼法》的有关规定

《中华人民共和国民事诉讼法》（以下简称《民事诉讼法》）于2012年8月31日第十一届全国人民代表大会常务委员会第二十八次会议修正，自公布之日起施行，《中华人民共和国民事诉讼法（试行）》同时废止。

《民事诉讼法》是我国重要的法律文件，分为四编二十七章二百八十四条，各章内容为：第一编总则。第一章任务、适用范围和基本原则，第二章管辖，第三章审判组织，第四章回避，第五章诉讼参加人，第六章证据，第七章期间、送达，第八章调解，第九章保全和先予执行，第十章对妨害民事诉讼的强制措施，第十一章诉讼费用。第二编审判程序。

第十二章第一审普通程序，第十三章简易程序，第十四章第二审程序，第十五章特别程序，第十六章审判监督程序，第十七章督促程序，第十八章公示催告程序。第三编执行程序。第十九章一般规定，第二十章执行的申请和移送，第二十一章执行措施，第二十二章执行中止和终结。第四编涉外民事诉讼程序的特别规定。第二十三章一般原则，第二十四章管辖，第二十五章送达、期间，第二十六章仲裁，第二十七章司法协助。

1．有关任务、适用范围和基本原则的规定

在《民事诉讼法》第一章任务、适用范围和基本原则中，对相关事项作了规定。

◆中华人民共和国民事诉讼法的任务，是保护当事人行使诉讼权利，保证人民法院查明事实，分清是非，正确适用法律，及时审理民事案件，确认民事权利义务关系，制裁民事违法行为，保护当事人的合法权益，教育公民自觉遵守法律，维护社会秩序、经济秩序，保障社会主义建设事业顺利进行。

◆人民法院受理公民之间、法人之间、其他组织之间以及他们相互之间因财产关系和人身关系提起的民事诉讼，适用本法的规定。

◆凡在中华人民共和国领域内进行民事诉讼，必须遵守本法。

◆民事案件的审判权由人民法院行使。人民法院依照法律规定对民事案件独立进行审判，不受行政机关、社会团体和个人的干涉。

◆人民法院审理民事案件，必须以事实为根据，以法律为准绳。

◆民事诉讼当事人有平等的诉讼权利。人民法院审理民事案件，应当保障和便利当事人行使诉讼权利，对当事人在适用法律上一律平等。

◆人民法院审理民事案件，应当根据自愿和合法的原则进行调解；调解不成的，应当及时判决。

◆人民法院审理民事案件，依照法律规定实行合议、回避、公开审判和两审终审制度。

◆人民法院审理民事案件时，当事人有权进行辩论。

◆民事诉讼应当遵循诚实信用原则。当事人有权在法律规定的范围内处分自己的民事权利和诉讼权利。

◆机关、社会团体、企业事业单位对损害国家、集体或者个人民事权益的行为，可以支持受损害的单位或者个人向人民法院起诉。

2．有关管辖的规定

在《民事诉讼法》第二章管辖中，对相关事项作了规定。

◆基层人民法院管辖第一审民事案件，但本法另有规定的除外。

◆中级人民法院管辖下列第一审民事案件：

（1）重大涉外案件。

（2）在本辖区有重大影响的案件。

（3）最高人民法院确定由中级人民法院管辖的案件。

◆高级人民法院管辖在本辖区有重大影响的第一审民事案件。

◆最高人民法院管辖下列第一审民事案件：

（1）在全国有重大影响的案件。

（2）认为应当由本院审理的案件。

◆对公民提起的民事诉讼，由被告住所地人民法院管辖；被告住所地与经常居住地不一致的，由经常居住地人民法院管辖。

对法人或者其他组织提起的民事诉讼，由被告住所地人民法院管辖。

同一诉讼的几个被告住所地、经常居住地在两个以上人民法院辖区的，各该人民法院都有管辖权。

◆下列民事诉讼，由原告住所地人民法院管辖；原告住所地与经常居住地不一致的，由原告经常居住地人民法院管辖：

（1）对不在中华人民共和国领域内居住的人提起的有关身份关系的诉讼。

（2）对下落不明或者宣告失踪的人提起的有关身份关系的诉讼。

（3）对被采取强制性教育措施的人提起的诉讼。

（4）对被监禁的人提起的诉讼。

◆因侵权行为提起的诉讼，由侵权行为地或者被告住所地人民法院管辖。

◆两个以上人民法院都有管辖权的诉讼，原告可以向其中一个人民法院起诉；原告向两个以上有管辖权的人民法院起诉的，由最先立案的人民法院管辖。

3. 有关审判组织的规定

在《民事诉讼法》第三章审判组织中，对相关事项作了规定。

◆人民法院审理第一审民事案件，由审判员、陪审员共同组成合议庭或者由审判员组成合议庭。合议庭的成员人数，必须是单数。适用简易程序审理的民事案件，由审判员一人独任审理。陪审员在执行陪审职务时，与审判员有同等的权利义务。

◆审判人员应当依法秉公办案。审判人员不得接受当事人及其诉讼代理人请客送礼。审判人员有贪污受贿，徇私舞弊，枉法裁判行为的，应当追究法律责任；构成犯罪的，依法追究刑事责任。

4. 有关诉讼参加人的规定

在《民事诉讼法》第五章诉讼参加人中，对相关事项作了规定。

◆公民、法人和其他组织可以作为民事诉讼的当事人。法人由其法定代表人进行诉讼。其他组织由其主要负责人进行诉讼。

◆当事人有权委托代理人，提出回避申请，收集、提供证据，进行辩论，请求调解，提起上诉，申请执行。

当事人可以查阅本案有关材料，并可以复制本案有关材料和法律文书。查阅、复制本案有关材料的范围和办法由最高人民法院规定。

当事人必须依法行使诉讼权利，遵守诉讼秩序，履行发生法律效力的判决书、裁定书和调解书。

◆双方当事人可以自行和解。

◆原告可以放弃或者变更诉讼请求。被告可以承认或者反驳诉讼请求，有权提起反诉。

◆当事人一方或者双方为两人以上，其诉讼标的是共同的，或者诉讼标的是同一种类、人民法院认为可以合并审理并经当事人同意的，为共同诉讼。

共同诉讼的一方当事人对诉讼标的有共同权利义务的，其中一人的诉讼行为经其他共同诉讼人承认，对其他共同诉讼人发生效力；对诉讼标的没有共同权利义务的，其中一人的诉讼行为对其他共同诉讼人不发生效力。

◆当事人一方人数众多的共同诉讼，可以由当事人推选代表人进行诉讼。代表人的诉讼行为对其所代表的当事人发生效力，但代表人变更、放弃诉讼请求或者承认对方当事人的诉讼请求，进行和解，必须经被代表的当事人同意。

◆无诉讼行为能力人由他的监护人作为法定代理人代为诉讼。法定代理人之间互相推诿代理责任的，由人民法院指定其中一人代为诉讼。

◆当事人、法定代理人可以委托1～2人作为诉讼代理人。

下列人员可以被委托为诉讼代理人：

（1）律师、基层法律服务工作者。

（2）当事人的近亲属或者工作人员。

（3）当事人所在社区、单位以及有关社会团体推荐的公民。

◆委托他人代为诉讼，必须向人民法院提交由委托人签名或者盖章的授权委托书。

授权委托书必须记明委托事项和权限。诉讼代理人代为承认、放弃、变更诉讼请求，进行和解，提起反诉或者上诉，必须有委托人的特别授权。

◆诉讼代理人的权限如果变更或者解除，当事人应当书面告知人民法院，并由人民法院通知对方当事人。

◆代理诉讼的律师和其他诉讼代理人有权调查收集证据，可以查阅本案有关材料。查阅本案有关材料的范围和办法由最高人民法院规定。

5. 有关调解的规定

在《民事诉讼法》第八章调解中，对相关事项作了规定。

◆人民法院审理民事案件，根据当事人自愿的原则，在事实清楚的基础上，分清是非，进行调解。

◆人民法院进行调解，可以由审判员一人主持，也可以由合议庭主持，并尽可能就地进行。

人民法院进行调解，可以用简便方式通知当事人、证人到庭。

◆人民法院进行调解，可以邀请有关单位和个人协助。被邀请的单位和个人，应当协助人民法院进行调解。

◆调解达成协议，必须双方自愿，不得强迫。调解协议的内容不得违反法律规定。

◆调解达成协议，人民法院应当制作调解书。调解书应当写明诉讼请求、案件的事实和调解结果。调解书由审判人员、书记员署名，加盖人民法院印章，送达双方当事人。调解书经双方当事人签收后，即具有法律效力。

◆调解未达成协议或者调解书送达前一方反悔的，人民法院应当及时判决。

6. 有关对妨害民事诉讼的强制措施的规定

在《民事诉讼法》第十章对妨害民事诉讼的强制措施中，对相关事项作了规定。

◆人民法院对必须到庭的被告，经两次传票传唤，无正当理由拒不到庭的，可以拘传。

◆诉讼参与人和其他人应当遵守法庭规则。人民法院对违反法庭规则的人，可以予以训诫，责令退出法庭或者予以罚款、拘留。

人民法院对哄闹、冲击法庭，侮辱、诽谤、威胁、殴打审判人员，严重扰乱法庭秩序的人，依法追究刑事责任；情节较轻的，予以罚款、拘留。

◆诉讼参与人或者其他人有下列行为之一的，人民法院可以根据情节轻重予以罚款、拘留；构成犯罪的，依法追究刑事责任：

（1）伪造、毁灭重要证据，妨碍人民法院审理案件的。

（2）以暴力、威胁、贿买方法阻止证人作证或者指使、贿买、胁迫他人作伪证的。

（3）隐藏、转移、变卖、毁损已被查封、扣押的财产，或者已被清点并责令其保管的财产，转移已被冻结的财产的。

（4）对司法工作人员、诉讼参加人、证人、翻译人员、鉴定人、勘验人、协助执行的人，进行侮辱、诽谤、诬陷、殴打或者打击报复的。

（5）以暴力、威胁或者其他方法阻碍司法工作人员执行职务的。

（6）拒不履行人民法院已经发生法律效力的判决、裁定的。

人民法院对有前款规定的行为之一的单位，可以对其主要负责人或者直接责任人员予以罚款、拘留；构成犯罪的，依法追究刑事责任。

◆当事人之间恶意串通，企图通过诉讼、调解等方式侵害他人合法权益的，人民法院应当驳回其请求，并根据情节轻重予以罚款、拘留；构成犯罪的，依法追究刑事责任。

◆被执行人与他人恶意串通，通过诉讼、仲裁、调解等方式逃避履行法律文书确定的义务的，人民法院应当根据情节轻重予以罚款、拘留；构成犯罪的，依法追究刑事责任。

◆有义务协助调查、执行的单位有下列行为之一的，人民法院除责令其履行协助义务外，还可以予以罚款：

(1）有关单位拒绝或者妨碍人民法院调查取证的。

(2）有关单位接到人民法院协助执行通知书后，拒不协助查询、扣押、冻结、划拨、变价财产的。

(3）有关单位接到人民法院协助执行通知书后，拒不协助扣留被执行人的收入，办理有关财产权证照转移手续，转交有关票证、证照或者其他财产的。

(4）其他拒绝协助执行的。

人民法院对有前款规定的行为之一的单位，可以对其主要负责人或者直接责任人员予以罚款；对仍不履行协助义务的，可以予以拘留；并可以向监察机关或者有关机关提出予以纪律处分的司法建议。

◆采取对妨害民事诉讼的强制措施必须由人民法院决定。任何单位和个人采取非法拘禁他人或者非法私自扣押他人财产追索债务的，应当依法追究刑事责任，或者予以拘留、罚款。

第三节　工伤保险争议的诉讼事例分析

我国现行劳动争议处理体制为“一调一裁两审”制，处理劳动争议的机构有劳动争议调解委员会、劳动争议仲裁委员会和人民法院三个。劳动争议发生后，当事人可以向本单位劳动争议调解委员会申请调解，调解不成的，可以向劳动争议仲裁委员会申请仲裁，也可以直接向劳动争议仲裁委员会申请仲裁；对仲裁裁决不服的，可以向人民法院提起诉讼；未经劳动争议仲裁委员会处理的案件，人民法院不予受理。在人民法院受理后，采取初审、终审两审制。近年来，随着民众法律意识的提高，越来越多的劳动者运用法律武器维护自己的合法权益。但是向法院提起诉讼，需要对劳动法律法规和政策规定等知识有比较全面的了解，同时也需要通过一些事例作为参照，并从中进行学习和借鉴。

一、上班打瞌睡受到事故伤害引发的工伤认定争议

1. 事情缘由

李某是江苏某纸业公司造纸一车间的造纸工。2006 年 10 月 20 日上夜班时，其与同班次的另两名职工共同负责 15 号、16 号机器的操作。3 人当班的具体工作是：用 15 号、16 号机器将各自的造纸辊芯分别安装在造纸机上，由机器运转成约 2 米长、直径 1 米的纸卷(重约 270 千克)，时间约需 1 小时，然后将机器上完工的纸卷卸下堆在旁边，再将新的造纸辊芯安装在造纸机上。次日凌晨 5 时 45 分，16 号机器操作工翟某用电动葫芦正常卸吊半成品纸辊。当电动葫芦将纸辊放在纸辊架上时，纸辊架上原有的半成品纸辊突然坍塌，其中一只纸辊较大，翻过了纸辊挡板，砸向正坐在车间门口打瞌睡的 15 号机器操作工李某。李某躲闪不及，右脚被夹在纸辊和板凳中间，造成右脚踝骨骨折。后经金湖县人民医院诊断：李某的右内外踝骨骨折，外踝软组织挫裂伤。因职工在工作期间受了伤，其所在单位江苏某纸业公司于 2006 年 10 月 25 日向当地劳动和社会保障局提出工伤认定申请。

2006 年 11 月 16 日，当地劳动和社会保障局作出工伤认定决定书，认为李某右脚踝骨骨折是因其在车间打瞌睡过程中受到事故伤害，该情况不符合《工伤保险条例》第十四条规定的工伤认定情形，因此该职工受伤不属于因工负伤。

李某不服，向淮安市劳动和社会保障局提起行政复议。2007 年 1 月 19 日，淮安市劳动和社会保障局作出复议决定书，维持了当地劳动和社会保障局作出的决定。

2007 年 2 月 5 日，李某向当地法院提起行政诉讼，认为自己是在工作时间、工作场所受伤，应认定工伤。当地劳动和社会保障局以其在工作期间打瞌睡为由，作出不属于工伤的认定，不符合相关法律规定，要求撤销劳动和社会保障局作出的不认定工伤的决定，依法重新认定。

2. 工伤认定争议分析

法庭上，劳动和社会保障局的代理人认为，李某虽然是在工作时间和工作场所内，因纸辊滚落造成右脚骨折，但当时李某违章坐在车间门口的纸筐上，脚跷在铁凳上打瞌睡，而没有直接从事工作，非因工作原因受伤，不符合《工伤保险条例》第十四条第（一）项“在工作时间和工作场所内，因工作原因受到事故伤害的”可以认定工伤的条件。如果李某不打瞌睡，他可以及时躲让，而打瞌睡与工作无关，工作期间的间隙休息主要针对的是生理需要，而不能作扩大化的理解。因此，请求法院判决维持他们作出的工伤认定。

李某所在企业在法庭上表示，对于李某受伤是否为工伤，他们尊重劳动和社会保障局作出的认定。法院经开庭审理后认为，判定李某受伤是否认定为工伤，应从工作原因、工

作时间和工作场所三个因素考虑。本案各方对李某受伤是在工作时间和工作场所这两方面无争议，但对工作原因有争议。对工作原因的理解应从《工伤保险条例》保护弱者的立法原则和以承担社会责任为出发点的角度考虑，作出一般意义上的理解，而不能作狭隘、苛刻的理解。认定本案原告是否因工作原因受伤，应对其是否在工作时间、工作地点、工作场所内进行统一考查。李某是在其当班从事生产活动过程中受伤，首先，在夜班工作期间，因生理原因打瞌睡违反劳动纪律，并不排除其因工作原因受伤的法律依据；其次，所在企业存在生产上的安全隐患，是导致李某受伤的内在原因，工作场所内纸辊倒塌才是导致李某受伤的直接原因，故应认定李某是在工作时间和工作场所内，因工作原因受伤，根据《工伤保险条例》第十四条第（一）项的规定，应当认定为工伤。法院因此作出判决：撤销县劳动和社会保障局 2006 年 11 月 16 日对李某作出的工伤认定决定书，县劳动和社会保障局于 60 日内对纸业公司的申请重新作出具体行政行为。

一审判决宣判后，三方当事人都服从判决，在法定期限内都没有提起上诉，该判决即发生法律效力。

二、午休时间被单位汽车撞伤引发的工伤争议

1. 事情缘由

45 岁的唐某是江苏省某市某服饰有限公司针织分公司（以下简称“服饰公司”）的一名员工，她与服饰公司自 2005 年 3 月 2 日起建立事实劳动关系，并且一直勤奋工作。2005 年 3 月 8 日午饭后，唐某来不及回家，就在单位办公楼前晒太阳休息。12 时许，同单位职工林某擅自无证驾驶属于服饰公司的汽车，不慎把唐某撞伤。

中午休息时间在单位办公楼前晒太阳，不幸被同单位职工擅自无证驾驶单位汽车撞伤。那么午休时间属于工作时间吗？用人单位的公用场所属于工作场所吗？这种情况是否能够认定为工伤呢？公司职工对此议论纷纷。

唐某受伤后，她的丈夫周某向市劳动和社会保障局申请工伤认定。因为服饰公司注册日期为 2005 年 3 月 29 日，唐某受伤时服饰公司仍属于无营业执照的单位，故市劳动和社会保障局根据《工伤保险条例》第六十三条、江苏省劳动和社会保障厅《关于实施〈工伤保险条例〉若干问题的处理意见》（苏劳社医［2005］6 号）第五条的规定，于 2005 年 7 月 18 日作出了《关于唐某受伤情形的判定》。其中判定：唐某 2005 年 3 月 8 日中午在单位内受到机动车事故伤害，符合《工伤保险条例》第十四条第（二）项规定的情形，属于工伤。服饰公司不服，向江苏省劳动和社会保障厅申请行政复议。江苏省劳动和社会保障厅于 2005 年 12 月 8 日作出行政复议决定，撤销市劳动和社会保障局作出的《关于唐某受伤情形的判定》，并责令市劳动和社会保障局重审。据此，市劳动和社会保障局于 2005 年 12 月 30

日作出了《关于唐某受伤情形的重新判定》。其中判定：唐某2005年3月8日12时许在单位办公楼前晒太阳时被林某驾驶的汽车撞伤，不符合《工伤保险条例》第十四条和第十五条规定的情形。

2006年1月10日，唐某对市劳动和社会保障局作出的《关于唐某受伤情形的重新判定》不服，依法向市人民政府提起行政复议。2006年6月26日，市人民政府作出行政复议决定，维持了市劳动和社会保障局作出的《关于唐某受伤情形的重新判定》。

2. 工伤认定争议分析

接到市人民政府作出行政复议决定后，唐某遂向所在区人民法院提起诉讼，认为其符合《工伤保险条例》第十四条第（二）项的规定，请求撤销市劳动和社会保障局作出的《关于唐某受伤情形的重新判定》。

所在区人民法院审理后认为，对本案中唐某午休期间在单位办公楼前晒太阳时被林某驾驶的汽车撞伤这一事实，诉讼各方均无异议，唐某受伤的情形是否符合《工伤保险条例》第十四条的规定，是本案的争议焦点。《工伤保险条例》第十四条第（一）项规定职工“在工作时间和工作场所内，因工作原因受到事故伤害的”，应认定为工伤。凡在工作时间内，在工作或者是执行企业任务中发生的事故伤害均属于工伤，而不论这种工伤是否由于工作行为或工作本身引起的。

导致工伤的起因，或是由于职工的生产、工作行为而引起的，或是由于工作过程中产生与职工的工作行为无关的其他意外因素而引发的。这种由于工作行为之外的意外因素而引发的对职工的伤害，虽然不是由于职工的工作行为而引发的，也可能并不发生在职工的工作过程中，但是由于这种伤害发生于职工在单位上班的时间与区域内，它也就因为其发生的时间因素与空间因素而具有工伤的性质。《工伤保险条例》第十四条所规定的“生产工作的时间”，既包括单位规定的正常生产工作时间，也包括职工加班延长工作时间，还应包括职工在工作间隙短暂的休息时间。在单位午餐时间和在单位少量的午休时间等也应视为工作时间。“生产工作的区域内”，不但包括职工进行生产活动所处的区域，还包括企业内的其他公用场所。服饰公司规定职工的下午上班时间为12时30分，唐某12时左右在单位办公楼前，应当视为“生产工作的时间和区域内”。唐某在单位办公楼前被同单位职工偷开公司汽车撞伤，应属于生产工作的区域内及工作时间内受伤，也应属于因“工作原因”所致伤害。唐某2005年3月8日所受伤害事故符合《工伤保险条例》第十四条第（一）项之规定，且唐某不存在《工伤保险条例》第十六条规定的不认定工伤的情形。唐某认为其应当判定为工伤的主张应予支持，但理由并非如其所诉称的符合《工伤保险条例》第十四条第（二）项的规定。所在区人民法院遂判决撤销市劳动和社会保障局2005年12月30日作出的《关于唐某受伤情形的重新判定》，由市劳动和社会保障局在判决生效后60日内重新作出具体行政行为。

服饰公司不服判决，向市中级人民法院上诉，市中级人民法院审理后认为，唐某所受伤害事故具备《工伤保险条例》第十四条第（一）项所规定的工作时间和工作场所的要素，事故伤害发生时唐某虽未直接从事生产活动，但因是在工作时间和工作场所由于用人单位存在的不安全因素造成的事故，故应认定唐某所受伤害为工作原因，符合《工伤保险条例》第十四条第（一）项的规定，应当认定为工伤。原审判决认定事实清楚、适用法律准确、审判程序合法、裁判结果适当，依法应予维持。

三、因工作关系进行暴力伤害引发的工伤认定争议

1. 事情缘由

李某原是某电制厂总务主管。2006 年 4 月 13 日 18 时许，李某到电制厂保安员训练场所给全体保安员开会，并让全体保安员提建议。保安员张某出言顶撞，遭到李某的训斥，张某遂心生恨意，决定报复李某。2006 年 4 月 14 日 12 时许，李某在电制厂食堂就餐时，被张某用铁水管猛击头部，经抢救无效死亡。刑事判决确认，李某对案件的发生没有责任。

李某的母亲吴某于是向工伤认定部门申请工伤认定。2006 年 7 月 3 日，工伤认定部门认定李某为工伤。电制厂不服，向省劳动和社会保障厅申请复议。省劳动和社会保障厅认定李某当天 12 时 02 分刷卡下班已离开工作岗位，遭受暴力伤害时不属于工作时间，也不在工作场所内，决定撤销工伤认定，责令工伤认定部门重新作出决定。

2. 工伤认定争议分析

李某的母亲吴某对省劳动和社会保障厅申请复议不服，于是诉至法院。一审法院认为，李某受到的暴力伤害发生在职工工作期间临时休息的时间及临时休息的地点，符合《工伤保险条例》第十四条第（三）项规定的“在工作时间和工作场所内，因履行工作职责受到暴力等意外伤害的”情形，判决撤销省劳动和社会保障厅作出的行政复议决定，并要求省劳动和社会保障厅重新作出复议决定。

省劳动和社会保障厅对一审法院的判决不服，提起上诉。二审法院认为，根据《工伤保险条例》第十四条第（三）项规定，“工作时间”“工作场所”及“因履行工作职责”是该条款中认定工伤应同时具备的三个要素。在事件发生当天，李某于 12 时 02 分刷卡下班，其当天上午的工作时间已经结束，之后是其正常休息时间。省劳动和社会保障厅认定李某遭受暴力伤害的时间不属于工作时间的理由成立，遂撤销一审判决，维持省劳动和社会保障厅作出的行政复议决定。李某的母亲吴某不服二审判决，认为李某受伤的地点和时间属于“工作地点”和“工作时间”合理的延伸范围，申请再审。

法院再审认为，在劳动关系中，工伤保护的法律原则和精神是保障无恶意劳动者因工作或与工作相关活动伤亡后能获得救济，只要劳动者受到的伤害与工作的内容相关联，对于工作时间的界定则要根据不同工作性质来判断。本案中，李某系在打卡下班后被害，但其被害的地点在厂区内，被害原因是基于履行工作职责而受到的打击报复。如果仅因下班时间超过几分钟就不认定为工伤，有违劳动法保护劳动者合法权益的立法本意和公平原则，也不利于职工履行职责。李某的母亲吴某的再审申请理由成立，裁定撤销二审法院行政判决，维持一审法院行政判决。

四、下班前骑自行车不慎摔伤引发的工伤认定争议

1. 事情缘由

毛某系衢州江山某书店有限公司（以下简称“公司”）职工。2007 年 8 月 12 日下午 5 时 50 分，毛某在临近下班时到本公司图书门市部后面的停车棚里推出自行车，准备骑自行车到自己上班的文具、音像门市部办理交接班手续后下班回家，由于当天下雨路滑，毛某在骑车途中不慎跌倒摔伤，后经人民医院诊断为右胫腓骨骨折。职工摔伤，公司经理自然着急，在毛某伤情经治疗基本稳定后，公司于 2007 年 8 月 28 日为毛某向市社会保障局（以下简称社保局）提出工伤认定申请，要求认定毛某所受伤害为工伤。

社保局接受申请后，对毛某受伤过程进行调查后认为，毛某是在上班时间离开岗位到车棚取自行车后骑车受伤。当时毛某准备将车骑到公司文具、音像门市部，办理交接班手续后再下班回家，毛某的上述行为和目的与本职工作没有相关性，途中骑自行车摔倒受伤，不符合《工伤保险条例》第十四条、第十五条规定的工伤情形。2007 年 10 月 26 日，社保局作出不予认定工伤决定，认定毛某所受损伤不属于工伤。公司不服，于 2007 年 12 月 21 日向上级社保局申请行政复议，上级社保局于 2008 年 1 月 23 日作出行政复议决定，维持了基层社保局不予认定工伤的决定。

2. 工伤认定争议分析

公司对上级社保局作出的行政复议决定仍不服，并以原告的身份于 2008 年 4 月 9 日将基层社保局告上了当地法院，毛某作为第三人到庭诉讼。

法院公开开庭审理后认为，毛某在临近下班时前往停车棚取自行车准备办理交接班手续的行为发生在下班之前，该行为及受伤与工作具有关联性，被告社保局对第三人所受损伤认为与工作没有关联性的理解，与《工伤保险条例》第十四条的本意不相符合，其对第三人所受损伤不予认定为工伤的具体行政行为是滥用职权的行为，应依法予以撤销，故原告要求撤销被告社保局不予认定工伤决定的诉讼请求，理由正当，应予支持。为此，法院

依照《行政诉讼法》第五十四条第（二）项第五目之规定，一审判决：撤销被告社保局作出的不予认定工伤的决定，限被告社保局在判决生效后一个月内重新作出决定。

基层社保局未就一审判决提起上诉，现已对职工毛某在下班之前因取自行车而摔伤的情形，重新作出认定为工伤的决定。

五、在工作地以外的其他区域受伤引发的工伤认定争议

1. 事情缘由

汪某是一名铲车驾驶员，2008 年年初他被某建筑公司所属分公司聘用，所从事的工作仍然是驾驶铲车。2008 年 12 月 26 日，汪某在分公司承建的建筑工地上夜班。当日 23 时左右，汪某停下铲车，准备上厕所，在路过工地木料堆放场时，正遇到货车卸木料，车上滑落下来的木料将他砸伤。货车司机听到有人喊叫，连忙下车查看，发现汪某的腿被压在了木料下，遂立即将他送往医院。经过 X 光拍片，汪某被诊断为双下肢骨折。汪某躺在病床上全靠家人照顾，一个多月过去了，经复查骨折部位正常，情况良好，并逐渐进入康复期。

直到 2009 年 3 月，汪某才可以慢慢地借助双拐行走。这时他想到了向劳动保障行政部门提出工伤认定申请，在家人的陪同下，他来到劳动保障行政部门。劳动保障行政部门经向用人单位了解情况，得知汪某所驾驶铲车的工作场所与木料堆放场不在同一区域，事发时领导并未安排汪某从事需到料场或经过料场的其他工作，是他擅离岗位到料场时被砸，因此认为汪某所受伤害不是在其工作区域，不属于因工作原因受到事故伤害，由此作出了汪某双下肢骨折不属于工伤的认定结论。

汪某拿到劳动保障行政部门不予认定工伤的通知书后，感到很委屈，明明是在单位发生事故造成自己受伤，怎么不算工伤呢？为了保护自己的权利，汪某找到有关部门申请行政复议。经复议机关审理，认为劳动保障行政部门对《工伤保险条例》的原则和具体条款应用不当，撤销了劳动保障行政部门所作出的不予认定工伤的结论。

2009 年 8 月 19 日，劳动保障行政部门按照行政复议决定，依据《工伤保险条例》第十四条第（一）项“在工作时间和工作场所内，因工作原因受到事故伤害的”规定，作出认定汪某所受伤害为工伤的结论，并将这次工伤认定结论通知书分别送达给了汪某及其所在的分公司。

分公司接到劳动保障行政部门送达的工伤认定结论通知书后，认为劳动保障行政部门不应该改变原先的不予认定工伤的结论，也申请了行政复议，理由是汪某擅离工作岗位，在非本人工作区域受到意外伤害，不符合《工伤保险条例》规定的“在工作场所内因工作原因受到事故伤害的”工伤认定条件，所以不能认定为工伤。但经复议机关审理，维持了劳动保障行政部门的工伤认定结论。

2. 工伤认定争议分析

分公司对复议决定不服，又向人民法院提起行政诉讼。人民法院一审审理认为，汪某是分公司雇用的驾驶员，其工作时间内在工作场所因工作原因造成意外伤害事实清楚，维持劳动保障行政部门所作出的工伤认定结论。

《工伤保险条例》第十四条第（一）项规定："在工作时间和工作场所内，因工作原因受到事故伤害的，应当认定为工伤。"通常，我们把工伤认定中的"工作时间、工作场所、工作原因"三个条件称为"三工"要素。如何理解"三工"要素，怎样判断具备工伤认定条件，要结合实际进行具体分析。

就本案中的"工作场所"而言，主要是指汪某工作和活动所在的场所，也就是说，汪某上班进入建筑工地的大门后，整个建筑工地的区域都可以看作是工作场所。工作场所与工作岗位的概念是不同的，不局限于汪某开铲车的活动区域。作为一个单位的生产区域如果发生事故伤害员工，都属于工作区的范畴。

对于"因工作原因受到事故伤害"的理解，除了我们通常理解的自己在工作过程中发生的事故伤害认定为工作原因外，还应该包括因单位的劳动条件和劳动环境不良及管理不善等原因发生事故造成职工伤害，这种情形下，无论职工是否处于工作过程中，都可以被认定为因工作原因受到事故伤害。至于分公司认为汪某擅自离开岗位，这属于企业内部管理问题，如果用人单位能够拿出充分的证据证明汪某不在工作岗位是因为在干私活，那么就不属于工伤认定的范围，否则汪某不在工作岗位并不影响工伤的认定。

因此，对《工伤保险条例》所规定的工作场所不能仅仅理解为汪某所驾驶铲车的工作区域，整个建筑工地都应当属于工作场所的范畴，汪某所受伤害是由于企业的生产事故造成的，所以属于工作原因造成的伤害，应认定为工伤。

六、工作期间外出吃饭是否属于上下班途中的争议

1. 事情缘由

仲某是某物业公司的锅炉工，从其家到物业公司骑自行车约需 15 分钟。物业公司规定，未经负责人批准，锅炉工不能离开工作岗位。2003 年 11 月 24 日 23 时至 25 日 11 时为仲某的工作时间。25 日 7 时 20 分左右，仲某和同事打了个招呼，说是回家吃早饭。7 时 30 分左右，仲某在回家的路上被一辆卡车撞伤，经医院抢救无效死亡。在处理交通事故赔偿中，应仲某家属要求，物业公司出具了一份证明，表明仲某是在回家吃早饭途中受伤的。后仲某家属主张仲某在上下班途中遭受机动车事故伤害，要求认定为工伤。工伤认定部门认定其为工伤。

物业公司不服，申请行政复议。行政复议机关维持了工伤认定决定。物业公司仍不服，又提起行政诉讼。

2. 工伤认定争议分析

物业公司认为，公司有职工食堂，可以解决职工用餐问题，仲某未经负责人批准，擅自回家吃早饭，不属于下班，其在回家途中发生机动车事故，不属于在上下班途中受到的机动车事故伤害，不应认定为工伤。

工伤认定部门辩称：①仲某回家吃早饭事实清楚，证据确凿。②事发当天，仲某的工作时间为上一日的23时至次日11时，长达12个小时，中间必须休息吃饭。公司食堂只提供午餐和晚餐，早餐由职工自己解决。由于公司不提供早餐，因此仲某才回家吃早饭。③“上下班途中”是指职工在合理时间内往返于工作单位和居住地的合理路线。仲某所受伤害符合《工伤保险条例》第十四条第（六）项规定的“在上下班途中，受到机动车事故伤害的”情形，应予认定为工伤。

法院经审理认为，仲某早晨回家吃早饭属于职工在合理时间内往返于工作单位和居住地的合理路线，符合“上下班途中”的情形，工伤认定部门认定其所受到的机动车事故伤害属于工伤，符合法律规定，故判决维持工伤认定决定。

物业公司不服判决，提起上诉。二审法院经审理后判决驳回上诉，维持原判。

七、职工自行调班工作发生伤害的工伤认定争议

1. 事情缘由

朱某是江苏省常州市一家保洁公司的职工，主要负责从事道路清扫工作。2009年6月27日，朱某在常州市延陵中路12号门口段道路上清扫作业时，被一辆飞驰而过的小型轿车撞伤，后经常州市中医院抢救无效，不幸于第二天死亡，身后留下妻子、女儿朱玲、儿子朱宪。

2009年7月17日，朱某的女儿朱玲向常州市劳动和社会保障局（以下简称市劳动局）申请工伤认定。市劳动局于2009年7月26日受理此案，经调查，于2009年9月25日作出了工伤认定决定，认定朱某为工伤。

保洁公司不服，于2009年11月23日向常州市人民政府申请行政复议。2010年1月12日，常州市人民政府作出了维持市劳动局工伤认定决定的行政复议决定。

2. 工伤认定争议分析

保洁公司仍不服，向常州市新北区人民法院提起行政诉讼，提出根据公司的考勤记录，

2009年6月27日系朱某休假，其在未告知公司并获得同意的情况下，私自与同事调班，以致发生惨祸，故朱某不属于在工作时间受伤，市劳动局作出的工伤认定错误。

新北区人民法院经过审理认为，依照《工伤保险条例》的规定，除因醉酒导致伤亡的、违反治安管理伤亡的、犯罪的、自残或自杀的五种情形外，其余受伤均应认定为工伤。尽管朱某擅自调班，但上述因醉酒导致伤亡的、犯罪的、自残或自杀的情形皆被排除。结合《工伤保险条例》第十四条、第十六条的规定，凡排除了第十六条规定的五种法定的不予认定的情形外，不考虑受伤人的主观是否有过错，一律认定为工伤。

根据朱某病历、死亡证明、交通事故认定书、被调查人为保洁公司法定代表人的调查笔录等证据材料，足以证明保洁公司与朱某存在劳动合同关系，且朱某是在工作时间和工作场所内，因工作原因受到事故伤害。故依照《工伤保险条例》第十四条第（一）项的规定，职工在工作时间和工作场所内，因工作原因受到事故伤害的，依法应当认定为工伤。市劳动局作出的工伤认定决定事实清楚，证据充分，程序合法，适用法规、规章正确，遂依照《行政诉讼法》第五十四条第（一）项、《工伤保险条例》第十四条第（一）项的规定，判决维持市劳动局的工伤认定决定。

保洁公司再次不服，上诉至常州市中级人民法院，提请二审法院在全面查明本案事实的基础上，撤销原审判决，并依法改判。常州市中级人民法院于2010年5月30日立案受理后，依法组成合议庭，于2010年6月17日公开开庭审理了本案。

二审法院审理后认为，朱某确属上班时间在工作场所从事清扫道路工作时发生交通事故受伤死亡，市劳动局认定其是在工作时间发生事故受伤并无不当。根据市劳动局提供的被调查人为保洁公司法定代表人的调查笔录、交通事故认定书、朱某的病历材料等证据，结合各方当事人在一、二审庭审中的陈述，市劳动局在保洁公司未提供反驳证据的情况下，认定朱某在工作时间和工作场所，因工作原因发生交通事故死亡是正确的。因此，原审判决认定的基本事实清楚，审判程序合法，适用法律正确。2010年6月17日，常州市中级人民法院依据《行政诉讼法》第六十一条第（一）项的规定，作出终审判决：驳回上诉，维持原判。

八、超过退休年龄工作受伤是否认定为工伤的争议

1. 事情缘由

刘某生于1946年7月23日，农民，无养老金收入。2005年6月14日起，刘某受聘于某石油机械铸件公司，负责保管库房。2007年10月21日，刘某在搬运物品时突然摔倒，不省人事。同事将其送往医院抢救，因抢救无效于次日死亡。医院诊断为急性脑出血。随后，其配偶向当地劳动保障行政部门申请工伤认定。

劳动保障行政部门经调查确认了刘某的死亡事实。劳动保障行政部门认为，劳动关系的成立，个人一方必须符合劳动关系的主体资格条件，亦即双方必须具备“劳动权利能力”和“劳动行为能力”。法律上的“劳动行为能力”对劳动者一方而言，就是要在“法定劳动年龄”内并且生理正常。而根据我国法律规定，男性职工的退休年龄为60周岁，超过此年龄，即不具有劳动行为能力。刘某突发疾病死亡时已满61周岁，此时其与某石油机械铸件公司之间不具有劳动关系。据此，劳动保障行政部门认定刘某突发疾病死亡不符合《工伤保险条例》规定的构成工伤的条件，不予受理其配偶提出的工伤认定申请。

2. 工伤认定争议分析

刘某的配偶认为劳动保障行政部门不予受理其工伤认定申请是不合法的，遂向法院提起行政诉讼，要求撤销劳动保障行政部门不予受理其工伤认定申请的具体行政行为。

法院经审理认为，《劳动部关于贯彻执行〈中华人民共和国劳动法〉若干问题的意见》（劳部发［1995］309号）第2条规定：“中国境内的企业、个体经济组织与劳动者之间，只要形成劳动关系，即劳动者事实上已成为企业、个体经济组织的成员，并为其提供有偿劳动，适用劳动法。”我国劳动法律法规均没有禁止用人单位招用超过60周岁的男性，因此用人单位招用60周岁以上的男性工作，只要符合劳动关系的实质条件，即“事实上已成为企业、个体经济组织的成员，并为其提供有偿劳动”，符合《劳动和社会保障部关于确立劳动关系有关事项的通知》（劳社部发［2005］12号）规定的“用人单位依法制定的各项劳动规章制度适用于劳动者，劳动者受用人单位的劳动管理，从事用人单位安排的有报酬的劳动”“劳动者提供的劳动是用人单位业务的组成部分”，双方之间就建立了劳动关系。劳动者在工作过程中遭受伤害或突发疾病，符合《工伤保险条例》规定的工伤类型，应当认定为工伤。本案中，刘某在工作时间和工作岗位上突发疾病，在48小时内死亡，符合《工伤保险条例》第十五条第（一）项的规定，应当认定为视同工伤。判决撤销劳动保障行政部门不予受理刘某配偶工伤认定申请的工伤认定决定书。

劳动保障行政部门对一审判决不服，提起上诉后，二审法院维持了一审法院意见。

九、单位组织旅游活动人员受伤是否属于工伤的争议

1. 事情缘由

2006年8月3日，某证券公司以对党员、团员进行爱国主义教育的名义，给各营业部下发了通知，准备于8月5日到大别山爱国主义教育基地开展活动。通知要求，在不影响业务工作的情况下，组织员工报名参加。各营业部负责人接到通知都很高兴，能够有机会让大家出去观光祖国的大好河山，更加激励员工的工作干劲，是一件好事，因此尽量给大

家创造条件报名参加。

证券公司为了组织好这次外出活动，找了一家旅行社合作，在与旅行社签订的合同中明确了旅游线路和承担的责任，合同约定：2006 年 8 月 5 日，安排 30 人前往大别山地区旅游一天。2006 年 8 月 5 日 6 点 30 分，大家准点出发，开始了一天的旅游行程。经过一天的奔波，16 点，整个活动基本结束，大家感觉都很开心。

16 点 10 分，30 名员工乘坐旅行社大巴开始往家返，由于爬了一天的山很劳累，一上车大家都闭目养神。然而，意外却发生了。本来行驶正常的大巴车突遇某汽车运输公司一辆大客车超车，两车互不相让，展开一场追逐。超车过程中，同方向行驶的这辆大客车与旅行社大巴相撞，致使大巴向右侧翻到 13.2 米下的电站水库中，造成证券公司 7 名员工死亡，多人受伤。

事发后，证券公司立即派人前往事故现场，迅速将大巴车上的所有人员救出，送往医院进行救治。随后，交管部门开展了事故调查。按照证券公司与旅行社的合同约定，旅行社应当承担全部责任，但是由于这起事故伤亡人数较多，证券公司也拿出一些资金进行事故的善后处理，因是几家出资处理善后，所以给伤者和死者家属的经济补偿较高。

受伤员工经过治疗都已陆续回到了工作岗位，但是有一名死者的家属拿到补偿金后又找到证券公司，要求按照工伤处理再领取一份因工死亡待遇，理由为员工是参加单位组织的爱国主义教育而死亡，是单位给各营业部发文件利用工作时间组织员工到爱国主义教育基地开展活动，这属于因工外出，所以发生人员伤亡应当属于工伤。

证券公司对死者家属提出的要求没有反驳，因为证券公司知道，是否认定为工伤要先向劳动保障行政部门提出申请，由劳动保障行政部门作出决定，所以表示愿意协助办理工伤认定手续。证券公司 7 名死者之一戴某的父亲于 2006 年 9 月 19 日向劳动保障行政部门提出了工伤认定申请，证券公司在工伤认定申请表上盖上法人印章表示认可。

劳动保障行政部门受理了戴某的父亲递交的工伤认定申请，经调取公司组织活动的通知、公司与旅行社签订的合同和对伤者的调查询问，了解到证券公司组织员工赴外地开展活动，给各营业部发文的目的是通知各营业部组织活动的事项，对员工并没有强制性的要求，从旅行社活动安排的日程来看，以爱国主义教育为名，实质上完全属于旅游内容。因此，劳动保障行政部门对戴某的死亡作出不予认定工伤的决定，并将认定结论通知书送达给了戴某的父亲和戴某所在单位某证券公司。戴某的父亲对劳动保障行政部门作出的结论不服，向行政复议机关提出行政复议，行政复议机关维持了劳动保障行政部门的认定结论。

2. 工伤认定争议分析

戴某的父亲接到行政复议机关维持劳动保障行政部门的认定结论后，对行政复议决定不服，于是又先后向基层人民法院和中级人民法院提起行政诉讼，两级人民法院都倾向于无论以何种名义，具备旅游特征的则不能作为工作原因认定工伤，最终维持了劳动保障行政部门的认定结论。

在这起事例中，关键点在于：冠以“爱国主义教育、党团活动”名义的红色旅游，是否看作为因工外出。一种观点认为，本案中用人单位对组织赴革命老区进行爱国主义教育，是用人单位以文件名义下发各营业部的，前往的景点确实有一部分是爱国主义教育基地，事故发生之日又是工作日，是单位组织的外出活动，应作为因工外出对待，发生事故应当按照《工伤保险条例》第十四条第（五）项“因工外出期间，由于工作原因受到伤害或者发生事故下落不明的”规定认定工伤。另一种观点认为，本案中用人单位与旅行社签订的是旅游合同，在工伤认定申请材料中提供的人民法院判决书清楚写明，是在旅游返回途中发生的事故，因此该活动的实质是旅游，用人单位组织员工观光、旅游，不能作为因工外出对待，因此也就不可能属于工作原因受到伤害，所以不应认定为工伤。

爱国主义教育名义下的红色旅游，是界定为企业政治教育所组织的活动，还是属于单位组织的观光、旅游，两者具有本质的区别。如果是政治教育活动，一定是一种强制的要求，而且具有教育的内容和形式，但是冠名的红色旅游、观光游玩，并没有工作的实质内容，就不能认定为因工外出，《工伤保险条例》认定工伤的条件，核心是因工作原因受到伤害，而用人单位组织员工观光、旅游、休假等活动，不能视为因工外出，因而也就不存在因工作原因受到伤害的问题。

现在很多用人单位组织员工外出旅游都冠以一定的名义，如爱国主义教育、党日活动、扶贫帮困等，以此为名赴外地开展活动，无论是从内容上还是从形式上都具备了旅游的特征，即便有工作的一面，也是大部分时间为旅游。因此，对于此类情况，应当根据具体情况区别对待，对工作人员和参与人员进行区分，如果工作人员属于领导指派去完成一项工作，那么一旦发生事故伤害，应当按照因工外出对待，依据《工伤保险条例》第十四条第（五）项“因工外出期间，由于工作原因受到伤害或者发生事故下落不明的”规定认定工伤。而对于参与人员来说，虽然是利用了工作时间，但属于单位的一种福利活动，有旅游性质存在，不属于外出工作，所以与《工伤保险条例》第十四条第（五）项的规定不相符合，一旦发生事故伤害，不应认定为工伤，可以在举办活动前参加商业保险，按照人身意外伤害处理。

十、为老板结婚帮忙时意外受伤是否为工伤的争议

1. 事情缘由

庄某是某机械厂的一名职工，为人老实，一直勤勤恳恳工作。该厂是个人独资企业，投资人（即老板）为林某。老板林某结婚那天，因需要人手帮忙搬运东西，林某便让庄某

过去帮忙。在搬运过程中，庄某不慎跌倒，被货物砸伤。林某将庄某送往医院治疗，前后花去医疗费、营养费等共计 5 000 元。林某承担了 3 000 元，但拒绝承担其余部分。

庄某认为，自己是执行老板临时安排的工作，所受伤害应属于工伤，于是申请工伤认定。但当地劳动和社会保障局认为，庄某所受伤害非履行工作职责所致，不符合《工伤保险条例》的规定，未予认定工伤，并建议他直接向林某索赔。

庄某于是申请劳动争议仲裁，要求林某承担其余医疗费，并给予一定赔偿。劳动争议仲裁委员会认为这不属于劳动争议仲裁范围，裁定不予受理。

2. 工伤认定争议分析

庄某对劳动争议仲裁结果不服，于是起诉至法院，法院最终认定庄某与林某之间成立帮工关系，依据最高人民法院《关于审理人身损害赔偿案件适用法律若干问题的解释》（法释［2003］20 号）第十四条关于"帮工人因帮工活动遭受人身损害的，被帮工人应当承担赔偿责任。被帮工人明确拒绝帮工的，不承担赔偿责任；但可以在受益范围内予以适当补偿"的规定，判决林某支付其余 2 000 元医疗费。

这起事例反映了工伤、一般雇佣伤害和帮工伤害三种不同的法律关系中有关人身损害赔偿的问题。

具有劳动关系并不一定成立工伤。劳动关系只是工伤成立的条件之一，其他还有工作时间、工作地点以及工作原因等因素。其中最为核心的是工作原因。本案中，作为机械厂的职工，庄某的工作内容肯定不包括帮助要结婚的老板搬运货物，该行为与其工作业务不具有关联性，即使是由老板临时指派，也不能成为工作内容。由于导致的伤害非因工作原因所致，因此不能认定为工伤。

庄某与林某之间也不成立雇佣关系。庄某帮助林某搬运结婚所用货物，不是由林某雇用的，双方不存在人身隶属关系以及行为管理关系，因此双方也不属于雇佣关系，庄某不能按照雇佣伤害要求索赔。

庄某与林某之间属于帮工关系。所谓帮工，是指无偿、自愿、短期为他人提供劳务，是帮工人无偿为被帮工人提供劳务，并未为被帮工人明确拒绝而发生的社会关系。帮工具有合意性及无偿性的特点。所谓帮工的合意性，是指被帮工人有明示或默示的接受或要求帮工的意思表示，两者产生合意；所谓帮工的无偿性，是指帮工活动通常表现为不给付报酬的互帮互助行为。在实践中，帮工人从事被帮工人授权或者指示范围内的活动，都是帮工活动。此种授权或指示可以是明示的，也可以是默示的。具体表现在：一是帮工人应被帮工人的请求而进行一定行为；二是帮工人主动进行帮工活动，被帮工人接受或未明确拒绝，从而成立帮工关系。本案中，庄某应林某的要求，无偿帮其搬运的行为使两者形成帮工关系，应按照最高人民法院相关司法解释中关于帮工人身损害规定索赔。

从程序上来说，帮工损害赔偿不属于劳动争议，劳动争议仲裁委员会不予受理是正确的。但庄某可以对此起诉至法院，法院不管是否为劳动争议都应当受理：属于劳动争议的，按照劳动争议的法律规定裁判；不属于劳动争议而属于法院管辖的其他民事争议的，则按照其他民事争议裁判。

十一、职业病工伤待遇起算时间如何确定的争议

1. 事情缘由

职工王某，1976 年 8 月至 1978 年 8 月任某铁矿井下电机车司机，1978 年 8 月至 1989 年 8 月任该铁矿深井水泵工，1989 年 8 月至 1989 年 10 月因左耳听力下降住院治疗，1989 年 10 月至 2001 年 6 月被该铁矿安排在劳动服务站工作，2001 年 6 月办理退休手续。2004 年 11 月，王某因听力损伤被省职业病防治院诊断为职业性噪声聋。原单位提出工伤认定申请后，2005 年 1 月，王某听力损伤被劳动保障行政部门认定为工伤。2005 年 2 月，经劳动能力鉴定委员会鉴定，其伤残等级为四级。单位支付了一次性伤残补助金。

王某以此为由，向单位提出补发自 1989 年至 2001 年本人月工资 75%的伤残津贴等要求。单位拒绝了这一要求。2005 年 9 月，王某申请劳动争议仲裁，被劳动争议仲裁委员会以超过时效为由驳回。

2. 工伤待遇争议分析

王某不服劳动争议仲裁委员会的结论，于是向法院提起诉讼。法院经审理认为，王某在 1989 年至 2001 年 6 月期间在铁矿工作，已享受全额工资待遇，而今又要求享受此期间四级工伤伤残津贴，不符合《工伤保险条例》的规定，且其被认定工伤是 2005 年 1 月，没有证据证明其 1989 年已构成工伤并应享受自 1989 年至退休期间的工伤待遇。据此，法院一审判决驳回其诉讼请求。

王某不服，提起上诉。王某认为，虽然其工伤是 2005 年 1 月才被认定，但其工伤是 1976—1989 年由于工作噪声大而造成的耳聋职业病，工伤并不是 2005 年 1 月才形成的；四级工伤应当保留劳动关系，退出工作岗位，享受工伤待遇，本人在工伤后未依此办理，继续提供劳动，单位应依据公平原则支付劳动报酬和伤残津贴。二审法院支持了一审法院的意见，认为王某的要求缺乏法律依据，终审判决：驳回上诉，维持原判。

在这起事例中，关键问题在于确定职业病的发生时间和工伤保险待遇的起算时间。工伤保险待遇的起算时间只能从工伤发生之时计算。这对于外伤性损伤来说，没有任何歧义。如果王某是在 2004 年 11 月 30 日因为工作中发生事故导致其耳朵受外伤伤害并致耳聋的，那么其工伤待遇只能从 2004 年 11 月 30 日开始享受，必然没有疑义。其中，伤残津贴要从

停工留薪期满后才能享受。即如果其停工留薪期为 1 年，则其伤残津贴只能从 2005 年 12 月起享受，这也是没有疑义的。《工伤保险条例》第六十四条规定："本条例所称本人工资，是指工伤职工因工作遭受事故伤害或者患职业病前 12 个月平均月缴费工资。"工伤职工的伤残津贴按其受伤前的 12 个月平均缴费工资标准计算，而实际享受则要拖后一段时间。职业病患者的工伤待遇也只能如此确定。这里就涉及职业病工伤发生时间的确定。

《工伤保险条例》第十七条规定："职工发生事故伤害或者按照职业病防治法规定被诊断、鉴定为职业病，所在单位应当自事故伤害发生之日或者被诊断、鉴定为职业病之日起 30 日内，向统筹地区劳动保障行政部门提出工伤认定申请。"工伤事故的发生时间应为职业病被诊断、鉴定之日。一方面，在此之前，时间较长，无法确定劳动者在何时已经受到职业病伤害。职业病是渐变发展的过程，有很长的潜伏期。王某认为其在 1989 年就已患有职业病，既缺乏依据，也与多数客观事实不符。另一方面，只有被诊断、鉴定为职业病，在法律上才能认为劳动者已患有职业病。而且在这一条的表述中，也是将"被诊断、鉴定为职业病之日"与"事故伤害发生之日"并列的。

十二、因工作噪声导致职业病如何确认用人单位的争议

1. 事情缘由

方某于 1997 年 7 月技校毕业后，到某柴油机厂工作，负责操控车床，工作中存在极大噪声。2004 年 5 月，方某辞职，在离开柴油机厂时未进行健康检查。2004 年 10 月，方某应聘至某汽车零配件制造公司（以下简称零配件公司）工作，工作中也有噪声，但比柴油机厂的噪声要低许多，且符合国家标准。就职前，公司未对其进行体检。2006 年 9 月，方某被零配件公司辞退。离职时，公司按规定对其进行了体检，发现其听力有轻微损伤，但不影响工作和生活，不符合听力损伤的职业病标准，公司向其支付了一定的额外经济补贴，双方依法解除了劳动合同。

2007 年 3 月开始，方某感觉耳鸣严重、听力严重下降，已影响日常生活，经咨询有关部门后，向当地职业病防治院（以下简称职防院）申请职业病诊断。在申请诊断时，方某提交了零配件公司出具的解除劳动合同通知书及体检结论，零配件公司按照职防院的要求出具了 2004—2006 年职业危害因素说明书。职防院在问诊过程中发现方某以前的用人单位某柴油机厂也存在相同的职业危害因素，遂要求柴油机厂改制后的企业某动力公司（以下简称动力公司）出具相关材料，但动力公司未予出具。2007 年 7 月，职防院诊断方某为职业性耳聋，在职业病诊断证明书中，用人单位为零配件公司及动力公司。

零配件公司对该职业病诊断提出异议，认为方某听力损伤的致病原因主要应该是柴油机厂，方某在那里工作时间长、工作环境噪声大，对责任不加区分对他们不公平。方某对

此表示认同。于是在申请工伤认定时，没有将零配件公司作为用人单位，而是将动力公司作为用人单位申请工伤认定。

工伤认定部门接受方某的工伤认定申请后，认为方某的职业病诊断证明书列明的用人单位并非仅仅是动力公司，方某要求认定其职业病为动力公司的工伤，依据不足，未予受理。

方某于是将零配件公司和动力公司均作为用人单位，再次申请工伤认定。工伤认定部门对此认为，根据《工伤保险条例》的规定，一个工伤只能是一个用人单位，无法同时认定为两个单位的工伤，仍未予受理。方某不服，认为《工伤保险条例》并没有规定工伤的用人单位只能是一个，而且《职业病防治法》第五十三条规定："劳动者被诊断患有职业病，但用人单位没有依法参加工伤社会保险的，其医疗和生活保障由最后的用人单位承担；最后的用人单位有证据证明该职业病是先前用人单位的职业病危害造成的，由先前的用人单位承担。"自己的职业病已确定无疑，或者应当认定工伤为零配件公司所致，或者属于两家单位共同的工伤，不管怎样，不认定为工伤肯定是不对的。于是提起行政诉讼，将工伤认定部门告上法庭。

2. 工伤认定争议分析

法庭上工伤认定部门辩称，一方面，条例规定工伤认定由用人单位所在地统筹地区劳动保障行政部门作出，如果工伤的用人单位可以是多家单位，那么多个地方的劳动保障行政部门都有权认定工伤，根据现行规定，这将导致无法认定工伤；另一方面，认定为两家单位的工伤后，一些工伤待遇根本无法处理，如停工留薪期内的工资、解除劳动关系时一次性工伤医疗补助金和一次性伤残就业补助金是由一家支付，还是两家共同支付？是平均承担责任，还是按工作时间长短、危害大小区分？这些问题的处理缺乏法律依据，根本无法解决。

工伤认定部门还认为，认定为任何一家单位的工伤都不合适，一方面这与诊断证明书不相符合；另一方面在这起事例中，最后的用人单位零配件公司有证据证明该职业病是先前用人单位职业病危害造成的，即职业病诊断证明书已表明动力公司是方某职业病产生的用人单位之一，认定为动力公司的工伤依据不足；同样道理，认定为零配件公司的工伤依据也不足。

在法院和工伤认定部门的共同努力下，最后经过调解，此案达成和解协议。由动力公司和零配件公司各按一定比例对方某作了一次性赔偿。

职业病工伤与一般事故工伤存在着重大差别。职业病本质上是一种疾病，而且通常是慢性疾病，有一个长期渐变的过程。除了职业中毒类职业病外，像尘肺、一些放射性疾病都有比较长的致病过程，可能是一两年，也可能是10年、20年；可能是在一个单位工作造成的，也可能是在多个单位工作造成的。以方某的职业病来说，虽然其后一个用人单位零配件公司的噪声危害相对较小，但毕竟存在噪声危害，谁也不能确保在该环境中工作不损害听力；退一步来说，即使方某的听力损害主要是由前一个用人单位动力公司造成的，那么在零配件公司从事工作也会进一步加剧这种损害。而且零配件公司在录用方某时，未按法律规定对其进行健康检查，存在违法行为。从方某 2006 年 9 月体检时尚未发现耳聋，而是 2007 年才确诊耳聋这一事实来看，即使零配件公司 2004 年录用方某时依法对其进行了体检，在当时也不可能发现其职业病。即便如此，也不表明方某的职业病就是在零配件公司产生的，而与动力公司工作无关。从职业病的致病原因来看，职防院认定两家用人单位均系方某职业病产生的用人单位，无疑是正确的。至于零配件公司要求确定两家单位对方某职业病产生的责任大小，这是现在的医学技术所不能达到的。

根据职业病的这一致病原理，此类职业病工伤不应当认定为哪一家的工伤，而应当由这几家单位共同承担工伤责任。都没有参加工伤保险，就由它们共同承担；只要有一家单位参加工伤保险的，工伤保险基金就应当负责，用人单位应当承担的部分当然由各单位共同承担；没有参加工伤保险的单位，应当依法强制它们补缴工伤保险费，并依法进行处罚。

十三、工伤职工医疗期内企业能否解除劳动合同的争议

1. 事情缘由

2002 年 3 月 25 日，35 岁的邹某到无锡市某医用工程公司工作，双方未签订劳动合同，公司也未为其办理工伤保险。邹某每月的实际工资为 1 178 元。2002 年 12 月 16 日，邹某在工作期间受伤，导致右肩锁骨骨折，后邹某在医院住院治疗至 2003 年 1 月 2 日出院。在此期间的医疗费用 14 489.35 元由该医用工程公司支付。出院后，邹某未到该医用工程公司上班。2002 年 12 月 16 日至 2003 年 5 月 31 日期间，该医用工程公司向邹某支付了工伤津贴 2 875 元。

2003 年 9 月 2 日，无锡市人民政府新区管理委员会劳动人事局认定邹某为工伤。

2003 年 10 月，该医用工程公司两次通知邹某上班，但邹某未上班，也未向公司报告病况及出示相关医疗证明，2003 年 11 月 22 日，该医用工程公司以长期旷工为由，解除与邹某的劳动关系。

2003 年 12 月 2 日，邹某到无锡市第三人民医院住院，取出右肩锁骨内固定，至同月 19 日出院，后无锡市第三人民医院根据邹某的病情出具了疾病证明单，建议其休息至 2004 年 2 月 2 日。

2003 年 12 月 16 日，邹某向无锡市新区劳动争议仲裁委员会提出申诉，认为企业在其工伤医疗期内解除劳动合同，违反了劳动法，要求撤销该医用工程公司解除劳动合同的决

定，并主张工伤待遇。

2004 年 3 月 29 日，经无锡市劳动和社会保障局劳动鉴定委员会鉴定，邹某的伤残等级为十级。

在仲裁过程中，邹某又提供了无锡市第三人民医院出具的三份疾病证明单，建议休息期限自 2003 年 10 月 2 日至 2003 年 12 月 19 日。2004 年 5 月 22 日，无锡市新区劳动争议仲裁委员会作出仲裁裁决，支持了邹某的部分请求。

2. 工伤待遇争议分析

邹某对无锡市新区劳动争议仲裁委员会作出的仲裁裁决不满意，于是向无锡市高新技术开发区人民法院提起诉讼，要求判令该医用工程公司支付工伤津贴 17 267 元、伤残补助金 6 684 元、就业补助金 6 684 元、两次住院生活补助费 420 元、第二次住院护理费 646 元、医疗费 5 734.5 元、解除劳动合同一个月的经济补偿金 1 111 元，共计 38 546.5 元。扣除该医用工程公司已支付的 8 075 元，尚需支付 30 471.5 元。

该医用工程公司向法院答辩认为，邹某 2003 年 1 月 2 日出院后，至 2003 年 11 月 22 日，从未向公司提供医院病假单。因此，公司在通知邹某上班后，在邹某既未到单位说明病情又未上班的情况下，以其违反劳动纪律为由解除劳动关系是符合法律规定的。

法院审理中，经向无锡市劳动和社会保障局劳动鉴定委员会调查，认为医疗期一般在 12 个月以内，如超出 12 个月，应由相关医疗机构出具证明。对于医疗期双方有争议的，应由用人单位提出鉴定申请。本案中有医疗机构出具的因该工伤而建议休息期自 2003 年 12 月 2 日至 2003 年 12 月 19 日的证明单，故在这之前的 2003 年 6—9 月，虽未有相关疾病证明单，但也应认定属于医疗期。

无锡市高新技术开发区人民法院还认为，邹某与该医用工程公司虽未签订劳动合同，但邹某在该医用工程公司工作，该医用工程公司按月支付邹某劳动报酬，双方之间形成了事实劳动关系。该医用工程公司未依法为邹某办理工伤保险，现邹某被依法认定为工伤，该医用工程公司应给予邹某相应的工伤待遇。

关于工伤医疗期，系职工在因工负伤后按照医疗机构提出的意见停止工作接受治疗和领取工伤津贴的期限，此期限一般不超过 12 个月。如确需延长的，用人单位应书面告知工伤职工，由职工凭医疗机构出具的相关证明向用人单位提出，再由用人单位向劳动能力鉴定委员会提出鉴定申请。本案中，邹某在第一次出院后未上班，该医用工程公司也支付了部分工伤津贴至 2003 年 5 月。自 2003 年 6 月起，该医用工程公司只是停止支付工伤津贴，其对于邹某的医疗期，既未向邹某告知，也未向有关部门提出鉴定，且邹某已提供了工伤医疗机构出具的 2003 年 10—12 月的疾病证明单，对于此前的 6—9 月，根据有关劳动鉴定部门的咨询意见，也应属于医疗期，故对于邹某主张的工伤医疗期自 2002 年 12 月 16 日至

2004 年 3 月 29 日，法院予以支持。在此期间的工伤津贴应为 17 267 元。

职工在医疗期内，除非有《劳动法》第二十五条规定的情形之一，用人单位不得单方解除劳动合同。本案中，在邹某的医疗期内，该医用工程公司在未经有关部门对医疗期作出认定，也未能举证证明邹某能回单位工作的情形下，即通知邹某上班，并以其长期旷工为由解除劳动合同，缺乏相应证据，应予撤销。鉴于邹某也表示双方的劳动合同不可能继续履行，并向该医用工程公司主张解除劳动合同的相应补偿费用，故应视为双方的劳动合同关系已解除。

邹某系十级伤残，该医用工程公司应当按规定支付伤残补助金及就业补助金。该医用工程公司辩称邹某在仲裁时未提出就业补助金，因在仲裁时邹某所主张的是撤销该医用工程公司的解除劳动合同决定，继续履行劳动合同。现双方的劳动合同关系解除，故对该费用应予支持。

2004 年 12 月，无锡市高新技术开发区人民法院依法判决该医用工程公司支付邹某工伤津贴 17 267 元、伤残补助金 6 684 元、就业补助金 6 684 元、住院伙食补助费 350 元、医疗费 5 734.5 元、经济补偿金 1 111 元，共计 37 830.5 元。扣除该医用工程公司已向邹某支付的 8 075 元，尚需支付 29 755.5 元。余款于本判决发生法律效力后 10 日内付清。

该医用工程公司不服一审判决，向无锡市中级人民法院提起上诉，认为原审法院撤销上诉人与邹某解除劳动关系的行为是违法的，原审判决支持邹某的多项未经仲裁程序的诉讼请求也是违反法定程序的，请求二审法院查清事实后依法改判。经审理，无锡市中级人民法院对该医用工程公司的上诉请求不予支持，并作出终审判决：驳回上诉，维持原判。

十四、职工与企业签订补偿协议后的工伤争议

1. 事情缘由

2008 年 11 月 10 日，王某到无锡市众城汽车电子电器有限公司（以下简称众城公司）从事操作工岗位的工作，双方未签订劳动合同，众城公司也没有为王某缴纳社会保险。2008 年 12 月 7 日 11 时许，王某在工作时左手受伤。经诊治，确认王某为左拇指掌指关节永久缺损。

2008 年 12 月 25 日，王某与众城公司签订协议，协议确认王某为工伤七级，王某自愿以一次性伤残补助金、一次性医疗补助金、一次性就业补助金 6 万元了结，并继续在众城公司工作。协议还规定，如王某中途辞职或自动离职，众城公司将补足一年的养老金。协议签订后，众城公司共支付王某 6.3 万元。

签订协议后不久，王某了解到，像他这样的工伤情形，应该获得的补偿远远超过 6.3 万元，于是向众城公司提出增加赔偿的要求。众城公司回复：双方的工伤争议已在 2008 年

年底达成协议，并履行完毕，不应反悔。于是，2009年1月，王某向当地劳动部门申请进行工伤鉴定。经劳动部门认定，王某为工伤；经劳动能力鉴定，结论为伤残七级。

2009年4月10日，王某向无锡市锡山区劳动争议仲裁委员会（以下简称“仲裁委”）申请仲裁，要求与众城公司解除劳动关系，由众城公司支付双倍工资、补缴社会保险、支付经济补偿金、支付各项工伤保险待遇。

2. 工伤待遇争议分析

因仲裁委未在法定期限内处理结束，王某又诉至无锡市锡山区人民法院，要求撤销与众城公司签订的协议，由众城公司支付未签订劳动合同的双倍工资，并由众城公司补缴社会保险及支付经济补偿金、一次性伤残补助金、一次性医疗补助金、一次性就业补助金、劳动能力鉴定费、医药费等。

无锡市锡山区人民法院经过审理认为，用人单位应当参加工伤保险而未参加的，职工发生工伤后，由该用人单位支付工伤保险待遇。用人单位与劳动者发生劳动争议后，可以协商一致处理。但双方签订协议后，如有重大误解、显失公平或一方有欺诈、胁迫或者乘人之危等情形，受损害方可请求法院撤销。

王某与众城公司存在事实劳动关系，王某发生工伤后，众城公司因未为其缴纳社会保险，故应向王某支付各项工伤保险待遇。王某虽与众城公司达成了协议并已经履行完毕，但公司承诺数额与王某应得的工伤保险待遇数额相差过大，法院支持王某撤销调解协议、补足差额的要求；王某在众城公司工作未超过一个月即发生工伤，应享受工伤保险待遇，但其主张的未签订劳动合同的双倍工资赔偿无法律依据，法院不予支持；王某在申请仲裁时已提出解除劳动关系，因众城公司未缴纳社会保险而要求的经济补偿金不符合事实，法院不予支持。

最后法院判决，依据《工伤保险条例》及《江苏省实施〈工伤保险条例〉办法》，确认众城公司与王某的劳动关系自2009年5月起解除。众城公司应当支付王某一次性伤残补助金20 854.8元、一次性医疗补助金139 032元、一次性就业补助金57 930元、劳动能力鉴定费280元、医药费20元、鉴定检查费127.5元，以上合计218 244.3元，扣除已支付的6.3万元，还需支付155 244.3元。

众城公司不服上述判决，于2010年2月1日向无锡市中级人民法院提起上诉。

无锡市中级人民法院审理后认为，劳动者与用人单位就劳动争议达成的协议，如果在协议签订时存在欺诈、胁迫、重大误解、显失公平或乘人之危等情形的，受损害方可以请求人民法院撤销双方达成的协议。本案中，王某因工伤受到的损失远大于双方签订的协议补偿金额，该协议显失公平，因此，众城公司应当补足王某相应的工伤保险待遇。最终，无锡市中级人民法院判决：驳回上诉，维持原判。

从这起事例中可以看出，企业应依法为职工缴纳工伤保险，这样，如果发生工伤事故，职工的各项费用就会由工伤保险基金支付，会减少企业的经济赔偿，降低企业的经营风险。没有缴纳工伤保险基金的企业，在发生事故后，不能回避责任，应按照法律规定，支付相应的待遇，保证劳动者的合法权益。